航海、货币与贸易

从经济学角度看世界历史

波音◎著

中国工人出版社

图书在版编目（CIP）数据

航海、货币与贸易：从经济学角度看世界历史 / 波音著. —北京：中国工人出版社，2022.11
ISBN 978-7-5008-8007-3

Ⅰ.①航… Ⅱ.①波… Ⅲ.①经济史－世界 Ⅳ.①F119

中国版本图书馆CIP数据核字（2022）第216118号

航海、货币与贸易：从经济学角度看世界历史

出版人　董　宽
责任编辑　葛忠雨
责任校对　赵贵芬
责任印制　黄　丽
出版发行　中国工人出版社
地　　址　北京市东城区鼓楼外大街45号　邮编：100120
网　　址　http：//www.wp-china.com
电　　话　（010）62005043（总编室）　62005039（印制管理中心）
　　　　　（010）62379038（社科文艺分社）
发行热线　（010）82029051　62383056
经　　销　各地书店
印　　刷　宝蕾元仁浩（天津）印刷有限公司
开　　本　710毫米×1000毫米　1/16
印　　张　22
字　　数　301千字
版　　次　2023年 4 月第 1 版　2025年2月第 8 次印刷
定　　价　68.00元

序　言

各位读者手中的这本书，讲述的是近代世界历史和经济之间的有趣互动。近代重大历史事件如何影响了各国经济的发展？经济规律又如何决定了各国历史的走向？

本书从黑死病流行、君士坦丁堡陷落开始，到20世纪70年代布雷顿森林体系解体止，聚焦于几百年的近现代世界史。内容大体上以国别分章，分别叙述了近现代历史上主要强国的崛起之路和它们在经济上的经验与教训，包括葡萄牙、西班牙、荷兰、英国、法国、美国、德国、日本等；也兼有主题分章，比如奴隶贸易、运河兴建、金银货币、殖民地等。

大航海时代开启后的五百年，世界历史犹如按下了快进键，昔日那些延续几百年甚至上千年的帝国纷纷落幕，不论是横跨欧亚的东罗马帝国，美洲的印加帝国、阿兹特克帝国，还是亚洲的莫卧儿帝国或清朝，统统被时代所淘汰。一些近代意义上的大国强势崛起，主要是那些欧洲列强，后来又增加了独立的美国和东方的日本。

最开始崛起的几个国家，比如西班牙、葡萄牙、荷兰和英国，矗立在欧亚大陆“旧世界”的西部边陲，它们都曾是土地狭小、物产有限的国家，竟然能够在全球开启各自的一段黄金时代，并且成绩斐然。通过彼此学习与竞争，其他欧美列强诸如法国、美国、德国、俄罗斯纷纷跟进，踏上经济发展的快车道。发端于英格兰并扩散到欧美其他国家的工业革命，根本性地改变了人类社会的经济状况，将万年以来人们生活水平总是徘徊在温饱线附近的顽疾一针治愈。

这样的经济奇迹，是偶然发生的，还是必然发生的？

偏偏这些列强之间还纷争不断。翻看欧洲近代史，我们会惊诧战争怎么这么多。三十年战争、西班牙王位继承战争、九年战争、七年战争、英法第二次百年战争都牵扯到欧洲许多列强，20世纪爆发的两次世界大战更为惨烈，此外还有诸如北美独立战争、普法战争、克里米亚战争、日俄战争等局部战争。这些列强彼此打得昏天黑地，竟然还能顺带手把全世界其他地区轻易征服，垄断香料贸易，占领美洲大陆，瓜分非洲、亚洲……

这些列强怎么变得如此厉害？是因为它们掠夺他人财富毫无底线，还是因为它们掌握了独门秘籍所以能打遍天下？

一个不可否认的事实是，西方列强的兴起首先来自其经济实力的增长，不论是经济总量还是人均财富，它们都超越了昔日的那些大帝国。因此，当我们要透视大国兴衰的秘密时，不可避免要关注它们的经济兴衰，特别是它们如何实现国富民强的，这些列强点石成金的手指头有什么奥秘。

近代以来兴起的大国中，有些如今已经沦为经济二流国家，比如西班牙、葡萄牙和荷兰。但另一个不可否认的事实是，一百年前强盛的国家，比如美国、英国、法国、德国、日本……虽然历经两次世界大战、漫长的冷战和数次经济危机，在一百年后的今天依然是国强民富的国度。这些现象提醒我们，国家兴衰既有四海皆准的经济共性，也有异彩纷呈的经济个性。

本书尝试从经济学的视角，通过观察全球列强五百年来的兴衰过程，探讨它们在经济领域的得失成败，从而揭示经济如何改变了历史走向，而历史进程又如何影响了经济面貌。这样的探讨过程不仅有助于我们看清历史迷雾背后的经济真相，对于我们分析今日世界的来龙去脉同样有一定的借鉴意义。

本书的最早版本，是约十年前出版的《透过钱眼看大国兴衰》，此后约五年前又以《航海、财富与帝国》再次出版。前两个版本在章节上有细微的差别。十年来，这本书以经济学视角解读历史，受到了广大读者的欢迎，也令才疏学浅的我倍感惶恐。尤其是随着自己对于经济和历史的了解日深，越发感觉这本写作于十年前的书，既有“初生之犊不畏虎”的新鲜气息，也有“无知者无畏”的粗浅见识。于是，自己一直希望能够有机会对这本书进行增编和改写，让内容更加丰满，观点更加准确。

感谢几位好友的垂爱，让我的这个愿望得以实现，这就是本书的来历。与之前的两个版本相比，在坚持以经济的角度解读历史这个主题不变的前提下，这本书有如下两个变化：

其一是比原著多了50%的新内容。比如新增了“黑死病之后”“英印棉布攻防战”“运河上驶来世界霸主”“日本凭啥能‘脱亚入欧’”“争抢殖民地？那就是个坑”等章节。其他原有章节，文字上也多有扩充。更多的内容，将使读者对于历史和经济有更加全面的了解。

其二是内容增加的同时，对经济规律的解释加强了，对于影响历史进程的货币问题、运输问题、贸易问题、技术问题等都有了更充分的阐述，以利于读者能够掌握这些经济规律，并用这些经济规律分析历史与现实的现象。

本书延续了我一直努力追求的写作原则——“史实不恶搞，恶搞不史实”，在面对史实问题时，注重证据和逻辑，严肃认真；对于不涉及史实的部分，用活泼、时尚和调侃的语言，让读者在愉悦中阅读历史，感受历史的趣味。希望您能够喜欢我的这种写作风格。

波音

2023年3月

目　录
Contents

第三章 | 海上马车夫的世纪辉煌

第四章 | 奴隶贸易是怎么没的

第五章 | 视财如命的岛民

第六章 | 工业革了全世界的命

第七章 | 英印棉布攻防战

第八章 | 黄金、军费以及牛顿爵士

第九章 | 法国还在，但钱没了

第十章 | 两个拿破仑，别样滑铁卢

第十一章 | 美利坚谓何国

第十二章 | 让华尔街再飞一会儿

第十三章 | 黄金与白银之战

第十四章 | 运河上驶来世界霸主

第十五章 | 日本凭啥能“脱亚入欧”

第十六章 | “双头鹰”的荣耀与苦难

第十七章 | 普鲁士：感谢英法“神助攻”

第十八章 | 争抢殖民地？那就是个“坑”

第十九章 | 凯恩斯的“学生”

序章｜黑死病之后

可怕的瘟疫正在军中肆虐，夺走了许多战士的性命。面对屹立不倒的卡法城，金帐汗国的围城大军彻底绝望了。最后只能无奈地带着残军撤去包围圈，远遁而去。

交战双方并不知道，这次规模并不大的围城战会以一种凄惨、可怕的方式改变整个欧洲的历史进程，甚至影响了未来500年的世界大势……

卡法城位于黑海北部克里米亚半岛海岸，地理位置十分重要，自古以来就是商业重港。欧洲南部的商船可以抵达这个海港，用地中海地区的物产交换黑海沿岸的粮食，以及邻近广袤大陆上的各种畜牧产品，甚至是奴隶，那些强壮的奴隶会被转卖到当时埃及的马穆鲁克王朝，充当军人。

当时在黑海、地中海沿岸做贸易的商人，主要是来自意大利两个商业城邦的人，即热那亚人和威尼斯人。14世纪早期，他们与控制黑海北部乃至广袤草原的金帐汗国签订了贸易协定，还获得汗国的许可，在卡法城建设贸易区，修建城墙和仓库。此后，这些意大利商人又获得了在流入黑海的顿河河口建立贸易区的资格。但是在1343年，意大利商人与穆斯林商人发生了冲突，金帐汗国支持穆斯林商人，把意大利商人从顿河河口贸易区赶走了。并且从1343年起，金帐汗国更是多次出兵包围卡法城，试图攻陷这个富庶的贸易区。卡法城里的意大利商人顽强抵抗，金帐汗国的草原铁骑在攻城战中竟然一筹莫展。

意大利商人武装随即展开反击，利用自己海上舰队的优势，封锁了黑海刻赤海峡以东的海岸线，掐死了金帐汗国的海上贸易线。1347 年，金帐汗国被迫答应了意大利商人的要求，同意他们重建顿河河口的贸易区。

然而，意大利商人还没来得及欢呼胜利，就发现自己陷入了可怕的“地狱”。由于意大利商人在大洋上往来频繁，这种传染病迅速传播到了自己的大本营——热那亚、威尼斯等城邦，然后又继续传播到整个地中海沿岸，甚至向内陆蔓延。

席卷整个欧洲的黑死病降临了。

黑死病是啮齿类动物比如老鼠身上存在的病菌，通过老鼠身上的跳蚤传染的一种疾病，可以传染给人类，引发腹股沟肿胀等致命危害，通常也叫鼠疫。鼠疫其实与人类共存了成千上万年，并不断进化，14 世纪的这次黑死病是一次非常烈性的鼠疫。

1347 年，西西里岛和法国马赛港遭到黑死病的打击；1348 年年末，黑死病横扫了西欧大部分地区；1349 年，黑死病攻陷了德国和孤悬在海洋中的岛国——英国，以及有波罗的海分隔欧陆的北欧各国……直到 1351 年，尽管还有一些零星发病案例，但猛烈的黑死病总算是过去了，欧洲大陆元气大伤，在黑死病疫情中，整个欧洲的人口下降了 45%~50%，在地中海地区，比如意大利、法国南部和西班牙南部，人口甚至下降了 70% ~ 80%。

黑死病夺去了当时的大量青壮年劳动力，使得欧洲的生产力水平急剧下降，它对欧洲经济最大的冲击，就是使过去流行的庄园经济逐渐瓦解了。

在黑死病之前，欧洲流行庄园经济的生产模式，庄园主拥有大片的土地，雇用很多佃农为自己耕种田地、种植果园、养殖禽畜。由于当时欧洲人口增多，劳动力就变得不值钱了，因此佃农身份低微，为了维持温饱，不得不接受庄园主很低的报酬。如果用经济学的话语简单概括，就是在庄园经济下，土地值钱，劳动力不值钱，庄园主有议价能力，佃农没有议价能力。

黑死病横扫欧陆后，那些死掉的人命运最凄惨；而活着的人中，庄园主的日子变得难过了，而佃农竟然迎来了扬眉吐气的日子！

1363 年，一位佛罗伦萨的上层人士马蒂奥·维拉尼抱怨地写道：“小女佣和马童要价每年至少 12 弗罗林，而其中最傲慢自大者甚至要价每年 18 弗罗林或 24 弗罗林；保姆和靠双手混饭的工匠也是漫天要价，工资大约是平常工钱的 3 倍！”除了底层劳动者工资翻倍增长，这位上层人士还发现，社会上奢侈之风盛行，连下层人士都开始追求上流生活了。“由于发现普通产品丰富而又过剩，大众不再从事其惯常的买卖活动；他们想要最昂贵、精美的食物……而小孩和普通妇女则都渴求已逝杰出人物的那些做工精细而又价格昂贵的服装……”

为什么黑死病后的欧洲会出现这种情况呢？

那是因为，普通劳动者有了议价能力，土地不值钱了，劳动力才值钱！

就拿佛罗伦萨来说，短短 5 个月时间，黑死病就夺去了城市 3/5 的人口。佛罗伦萨作家乔万尼·薄伽丘创作了著名的《十日谈》短篇小说集，描写的正是为了躲避黑死病，10 个年轻男女躲到乡下的别墅里，每个人每天讲一个故事，连续讲了 10 天。

人口锐减，但是土地并没有减少。为了雇用到足够的人力到自己的土地上劳动，庄园主必须付出更高的薪水，吸引佃农恢复庄园的生产。根据经济学家的统计，在英格兰，1359 年之前，农民的薪水有一次爆发性的增长，正好可以对应黑死病肆虐过后的时段，实际薪水持续增长了大约一个世纪，到 15 世纪中叶时，普通人的薪水比在黑死病暴发前高出了两倍多。由于缺少劳动力，大量产量低的土地被抛荒不顾，有限的劳动力集中耕种产量高的良田。由于畜牧业对劳动力的需求比种植业少，因此欧洲的畜牧业得到了更好的发展。

于是从 1350 年到 1550 年，欧洲普通民众经历了一段幸福的时光，丰厚的薪水让从黑死病魔爪下幸存下来的人能够凭借自己的劳动，享有相对较高的生活水平。畜牧业大发展，野味也更丰富，普通人家的饭食也变得更加诱人了。

比如15世纪早期，法国阿尔萨斯的佃农家的常见食谱是：两块牛肉及烤肉，搭配酒及面包。15世纪后期，德国萨克森公爵甚至发布法令，该公爵统治的区域，工匠的午餐和晚餐标准必须配备四个菜，即两荤一素一汤。再稍后一段时间，法国巴黎的工匠和商人能够经常吃到鹿肉、山鸡肉这样的野味，而穷人也吃得起猪肉。这种对于精美肉类的饮食爱好已经成为欧洲国家的文化传统，一直延续至今。

黑死病还给欧洲带来了一句名言："人们正在死去，硬币却安然无恙。"这句话道出了黑死病对于当时欧洲货币领域的巨大影响。

由于人口和劳动力大量减少，而社会上的金银货币并没有减少，因此根据经济学的一般原理——物以稀为贵，相对于人来说，钱就变得不值钱了，通货膨胀在黑死病肆虐之后爆发，各种商品和服务的价格大幅上涨。

很多人在疫情期间死掉了，他们的财富由活着的人继承了。一些人突然之间获得了大量的财富，并对刚刚远去的黑死病心有余悸，唯恐自己还没有享受财富就一命归西了。于是，整个社会上的享乐主义风气开始盛行，不论是继承了大笔财富的上层人士，还是通过劳动赚到了更多钱的下层劳动者，都追求及时行乐，甚至超前消费，大量购买优质的手工品，甚至消费从神秘的东方运来的各种奢侈品。

在这样纸醉金迷的社会氛围中，谁是最开心的人呢?

当然是从事远途贸易的商人，特别是最早把黑死病广泛传播到欧洲各地的热那亚商人和威尼斯商人。这些商人是最早一批受到黑死病打击的群体，是黑死病传遍欧洲的重要载体，却也是黑死病结束后获利最大的群体，这真是反差很大的事。

在整个欧洲社会追求优质商品和东方奢侈品的庞大需求下，意大利商人积极行动起来，他们走遍欧洲，走向非洲和亚洲，他们要把远方的各种好货物运回欧洲，他们想要赚大钱！

由黑死病触发，意大利商人推动，不经意间，欧洲漫长的中世纪结束了，波澜壮阔的近代开启了。

第一章｜
面朝大海，香料路开

近代欧洲的崛起，是由发生于欧洲与亚洲交界处的一场劫难触发的。

古都陷落，吃货抓狂

1453年，欧洲人的餐桌上发生了一场惨绝人寰的大变故，令他们味同嚼蜡，人生都似乎毫无乐趣了。

1453年5月29日，横跨欧亚两大洲、传承上千年的东罗马帝国走到了尽头，帝国的首都——君士坦丁堡（今土耳其伊斯坦布尔）被奥斯曼土耳其人攻克，土耳其的苏丹穆罕默德二世完成了几个世纪以来一代又一代奥斯曼帝国君主们的心愿：让自己的旗帜高高地飘扬在君士坦丁堡的上空，飘扬在宿敌的城门上！

东罗马帝国本来希望身后欧洲各信仰相同宗教的国家、城邦能够派出援兵，特别寄予厚望的是当时依靠贸易立国、实力强大的威尼斯。威尼斯的统治者也曾经信誓旦旦地保证，要派出自己的精锐战舰救援君士坦丁堡。然而，当东罗马帝国派出的一艘双桅帆小船勇敢地冲出土耳其人的包围圈，驶入爱琴海时，水手们才发现，海面上竟然连一艘救援的战舰也没有！

土耳其人的舰队的确封锁了爱琴海的各个港口，但更残酷的真相是，威尼斯人根本就没有派出战舰，他们就没打算救援君士坦丁堡。

威尼斯竟然弃同一信仰的国家于不顾，这不单单是因为它畏惧奥斯曼土耳其的强大军事实力。威尼斯其实有自己的小算盘——坐收渔翁之利，彻底垄断香料贸易。

谈起我们熟悉的香料,最常见的应该算是胡椒了,中国人在炒菜的时候，经常会撒点儿胡椒或者胡椒粉。明朝时政府无银子给官员发饷，甚至曾用郑和下西洋时从东南亚带回来的胡椒作为俸禄发给大家。

既然世人皆吃货，古代欧洲人也不例外，他们对胡椒也钟爱有加。有一种说法是，古代欧洲人大量进口亚洲的胡椒，目的是处理肉，在没有冷藏设施的情况下，胡椒可使肉不易腐烂，浓郁的香料还可以掩盖变质肉类的味道。但是后来许多学者质疑这种说法，因为胡椒在古代欧洲属于奢侈品，能够消费得起这种奢侈品的人，自然消费得起新鲜的肉。所以，古代欧洲人大量进口胡椒，很可能也是作为调味品，满足口舌之欲，他们只是因为喜爱胡椒那股辛辣的味道。16 世纪后期，欧洲人的饮食逐渐变得清淡起来，但据说中世纪的欧洲人饮食与今天的印度人饮食一样辛辣。当时的欧洲有很多人喜欢辣味，食物越辣就越高级，因此富人和掌权者尽可能多地使用胡椒，胡椒也就成了地位的象征。

其实除了胡椒之外,可以归属于香料的东西还有很多,比如肉桂、豆蔻、丁香、桂皮等。香料大多产于南亚、东南亚一带，比如胡椒原产印度，后来移植到了东南亚地区；肉桂产自斯里兰卡；豆蔻和丁香产自印度尼西亚；桂皮产自中国南方和缅甸一带。所以,从这些香料到古代欧洲人的厨房之间,可谓隔着万水千山，运到欧洲的香料价格高昂也就不奇怪了。中世纪有一段时期，一头牛只能换两磅肉豆蔻，胡椒的价格更昂贵，以至人们买胡椒都得按颗粒个数来计算，胡椒甚至还可以充当货币。

欧洲不产香料，为了获得让食物更美味的香料，欧洲人只能想方设法进口。早在古罗马时期，欧洲人就通过埃及在红海的各个港口做贸易，获得从印度等地运到埃及港口的香料。

威尼斯是中世纪第一个单纯以贸易为生的欧洲城市，位于意大利东北部沿海。威尼斯人最初以捕鱼为生，后来，他们通过制作食盐并贩卖到内陆地区，积累了一些财富。然后，他们转向广阔的大海，利用可获得的木材，制造大型船和帆船进行远洋贸易。威尼斯城邦一度与东罗马帝国关系融洽，1082年，拜占庭皇帝颁布了“金玺诏书”，规定威尼斯商人到拜占庭帝国的全部通道都免除关税。威尼斯控制了为大多数意大利北部城市提供食盐和小麦的贸易，从中谋取丰厚的利润。威尼斯所获得的小麦，不仅来自周边农耕区，甚至还来自遥远的黑海港口。依靠远洋贸易，威尼斯城邦壮大起来，在1300年时，单就威尼斯城本身，就已经拥有将近12万人口，比当时的巴黎还要多。

在君士坦丁堡还没有陷落之前，威尼斯人通过外交途径，买通了当时埃及的统治者，垄断了埃及商品在欧洲的销售权，自然也就垄断了埃及出口的香料。如果说埃及人是香料贸易的二道贩子，那威尼斯人就是三道贩子。

香料贸易是暴利行业，谁不想分一杯羹呢？当时香料的进口路线并不只是埃及这一条，印度等地的香料还可以先运抵波斯湾地区，然后通过陆路运送到地中海东岸，最后再运往欧洲各国。当时地中海东岸被东罗马帝国所控制，虽然威尼斯人和东罗马帝国的关系不错，但另一个意大利城邦——热那亚，那个地方的商人也和东罗马帝国关系融洽，能够通过地中海东岸进口香料，这就打破了威尼斯人对香料贸易的垄断。

威尼斯人可以忽悠埃及的苏丹，却忽悠不了拜占庭的皇帝！买主越多，这东西才卖得上价，拜占庭帝国当然知道这个简单的商业道理，因此乐意让热那亚人也来采购香料。威尼斯人对此记恨在心。

而且威尼斯与东罗马帝国之间的历史关系，可谓十分微妙。威尼斯在东地中海的势力和影响力都日益扩大，不可避免地与盘踞在欧洲东部的老牌强国东罗马帝国的利益有所冲突。威尼斯假装保护东罗马帝国，使后者免受东方国家的威胁，但实际上，威尼斯每时每刻都想从东罗马帝国身上掠夺和榨取商业利益，甚至在1204年，威尼斯伙同第四次东征的十字军洗劫了君士坦丁堡。

为了反制心怀不轨的威尼斯，东罗马帝国与意大利的另一个城邦热那亚越走越近。为了打开东方贸易通道，热那亚支持东罗马帝国对威尼斯的反击行为，并帮助东罗马帝国在1261年收复了君士坦丁堡。作为回报，热那亚获得了极其有利可图的殖民地和商业奖赏，它取得了黑海、土耳其海峡以及爱琴海沿岸的商站，这损害了威尼斯人的利益，威尼斯人气得牙根痒痒的。

天有不测风云，没想到奥斯曼土耳其从东方崛起，眼瞅着就要攻克君士坦丁堡，这下威尼斯人就算没在心里乐开了花，至少也是乐观其变。君士坦丁堡陷落后，奥斯曼土耳其没兴趣和基督教国家做贸易，相反，还继续进军东欧，几十年间甚至兵锋直指维也纳城下。两大宗教文明兵戎相见，这生意自然只得先放到一旁。

其结果是，东罗马帝国亡国后，热那亚人彻底去掉了香料进口途径，全欧洲的香料都得靠威尼斯人提供。威尼斯人狮子大开口，别人也只有接受的份儿了。谁让卖香料的独此一家，别无分号，自己偏偏还好这一口呢？

自从威尼斯人彻底垄断了香料贸易，不要说普通欧洲人品尝不到香料的滋味了，就是昔日品尝过香料的大小贵族，居然都买不起香料了。没有了香料，这日子简直没法过了。

日子更没法过的是热那亚人，本来可以从香料贸易中分一杯羹的，结果现在让威尼斯人吃独食，自己只能干看着，想要用点儿香料，竟然还得去求死敌威尼斯人，是可忍，孰不可忍！

不在沉默中爆发，就在沉默中灭亡，热那亚人必须行动起来。

直接进攻威尼斯？这显然行不通，首先论军事实力，热那亚打不过强大的威尼斯，鼎盛时期的威尼斯可以调动 3 万多训练有素的士兵，拥有 3000 多艘船只，热那亚难以望其项背。其次在基督教道义上热那亚也会理亏，教皇就在旁边罗马城里的梵蒂冈，在教皇的眼皮子底下不能太放肆。

于是热那亚人想出了两个迂回计划。第一个计划是，越过奥斯曼土耳其，与更东面的伊利汗国结成同盟，直接从波斯湾出动一支热那亚舰队，拿下印度洋沿岸港口，从源头上控制香料贸易的线路。第二个计划是，从地中海向东南出发，从海路上绕过整个非洲大陆，开辟一条新的香料之路。

这两个计划都极富想象力，也都很不现实，尤其是第二个计划，基本上属于天方夜谭。在第一个计划胎死腹中后，热那亚人把第二个计划藏在了心底、梦中……

葡萄牙人纵横四海

威尼斯人也好，热那亚人也罢，都是善于航行的水手，颇受欧洲其他国家统治者的青睐。1317 年，葡萄牙国王曾经任命一个热那亚人为葡萄牙海军司令，任命的条件之一是，他和他的继任者要在葡萄牙皇家海军中保持有不少于 20 名热那亚人的船长和舵手。毫不夸张地说，葡萄牙人航海事业的基石是热那亚人亲手缔造的。

葡萄牙地处伊比利亚半岛的西海岸，属于欧洲的西南角，面对着大西洋，与非洲大陆隔着直布罗陀海峡相望，背后则是虎视眈眈的西班牙。弱小的葡萄牙人不敢与西班牙争锋，若要把命运掌握在自己手中，唯有向苍茫的大海发展这一条路。

葡萄牙人的航海时代是从他们的亨利王子开始的。1415 年，21 岁的亨利就率军攻克了直布罗陀海峡对岸的重镇休达，名声大噪。有了休达这个非洲据点后，亨利指挥自己手下的船长们，开始沿着非洲西海岸向南，向南，再向南。

蔚蓝色的大海的确有着独特的神秘感，吸引着水手们勇敢地驶向未知。但支撑亨利王子探索非洲沿岸的主要动力，并非他对未知世界的好奇心。弱小的葡萄牙没有闲情逸致去听海浪的声音，也没有足够的财力去玩欧洲版郑和七下西洋。亨利想的其实是——做生意、赚大钱。

从攻占休达时俘获的摩尔人战俘那里，亨利获得了一个重要信息：那里的商人可以从突尼斯海岸驾船南下，然后转入河道，驶往西非内陆重镇通布图和坎托尔。西非的黄金、象牙让欧洲人垂涎三尺，亨利也不例外。从陆地上前往通布图不太现实，摩尔人会拦截葡萄牙人的骆驼商队，穿越撒哈拉沙漠非常艰苦。于是，亨利希望从海路转河道直抵西非内陆，通过与非洲内陆的贸易来富国强兵。

至于航行到印度满载香料而归，当时的亨利顶多只是在脑子里想想，说出来会被别人当成笑话。因为直到 1460 年亨利去世的时候，他的船长们最远只到达了塞拉利昂。但亨利仍然不失为一代航海伟人，因为正是在他的指挥下，葡萄牙人驶过了非洲西岸那一段寸草不生的撒哈拉海岸，此前的欧洲人都被这段没有任何补给的海岸给阻挡住了。而过了这段海岸，展现在水手眼前的是非洲一望无垠的热带森林和黑人部落散布的热闹海岸线。欧洲水手们的活动空间被亨利打开了。

亨利还留给葡萄牙乃至欧洲一个航海研究院，可能算是世界上第一个科学研究院。这个研究院在 1418 年成立，位于葡萄牙最南端的萨格里什海角的城堡里。研究院聚集了那个时代最博学的一批人——船长、导航员、地图绘制家、天文学家、数学家、船舶仪器制造者、造船商和其他专家，甚至还有躲避西班牙宗教迫害的穆斯林天文学家和犹太地图绘制家，来自热那亚和威尼斯的大师级水手也是研究院里的重要人物，他们聚集在一起，分享各自的知识。这些专家系统绘制了他们在大西洋及其沿岸了解到的信息，设计衡量纬度的方法，尽可能地积累已知世界的具体信息。亨利王子每年派船去探险，这些船只带回了航海日志、填满新数据和观察结果的图表，专家们把这些新获得的知识添加到地图上，用以规划新的航行方案。

亨利死后，葡萄牙人向非洲南端探索的脚步一度放慢了下来，这并不是因为葡萄牙水手没有了亨利这个总指挥，群龙无首了，而是因为以下两个原因。

第一个是经济上的，葡萄牙人到达塞内加尔和冈比亚后，就参与到了非洲几内亚湾地区的贸易中，他们在欧洲和非洲之间进行货物买卖。在 15 世纪的一些欧洲人眼中，世界上没有任何一个地方的生意比这里更赚钱了。这么说当然显露出当时欧洲人坐井观天的一面，毕竟当时东亚的明朝、日本等国的经济正是傲视全球的兴盛景象。不过在那时欧洲人的贸易圈里，从几内亚地区倒腾黄金到欧洲，已经是很赚钱的买卖了。人是经济理性的动物，既然有这么好的买卖可做，谁愿意冒着血本无归的风险继续向南探险呢？

第二个是地理上的，葡萄牙人绕过塞拉利昂后，发现非洲海岸线开始向东拐，一时之间激动不已，以为非洲大陆南端已经被自己绕过去了，从热那亚人那里继承的梦想马上就要实现了——绕过非洲到印度，开辟一条新的香料之路。不承想迎面而来的，竟然又是一道向南延伸的非洲海岸线。葡萄牙水手向南一望，沧海茫茫，大陆海岸线似乎没有尽头。去印度的美梦立刻破灭了，失望的葡萄牙人便安心地在几内亚湾做贸易。

自从 15 世纪 70 年代初发现非洲大陆又向南拐弯这个事实后，葡萄牙水手的航海探险暂停了 10 年。

就在这时，出现了一段插曲。1474 年，一位佛罗伦萨天文学家托斯卡奈利给当时的葡萄牙国王写信，提出了一项计划，建议葡萄牙人直接向西航行，直抵中国的东海岸，这条线路将比葡萄牙人绕过几内亚湾通往香料之国的线路更短。国王对此产生了兴趣，于是托斯卡奈利又写信，并附上了一张地图，说明自己的向西计划是可行的。

然而，国王最终没有批准这项计划，葡萄牙人此后发动了新一轮非洲探险计划。托斯卡奈利把那封信的副本寄给了一位在西班牙生活的热那亚人，这个人的名字，我们暂且不表。

葡萄牙人又开始探险了，这绝对是违反理性经济的行为，但偏偏就发生了。也许，葡萄牙国王从那封信的计划里嗅到了不祥的气息，别的国家可能要打航海的主意了；也许，葡萄牙国王就是好奇，想知道非洲最南端在哪里，即使不计成本也想知道。

这一次，航海家迪亚士奉命扬帆起航，1488 年，他成功绕过了非洲大陆真正的最南端，甚至率领船只又向南面的大海里驶出了很远，然后兜了一圈回到海岸线，以确定自己真的发现了非洲最南端的海角。

由于在那个海角遭遇了风暴，迪亚士便把那里命名为“风暴之角”。回到葡萄牙汇报时，国王龙颜大悦，改称为“好望角”，因为这个海角让葡萄牙人看到了通往印度的道路，这是多少代欧洲水手梦寐以求的发财之路。

就在迪亚士向好望角冲刺的时刻，葡萄牙人佩德罗·阿尔瓦雷斯·卡布拉尔穿过地中海经由陆路至红海，勘察了印度洋的西海岸从非洲的莫桑比克到印度的马拉巴尔海岸线。从此，从葡萄牙首都里斯本前往印度的新香料之路，已经完全连通了。

最后，抵达印度的荣耀降落在达·伽马的头上，这位在 10 岁的时候就煞有其事地拟订航海计划的航海世家之子，带领 4 艘船，用了约 10 个月的时间，从葡萄牙绕过非洲，航行到了印度的卡利卡特，成为第一个绕过非洲从海路抵达印度的欧洲人。达·伽马的第一次印度之行自里斯本出发之后历经了两年多的时间，两艘船带回的香料和宝石的收益，减去两年的航海费用之后还有不少剩余。当时在里斯本的佛罗伦萨商人在给家人的信件中写道：“这样一来，威尼斯人不得不放弃东方贸易，改去捕鱼了。”

达·伽马的成功航海证明，只要直接从印度带回大量胡椒，并且比威尼斯商人的香料售价稍微便宜一点卖出，就算减去航海的往返费用，也能够获得高额利润。几代葡萄牙人心中的那个梦想——绕开威尼斯以及他们的同伙埃及马穆鲁克王朝，直接抵达香料原产地，从而打破上述两者对香料贸易的联合垄断，已经触手可及。

这份大航海的无上荣耀不仅属于达·伽马，更属于为了这条航线拼搏了近百年的所有葡萄牙水手，同样也属于把这个梦想传递给葡萄牙人的热那亚水手们。

扼住威尼斯的咽喉

尽管如此，葡萄牙人的香料发财梦离梦想成真还有一段距离。对于垄断了印度洋香料贸易的阿拉伯人来说，突然出现的葡萄牙人简直是巨大的威胁。葡萄牙人的麻烦从达·伽马刚登上印度海岸就开始了。卡利卡特城里的阿拉伯商人说服当地的土著国王把这帮白皮肤的人都抓起来，理由是他们是一伙强盗。弄清了事情真相后，国王释放了达·伽马这帮人。

这还是我们前面讲过的那个道理，做生意嘛，买家越多，对于卖家就越有利，印度土著国王也懂这个道理。

达·伽马留下几个水手作为联络人，自己带着满船的香料和其他货物荣归故里。然而，当第二支葡萄牙船队兴冲冲地抵达卡利卡特时，发现留下的水手已经被杀害了，土著国王对此事睁一只眼闭一只眼，也许是觉得这帮远道而来的白人的实力连海盗都不如，就没必要保障他们的人员安全了吧。

千辛万苦开辟的香料之路，怎能如此半途而废？展示实力的时候到了！

达·伽马率领20艘军舰，气势汹汹地奔赴卡利卡特，途中大败阿拉伯商船组织的舰队，抵达卡利卡特后，轻松攻克该城，大肆掠夺商品作为与当地土著和解的报酬。虽然达·伽马因航海而名垂青史，但其实他对政治和战争的领悟并不逊色于他掌握的航海知识。以他为代表的葡萄牙人以军舰开路，到1509年，葡萄牙人已经成为阿拉伯海无可争议的主人。

达·伽马的军舰在印度洋上的战绩是惊人的。1502年，他第二次航海到达印度途中，依靠20只军舰，打败了比自己舰队多七八倍船只的阿拉伯船队。在以少胜多的辉煌战绩背后，是葡萄牙能够称霸海上的真正原因——舰炮。

虽然葡萄牙在当时的欧洲不过是个二流国家，但欧洲是最早将大炮和船只成功地结合在一起的地方，葡萄牙也掌握了这一军事技术。

在船上装载大炮听上去很容易，但要形成战斗力，还有很难的技术问题需要解决。如果把大炮直接放在甲板上使用，沉重的大炮和炮击时产生的反作用力，会让船只失去平衡而倾覆。为了防止出现倾覆的危险，就需要把大炮放在船只的吃水线附近，也就是船体没入水中的部分和水面以上部分的分界线上，等于是让大炮在船体的内部进行发射。这样一来，还需要对炮口进行良好的防水处理。此外，大炮在船体内部发射炮弹时，会产生巨大的反作用力，如果不能很好地削减反作用力，几炮下来，敌船是否被击沉不好说，自家的船体可能会被震裂解体。欧洲人为了解决这一问题，在船上设计了装有轮子的发射台，以此来减弱发射炮弹的冲击力。经过一些关键的改进后，当时欧洲的军舰与世界其他地方的武装船只相比，在火力上已经有了很大的优势。

舰炮，就是欧洲人大航海时代开启时，他们所具有的真正的优势，也几乎是他们的唯一优势。论劈波斩浪的冒险精神和商业精神，阿拉伯人不缺，印度人不缺，马六甲人不缺，中国人也不缺。但这些海商基本上只能控制住海上贸易线路中的一段，没有一个人群能够操控跨越万里的远洋贸易。说得直白一点，跨海贸易能力需要有跨海军事力量做后盾，在舰炮问题没有解决前，海战基本上是陆战的一种翻版，作战双方仍然只能远用弓箭（或者火绳枪），近用白刃，跨海征服能力十分有限，所以看起来在大航海时代之前的海洋上，并没有太过惨烈的杀戮和征服，这并不代表古代海商多么宅心仁厚、慈悲善良，他们只是没有能力征服更广阔的大海。古代世界里一样存在海盗，而且海盗与海商之间界限模糊，如果两艘海商船只在海面上相遇而且双方实力悬殊又非沾亲带故的话，弱小的那艘商船更大的可能性是被劫掠。

以舰炮为后盾，达·伽马被称为“武力至上的问题调停者”，在当时弱肉强食的海上贸易战环境下，阿拉伯商人也不是吃素的，大家在道义上都不比海盗强多少。因此，后人实在无法过多地指责达·伽马对武力的崇尚，不用军舰保护远洋航线，难道等着被阿拉伯人的军舰把自己的商船打沉？

在1509年的第乌海战中，由阿尔梅达总督指挥的葡萄牙船队打败了埃及和古加拉苏丹的联合舰队，彻底打开了印度航路。从那之后，印度洋上的各国船只就不得不想方设法来躲避葡萄牙军舰的锋芒。

印度并非香料之路的终点站，葡萄牙人很快明白，欧洲人垂涎的高档香料——丁香和豆蔻，都不是印度出产的，而是来自更东面的马六甲。

“没什么好说的，为了香料，继续向东打！”

当时活跃在东南亚的葡萄牙人皮雷斯就说过：“控制了马六甲，就扼住了威尼斯的咽喉。”

又是威尼斯！葡萄牙人念念不忘的是抢夺威尼斯人的香料生意。

在当时亚洲的海洋贸易网络，马六甲是当之无愧的中心。每年顺着季风来做贸易的中国人、印度人、阿拉伯人、欧洲人挤满了港口。中国的樟脑、丝绸以及陶瓷，印度的织品，菲律宾的蔗糖，摩鹿加群岛的檀香、丁香、豆蔻等香料，苏门答腊的金子以及胡椒，婆罗洲的樟脑，帝汶岛的檀香，以及马来西亚西部盛产的锡，全都运送到马六甲，再转运到世界各地需要这些商品的地方。皮雷斯的马六甲游记记载，这座城市的街道上曾通行 84 种语言。亚洲的海洋世界比我们想象的更富有国际色彩。

那些被葡萄牙人打败的阿拉伯商人也很熟悉马六甲，因为那里是当时世界上最繁荣的贸易中转站，于是这些阿拉伯商人会把他们的独桅三角帆船远远地驶向印度半岛南面的大洋中，避开葡萄牙舰队的锋芒，兜一个大圈，前往马六甲采购香料，然后运往红海。显而易见，红海旁边的埃及人会把这些香料卖给威尼斯人。

如果控制了马六甲，何止扼住了威尼斯的咽喉，简直就是扼住了世界海洋贸易的咽喉！

葡萄牙人先礼后兵，派人与马六甲的苏丹接洽，希望允许葡萄牙人在马六甲做贸易。富甲一方的苏丹对葡萄牙人的要求竟然一概拒绝。香料就在眼前却拿不到，恼怒的葡萄牙人再次开展了“军舰外交”，大举进攻马六甲。带领葡萄牙士兵围攻马六甲的总督阿方索·亚伯奎激励手下时，除了用宗教鼓动大家去“扑灭穆罕默德教派之火”外，也重点强调说：“我确信，如果我们从他们那里夺取了马六甲的贸易，开罗和麦加将会彻底毁灭，威尼斯将得不到香料，除非它的商人到葡萄牙去购买。”

多么有商业头脑的铁血总督！

1511 年，马六甲被葡萄牙攻占了。至此，海洋上的香料之路终于完全落入了葡萄牙人之手。威尼斯的咽喉被扼住了，热那亚人终于如愿了。

玩转亚洲贸易网络

在葡萄牙控制印度洋和马六甲前夕的 15 世纪末，威尼斯人每年独占从埃及出口到欧洲的香料，通过其他途径出口到欧洲的香料则微不足道。但到了 16 世纪初，每年威尼斯人只能获得原来香料总量的 1/4 左右。威尼斯人的损失就是葡萄牙人的收益，从 15 世纪末到 16 世纪上半叶，葡萄牙人运走了亚洲香料总产量的 1/10。

听上去葡萄牙人只运走了香料总产量的很小一部分，但其实这已经是非常了不起的成就了。在大航海时代初期，世界贸易量的绝大部分其实仍然来自各地区内部贸易，而不是来自远洋贸易。根据皮雷斯对马六甲的观察，每年至少有 100 艘载着贵重货品的船只来到马六甲，其中约有 5 艘分别来自古吉拉特、科罗曼德尔海岸和孟加拉，大约有 15 艘来自缅甸的白古港口，30 艘左右来自暹罗，10 艘来自中国，10 艘来自巨港，其余船只则来自该地区诸岛屿的各个港口以及远东地区。马六甲港建有安全保存商品的货栈，商人们在卖出货品之前可以将之存放在这里。

亚洲的香料贸易网络原本就非常繁荣，亚洲庞大的人口是香料的最主要消费群体，葡萄牙能够在这个巨大的香料贸易网络里抽走 10% 的货物，已经预示了近代远洋贸易繁荣时代的来临。

不可否认，葡萄牙人的香料贸易之路是依靠炮舰和刀枪开辟出来的，甚至一部分香料是通过掠夺得到的。但更多的香料是通过融入东南亚原本就很繁华的贸易网络，葡萄牙用以物易物的贸易换来的。

说起来，东南亚香料市场的繁华，很大程度上要归功于一个中国人——郑和。明朝时期，正是在葡萄牙人来到南亚、东南亚之前，郑和率领庞大的舰队七下西洋，在完成史无前例的航海壮举的同时，也大量采购南亚和东南亚的香料，运回国内冲抵官员的一部分俸禄。明朝对于香料的巨大需求直接刺激了南亚、东南亚地区各个岛屿上的居民广种香料作物，形成了巨大的香料供应市场。

葡萄牙人的到来，虽然给南亚和东南亚带来了一定的冲击，但最终不仅没有损害当地的香料市场，反而因为增加了需求量而让香料市场维持了繁荣的局面。从经济学的意义上说，葡萄牙人一方面让东南亚的香料有了更多的销路，刺激了当地香料经济发展，另一方面让欧洲人的餐桌上增加了香料调味品，改善了欧洲人的饮食。不论是东南亚香料生产国还是欧洲香料消费国，都因为葡萄牙人开辟的远洋贸易航线而获益了。

当然，葡萄牙人是获益最大的一方。他们纵横四海的风帆不会只停留在东南亚，当他们继续驶向更远方，来到东亚的时候，如同中了头彩一样，撞见了千载难逢的“赚钱天堂”。

当时东亚的中国和日本这两个国家的国力都不是南亚、东南亚那些小邦能比的，按说葡萄牙人的炮舰外交在这里根本不好使，想在贸易中分得一杯羹看似很难。然而，当时的明朝和日本幕府正处于“冷战”时期，明朝实行海禁，不允许日本人来明朝经商，也不允许明朝人去日本做生意。可是明朝的国家财政正在奉行所谓的“银本位”，以白银作为税收货币，因此国内需要大量的白银，本国又缺乏银矿；日本对于中国丝绸有着巨大的需求，本身又有丰富的白银资源。

用日本的白银换中国的丝绸，是显而易见的好生意。可是政局僵持导致贸易中断，这个局面怎么破？

就在这时，葡萄牙人出现了，摇身一变，成了明朝和幕府之间的“中间人”。你们不是彼此之间不愿意做生意吗？那你们都和葡萄牙人做生意好了。

让我们来欣赏一下葡萄牙人是如何玩转亚洲贸易网络的——

他们在印度用马拉巴尔柚木建造吨位为1600吨甚至2000吨的大帆船，船舱里装上印度布料以及其他商品，雇用当地人做船员，从他们在印度的殖民据点果阿出发，驶向位于东南亚的殖民据点马六甲。把印度货卖掉后，在马六甲买进香料、檀香以及其他东南亚产品，然后将之用船运到东亚的殖民据点澳门出售，换成中国丝绸。接着，船只继续转战，载着丝绸驶向日本港口，出售丝绸以换取那里的白银，然后再返回澳门，以白银换丝绸。

最后，葡萄牙人再次在马六甲卖掉丝绸，买进香料，将香料运回果阿，在那里可以换成其他船只，绕过好望角，将香料最终运到欧洲出售。

以上贸易的每一个环节，葡萄牙人都能赚一笔，这一大圈转下来，就可以积累惊人的财富，最终以大量香料货物的形式运回欧洲。而且葡萄牙人基本上是空手套白狼，货物都来自亚洲，帆船、船员也基本来自亚洲。

说起来容易，做起来难。面对东亚强大的明朝和日本政权，葡萄牙人不可能依靠在南亚、东南亚如猛龙过江般的炮舰外交征服东亚沿海，他们必须更加智慧和狡猾，才有机会从东亚攫取暴利。葡萄牙人如何在澳门立足，就是一部充满了传奇色彩的商业连续剧。

在攻克马六甲后的1513年，葡萄牙商人乔治·阿尔瓦瑞斯就乘坐华商的平底帆船，抵达华南港口城市——广州。当时明朝奉行的是朝贡贸易制度，海外国家要与明朝进行贸易，必须派遣官方朝贡使团进行。而阿尔瓦瑞斯只是个民间商人，根本就没有进行过正规贸易。于是，他只能在珠江口的屯门岛及其周边地区进行走私贸易。但他很快就搞清楚，葡萄牙人非常喜欢华商运往东南亚的丝绸和瓷器，而将东南亚的调味料和香料销往明朝也能赚得盆满钵满。

在巨大财富的诱惑下，葡萄牙人还是先礼后兵。1517年，皮雷斯作为葡萄牙使者赶赴广州，请求与明朝建立正式的外交关系。想尽办法疏通关系后，1520年，皮雷斯终于在南京觐见了明朝的正德皇帝。这位葡萄牙使臣应该让正德皇帝很满意，之后皮雷斯随同皇帝一同前往北京。没想到，正德皇帝很快一命呜呼，而马六甲国王的使节也抵达了明朝，控诉葡萄牙人攻占马六甲的暴行，皮雷斯被抓捕下狱，没收财产。与此同时，一位葡萄牙船长以屯门岛为基地构筑要塞，抓捕沿海居民当劳力，并袭击和抢劫进出广州湾的中国船只，完全是把葡萄牙在南亚、东南亚的强盗行径如法炮制。这一连串事件激怒了明朝政府，明军攻击屯门岛，葡萄牙人在弹尽粮绝后被迫败走。

双方开展正常的朝贡贸易已无可能。葡萄牙商人决定违抗明朝的海禁政策，在浙江、福建到广东沿海地区从事走私贸易。他们在福建的月港、浙江的双屿设立据点，与从事走私贸易的华商联手，把中国的丝绸、瓷器等产品运到马六甲，赚取利润。

走私贸易风险很高，货物量也得不到保障，因此利润总额很难提升。于是，葡萄牙还是一门心思想获得明朝朝廷的贸易许可。1552 年，葡萄牙王室舰队驶入广州湾，击垮了葡萄牙民间商人和华商的走私船队，公开表明葡萄牙王室与走私商人划清界限，希望以这种方式来获取明朝的信任。然后，舰队司令贿赂了当地官员，以船只触礁需要晾晒货物为由，提出需要登陆，然后他们在位于广州湾入口的澳门半岛上岸，就此赖在岛上不走了。

几年后，明朝官员决定睁一只眼闭一只眼，允许葡萄牙人“暂时”居住，葡萄牙人开始在澳门修建要塞和房屋，把那里改造成东亚海域的据点。1573 年，明朝终于正式承认葡萄牙人在澳门的居留权，但前提是，每年交纳 500 两白银作为地租。这点钱对于志在东亚做大生意的葡萄牙人来说，就是一点点“毛毛雨”。需要指出的是，当时的澳门并不是明朝割让给葡萄牙作为殖民地的，只是租给葡萄牙人居住而已。澳门正式成为葡萄牙的殖民地，是在 300 多年后的 1887 年清朝后期的事情了。

假如当时的明朝和日本幕府没那么固执，能够开放海禁做贸易，葡萄牙人恐怕也不可能把海洋贸易网络玩得这么大，更不可能在东亚赚大钱。谁让明朝政府把赚钱的机会拱手送人呢？再往远处说，明朝空有郑和庞大的远洋船队，却没有开辟出如葡萄牙这样的远洋贸易网络，而是用郑和船队运回来的香料冲抵官员工资，这只能从自己的思维和体制上找原因了。

看到一船又一船的香料绕过好望角运到欧洲，威尼斯人坐不住了。1521 年，威尼斯人为了恢复昔日自己对香料贸易的垄断地位，曾主动提出购买葡萄牙的所有进口香料，但被葡萄牙人一口回绝。“开什么国际玩笑？现在卖多少香料，我们葡萄牙人说了算！”在葡萄牙人打破威尼斯人对香料贸易的垄断后，奥斯曼土耳其人向东欧的扩张也直接削弱了威尼斯人的势力。威尼斯不可救药地滑向了衰落。

欧洲人餐桌上的美味香料，如今改由葡萄牙人提供了。一个欧洲西南角的小国竟然捏住了全欧洲人的舌头，这让那些大国情何以堪！欧洲的大国纷纷开始动脑筋了，他们要动葡萄牙人的香料。

对了，我们前面不是提到了佛罗伦萨天文学家的一封信吗？这封信将掀起多大的海上狂潮呢？

第二章｜
黄金砸晕西班牙人的头

“人们都说西面的大洋是不可逾越的。”

西班牙伊莎贝拉女王略带威严的声音在宫殿里回响着，这一刻，阳光似乎都停滞了。这里是格拉纳达，曾经是摩尔人在伊比利亚半岛上的最后据点。在围攻这座石头城堡达十年之后，女王率领西班牙军队终于攻克了此地，把摩尔人赶回了非洲老家。

女王现在有时间打理一些琐碎之事了，比如面前这个热那亚的寒酸家伙曾经多次请求拜见她，这个人叫作克里斯托弗·哥伦布。

不靠谱的计划和非主流的航海家

哥伦布早年籍籍无名，所以后世对于他的国籍有了争议。一般认为，哥伦布出生于意大利的热那亚。又是一位热那亚人！前一篇我们已经介绍了热那亚人对葡萄牙航海事业的影响，现在，热那亚人又要影响西班牙了。

热那亚人注定要当远航的水手，哥伦布也不例外。年轻时期的哥伦布就随着船只东飘西荡，甚至还曾经远航到西非地区做生意，那里是葡萄牙新开辟的贸易区。哥伦布并不是航海学校或某所大学的科班出身，没有金光闪闪的毕业证书，但他有极大的学习热情，除了在船只上学习实际的航海经验外，他还找了能找到的各种与航海有关的书籍来读，其中也包括古希腊的一些著作，由此他接触到了古人对地球尺寸、海陆分布的一些知识。

对于自学成才的民间科学家，其精神值得褒奖，但自学成才者往往在知识结构上会有一些缺陷，哥伦布读了许多书，结果正确的观点和错误的观点都在他的头脑中扎下了根。比如他相信地球是圆球形的，这是正确的观点；但哥伦布头脑中的地球大小，明显比实际地球的尺寸要小。

其实古希腊时期的学者埃拉托色尼利用同一时间不同地点的太阳高度角的差值，已经得出了地球周长的正确数据——大约 4 万千米。但是正确的观点往往被淹没在许多错误的观点里。一位古罗马学者也计算过地球周长，结果比埃拉托色尼的数据少了 1 万多千米，这个学者还宣称，从欧洲向西航行前往印度，只要 1 万千米的路程。这个错误观点印在了哥伦布的脑袋里。

更让哥伦布热血沸腾的观点来自托斯卡奈利，就是上一篇谈到给葡萄牙国王写信，提出向西航行到达中国的那位天文学家。在托斯卡奈利的地图上，中国比印度更靠东面，而日本这个传说中的遥远岛国则在亚洲东边的大海中，这些观点倒也没错。错的是，托斯卡奈利也认为地球很小，而日本这个岛屿很大，并向东方延伸了很远，而且他绘制的日本的位置比实际位置更靠近赤道。

因此在这张地图上，从欧洲西海岸向西到达亚洲东海岸的一些岛屿，并不需要很长的航行距离。托斯卡奈利把给葡萄牙国王的信也抄送了一份，寄给了哥伦布。

激情澎湃的民间科学家哥伦布全盘接受了托斯卡奈利的观点，坚信向西航行到达印度和中国是绝对可行的。他开始游说各国的国王，希望能获得国王们的资助，向西开辟到达印度——香料之国的航线。葡萄牙是当时的航海第一大国，自然是哥伦布的首选游说国。然而他的计划与托斯卡奈利的一样，都遭到了葡萄牙国王的无情拒绝。

被拒原因可能有两个：首先，葡萄牙水手已经接近发现非洲最南端了，这条绕过非洲的航线他们很熟悉，比起向西的未知航线来，向南绕过非洲的航线看上去更容易成功；其次，葡萄牙人的航海知识是当时世界上最领先的，葡萄牙那些经验丰富的航海家立刻看出，托斯卡奈利和哥伦布的这个计划在地理学上漏洞百出，根本就不靠谱。

碰壁后的哥伦布辗转多国，最终来到了西班牙伊莎贝拉女王面前。

面对女王的质疑之声，哥伦布颇为机智地反问道："人们以前是怎么说格拉纳达的呢？"女王不禁会心地笑了："说它是不可征服的……"

哥伦布机智的回答给女王留下了不错的第一印象。在女王的授权下，一个由海员和学者组成的委员会成立了，对哥伦布的向西航海计划进行仔细的论证和研究。

西班牙航海家也是有点真东西的，他们也看出了哥伦布计划中的漏洞，哥伦布显然是个不太靠谱的航海家。于是这个委员会的报告断言，哥伦布的航海计划根本不切实际！

看样子哥伦布又要碰壁了，好在此人有不抛弃、不放弃的精神，一番软磨硬泡，居然劝动女王又成立了一个新的委员会再次审议计划。当时女王的权势如日中天，再次成立审议委员会，这意思还不是明摆着吗？通过就通过了，不通过也得通过。委员会成员只好通过了哥伦布的航海计划。

不过史书记载，委员会和哥伦布之间并不是单纯的评判和被评判的关系，实际上，那些海员和学者与哥伦布的相处十分融洽，他们一起讨论计划中的细节，帮助哥伦布完善了自己粗糙而狂野的冒险计划，在审议完成时，哥伦布的计划看上去好像靠谱了一些。

根据委员会的第二次审议，伊莎贝拉女王决定资助哥伦布完成探险的壮举。西班牙刚刚打完与摩尔人的战争，经济上并不宽裕，为了筹措这一笔航行经费，据说女王甚至卖掉了自己王冠上的珠宝。

伊莎贝拉女王为何执意支持哥伦布呢？

葡萄牙凭借对非洲的探险而获得的利益，可能早就让西班牙女王眼红了。1488 年，迪亚士发现了非洲最南端，这个消息不胫而走，震惊了全欧洲，葡萄牙人似乎很快就要摸到香料口袋了，作为邻国且比葡萄牙强大的西班牙明显感受到了威胁。这也许是伊莎贝拉女王甘愿冒险，资助一位非主流的航海家去尝试一次不靠谱的航海计划的原因。

一纸契约缔造一代强国

就在启程之前，胆大妄为的哥伦布做出了一件出格的事情，他要求和女王订立一个契约。

哥伦布提出，如果他发现了新的陆地，国王与王后对发现的新大陆拥有宗主权，但要册封他为贵族暨大西洋海军元帅，准许他担任未来所发现的岛屿和陆地的总督，而且这些头衔都必须世袭；新发现的土地上产品的 10% 归他所有；他可以参与新土地上所有的商业活动，投资和获取利润占总额的 1/8；他对前往新大陆的经商者可以征收 10% 的税，而对自己运往西班牙的货物实行免税……

在东方各国的君主看来，哥伦布的要求哪里是为了国王和国家开疆拓土，分明是要自己成立一个独立王国！在古代东方人的眼中，哥伦布的想法既目无君主又得寸进尺。

然而，伊莎贝拉女王竟然同意了哥伦布的要求！她与哥伦布签署了一个契约，明确写出了所有的条款。这是一位尊贵的国王和一位落魄的航海家以平等的姿态签署的、具有法律效力的契约。

不必惊讶，近代欧洲君主与臣民之间签署契约的行为，其实是一种普遍现象。

签订契约本不是新鲜事，在人类文明早期，商人之间就会签订类似合同的文本，明确买卖双方责、权、利的分配。但是由一国之君与一介平民签署契约，比如伊莎贝拉女王与哥伦布之间的契约，还是和商业契约不太一样的。

在欧洲当时的君主的头脑中，要让他人为自己服务，就要给他人足够的利益，这样才能激发他人的积极性，这种观念与当时东方国家中流行的君主至高无上、臣民必须无限尽忠的思维区别很大。

这份于 1492 年年初签署的契约，给哥伦布提供了强大的精神和物质动力，让他一往无前地向西航行，彻底改变了世界历史的走向。

1492 年 8 月，哥伦布率领三艘船只驶离西班牙，向西驶入了茫茫的大海。从地理学上讲，葡萄牙和西班牙的那些航海家是正确的，亚洲没有哥伦布以为的那么近。但有时上帝就是喜欢垂青犯错误的无畏者，他创造了一大块美洲大陆，横亘在太平洋和大西洋之间，等着热情而鲁莽的哥伦布一头撞过来。

美洲就这么被发现了。哥伦布船队最初到达的岛屿，位于今天巴哈马群岛的圣萨尔瓦多岛。

但哥伦布的初衷可不是发现新大陆，他梦寐以求的是发现黄金，穷小子要一夜变巨富。发现美洲并不表示就发现了财富，哥伦布目光所及的美洲动植物，都没什么经济价值。哥伦布看到当地土著的服饰上挂着小片的黄金，立刻两眼放光，向土著打探黄金的来源，得知是来自更遥远的地方。于是哥伦布抢了一些黄金小玩意先回到西班牙，向伊莎贝拉女王吹嘘美洲是个金矿丰饶的地方，一定可以成为西班牙取之不尽的宝藏。

哥伦布还提议，从美洲发现的黄金的一半，应该归属国王所有。对于这个提议，女王自然要欣然笑纳。这相当于女王对来自美洲的黄金征 50% 的税，如此高的暴利，即使是尊贵的国王也无法抵挡诱惑。

新大陆的发现令西班牙人如同闯入了一座宝库，怀抱发财梦想的西班牙殖民者迅速启程，前往美洲。许多人和国王也签署了类似当年哥伦布所签的契约，只不过契约规定的土地产品收入、商业征税等条款，这帮冒险家对此根本没兴趣，他们渴望获得的是闪亮的黄金。哥伦布抢回来的那点微不足道的黄金，足以晃花无数人的眼睛。

最初的冒险家的确发了大财，因为他们获得黄金的方式成本很低——抢！

面对战斗力微弱的美洲土著，西班牙人很容易就掠夺走了他们所拥有的黄金。西班牙冒险家打败了美洲大陆上印第安人建立的印加帝国和阿兹特克帝国，把他们的黄金劫掠一空。虽然抢来的黄金中 50% 要归王室所有，但剩下的那 50% 也足以让人暴富。

可是当印第安人的黄金被抢光后，麻烦就来了，要想继续获得黄金，就必须在美洲寻找和开采金矿，这就必须要付出很大的成本，此时王室要抽 50% 的税，这买卖就没法做了。实际上在王室抽税税率为 50% 的时期，美洲新发现的金矿没有一个动工开采，印第安人原有的矿山甚至也停止了开采，就是因为高税收让矿主根本无利可图，不如不干。这就是国家税率的经济奥秘——税率升高，会抑制社会经济活动；税率降低，会鼓励社会经济活动。

不久之后，西班牙王室一看收不到税，就把美洲金税下降了 1/3，然后再减到 1/5，甚至更低。而西班牙王室抽取的美洲银税，则长期定在了 1/5。

税率的大幅下降，终于让矿山开采有利可图了，西班牙殖民者强迫印第安人为他们开挖矿山，源源不断的黄金、白银从美洲大陆运出，抵达西班牙。借助从美洲掠夺来的财富，这个伊比利亚半岛上的欧洲中等国家一跃成为欧洲最富强的国家。

在 16 世纪 30 年代之前，来自美洲的金银进口量还很小，但从 16 世纪 40 年代至 90 年代，进口量由 100 万达克特（1 达克特接近 3.5 克黄金）逐年增长至 800 万达克特。这个数字还仅仅指合法交税的黄金进口量，非法进口量差不多有相等的规模。

不要对非法走私黄金大惊小怪，历史无数次地证明，进口税导致两地商品之间出现差价，只要差价大到一定程度，冒险走私就变得有赚头了。有多么高昂的进口税，就有多么疯狂的走私者！

西班牙王室的昏着儿

美洲大陆的发现，特别是美洲黄金白银的大量开采和输出，对于欧亚非三大洲构成的“旧世界”经济体系来说，是一个爆炸性的事件。

1545 年，西班牙人在安第斯山中，即今天玻利维亚的波托西发现了一座巨大的银矿山。由于该矿所在地海拔非常高，自然条件十分艰苦，因此招募必需的劳动力成为开矿的主要问题。即便如此，在巨大的利益诱惑下，波托西银矿山总人口一度达到了约 16 万，成为西属美洲人口最稠密的地方，也是当时世界人口密度较高的地区之一，除了中国的江南地区。

在 16 世纪的第一个 25 年里，美洲贵金属的年均产量折算成白银，约为 45 吨；在第二个 25 年里，升至 125 吨；在第三个 25 年里，进一步升至 230 吨；在最后一个 25 年里，提升到了 290 吨。产量如此大幅增长，出口量也随之大增。

西班牙殖民者从波托西银矿中赚到巨额的财富，这当然首先归结于他们抢占了印第安人的地盘，强迫印第安人为自己劳动。但是从全球经济体系看，西班牙人能够赚到财富，还要感谢一个遥远的东方国度——中国，特别是人口密度不逊色于波托西的江南水乡。

经济学的基本规律之一是，没有需求，供给也就没意义了。西班牙人的白银能够在全世界“卖上价钱”，与中国明清时期实行的税收政策直接相关。

明朝万历年间，为了简化税制，方便征收税钱，在首辅张居正的大力推动下，实行了“一条鞭法”，地方上的田赋改为缴纳白银。白银成为明朝乃至后来的清朝财政的基本货币，从政府到民间，各种经济活动基本上都以白银作为交易货币。白银逐渐成为价格储备、大宗交易的货币计量单位和政府的支付手段。按照经济学的说法就是：明清时期中国实行银本位制。

明清时期的中国是一个巨大的经济体，税收政策的调整使得中国对于白银有了巨大的需求，古代中国的经济迫切需要大量的白银来维持运转。偏偏中国境内缺少银矿，产出很少，绝大多数白银都需要进口。这种对白银旺盛而且持久的需求，推高了白银的价格，使得在遥远的美洲大陆的波托西山上开采白银变得十分有利可图。

如果对比美洲大陆和古代中国，我们就会清楚，西班牙人手中的美洲白银正是他们的一种“优势产品”，他们能够比全球其他地方的人们更廉价地生产白银。凭借这一产品，西班牙人可以交换中国的“优势产品”，比如丝绸和瓷器。

没有经济富庶的中国江南地区对于白银的旺盛需求，就不会有波托西银山上热火朝天的开矿盛况。从这个角度讲，西班牙人要感谢中国人。而如果我们换个角度来说，持续输入中国的美洲白银，也有利于明清经济的繁荣。所以，明、清两个王朝同样也应该对西班牙人表示感谢，感谢后者提供了大量的货币。这就是经济全球化带给距离遥远的人们的好处。

美洲的各种农作物甚至先于美洲金银影响了全世界。与西班牙探险家科尔特斯一起横扫阿兹特克人都城特诺奇蒂特兰的殖民者们还没离世，遥远的中国上海附近的沙质土壤里，就如火如荼地种上了来自美洲的花生，中国南方的山坡上则种着绿油油的玉米，而美洲甘薯正日益成为福建穷人的主食。这些农作物对于近水楼台的欧洲当然也意义非凡。

所以，经济全球化并不是一个很新的现象，至少在大航海时代开启后，欧亚非的“旧世界”和美洲“新世界”的经济就紧密地联系在一起了。地球一端“蝴蝶扇动一下翅膀”，地球另一端就会“刮起风暴”。

穷是自找的

16 世纪的西班牙是欧洲各国君主“羡慕忌妒恨”的对象。通过王室联姻，西班牙王室的国土不仅包括了伊比利亚半岛，还包括了中欧的一部分，地中海里的撒丁岛、西西里岛和罗马以南的整个意大利，当然了，广阔的美洲殖民地也是帝国神圣而不可分割的一部分。

美洲黄金白银滚滚而来，国土富饶辽阔，西班牙一定是那时欧洲的人间天堂吧？

穷！西班牙从上到下都穷！

这怎么可能呢？

很简单，一个人有钱还是没钱，不仅取决于这个人赚多少钱，还取决于这个人花多少钱。西班牙从美洲掠夺了大量的财富，但它花掉的钱比掠夺的财富还多。

让我们来细数一下西班牙当时都花了些什么钱吧。

西班牙王室有很浓厚的宗教情结，有了美洲黄金做后盾，西班牙的国王都把以天主教统治全欧洲作为己任。比如当时的西班牙国王查理五世，他是伊莎贝拉女王的外孙，在位 36 年。西班牙海外殖民帝国的建设仅占用了查理五世非常少的思考时间，殖民地的主要用处是为查理五世在欧洲的野心提供资源支持，源源不断运来的金银并不是直接用于国家财政支出，而是先抵押给欧洲的一些大银行家，比如奥格斯堡的大银行家富格尔家族，以借到更多的钱，支持西班牙的欧洲称霸伟业。

有了充足的金钱，查理五世在地中海和匈牙利向咄咄逼人的奥斯曼土耳其发动反攻，在陆地和海洋上遏制住了土耳其人的扩张势头，捍卫了基督教欧洲的疆域。

特别值得一提的是1571年的勒班托海战，这场大海战的一方是以西班牙舰队为主力，整合了威尼斯和教皇国力量的舰队，另一方则是奥斯曼土耳其的舰队。在这场争夺地中海霸权的搏杀中，财大气粗的西班牙率领欧洲联军大败奥斯曼海军，振奋了被奥斯曼土耳其阴影笼罩的欧洲各国的士气。西班牙著名文学家塞万提斯曾经参加了这场大海战，他在其名著《堂吉诃德》下卷的序言中谈到自己的伤残时写道："我的胳膊不是在酒馆里跟人斗殴失掉的，而是在千载难逢、空前绝后的一桩最崇高的事业中失掉的。"显然，在塞万提斯看来，能够参与这次海战，是自己一辈子的荣光。

应该说，西班牙花钱扩充舰队，与奥斯曼土耳其进行海战的行为是无可厚非的，毕竟君士坦丁堡陷落之后，整个欧洲都有被土耳其人吞并的危险。保卫家园，维护信仰，钱花得值！

但接下来，财大气粗的查理五世就开始忘乎所以了，他似乎是想和欧洲所有列强为敌，他镇压了信奉新教的德意志势力，还与法国的瓦卢瓦王朝为敌，争夺意大利和荷兰等地的控制权……

没有哪个国家能够承受连年战争的巨额费用，何况后来的一系列战争打下来，西班牙竟然连连败退。1556年，查理五世心力交瘁，宣布退位。

当时西班牙的国王们不仅热衷于宗教战争，他们对宏伟建筑和奢华宫廷生活也有着狂热的嗜好，花费巨资兴建宫殿。结果那些年里，西班牙王室的财政总支出过于庞大，总是比财政总收入还多。别忘了，西班牙财政收入大都是从美洲金银里抽的税，这些意外之财都不够王室挥霍的。

为了平衡开支，西班牙国王屡屡借债，主要是向欧洲的各大银行家集团借债。借债是以未来的收益做抵押的，利滚利的结果是西班牙自从1544年开始，每年正常的财政收入就有2/3用于还贷。8年之后，西班牙王室连债都还不起了，干脆宣布不还了，赖账！这就是通常所说的"国家破产"，类似于当今世界金融危机发生时，一些国家的赖账行为。自从这次破产之后，西班牙在此后的近一百多年中，竟然又发生过 7 次王室破产！

平均十几年就破产一次，连信誉都赔光了的西班牙王室，究竟是富还是穷呢？

纵然王室破产，但如果西班牙本国经济有足够的实力和活力，那么这个国家还可以重新振作起来。尤其是，如果能够好好利用美洲金银作为资本，发展本国优势产业，西班牙依然有跻身欧洲一流强国的实力。

可惜，西班牙王室在发展国内经济上错招频出。

在西班牙攻占伊比利亚半岛大片土地之前，那里的主要居民是阿拉伯人和摩尔人，他们是优秀的园艺家和农民，在提高农业生产效率方面很有心得，并且大幅提高了土地的灌溉水平。公元 11 世纪，欧洲最大的城市居然是科尔多瓦，位于今天的西班牙南部，人口约为 45 万。当时的伦敦只有 2.5 万人，巴黎则更可怜，只有 2 万人口。科尔多瓦就是摩尔人建起来的，是当时重要的贸易中心。

但当西班牙人统治这些地区后，在宗教狂热的影响下，西班牙王室先是要求摩尔人、犹太人这些异族必须改信天主教，否则就驱逐出境，导致大批有手艺的农民逃亡。后来西班牙干脆颁布驱逐令，把这些异族全部驱逐出去。科尔多瓦这座六百年来欧洲最繁华的城市的人口规模锐减到从前的 1/7。

结果，城市和土地虽然落入了信奉天主教的西班牙人手中，可是繁荣的贸易、复杂的灌溉技术以及摩尔人农业高产的技术，也全都流失了。

在 16 世纪的西班牙，大片的土地集中在贵族和教会手中，后者是最大的土地所有者。但他们又都甩手给地主们，地主通过管家或其他中介者，将土地分成小块，出租给用谷物交租的长期佃农和短期佃农。这些佃农既缺乏资金又没有动力去改造不属于他们的土地，因此根本无法保留摩尔人优秀的农业传统，农业生产率很低。

更加令底层西班牙人雪上加霜的是美洲金银的流入，导致国内各种商品价格暴涨。粮食这样的基本必需品价格暴涨，有时是会要人命的。底层西班牙人没有分享到美洲黄金带来的财富，也没有自己的土地，不能享受到粮食涨价带来的好处，生活一年不如一年，许多农民沦落至靠劳役偿债的地步，近似于农奴。

受粮食涨价激励，在西班牙的许多地区，不管是土壤肥沃的河谷还是贫瘠的山地，都开始种植谷类作物。就在这时，西班牙王室“顺应民意”，颁布了对于粮食的限价令，不许粮食随着市场供求关系而涨价。看上去这是对底层民众的保护，但由于粮食价格低，种粮食无利可图，于是西班牙的农民和农场主减少了种粮食的田地，改作其他用途。这样一来，西班牙国内的粮食短缺更加严重了。为了应对短缺，西班牙王室又对进口粮食减免征收关税，依靠从外国进口粮食来缓解短缺状况，导致外国廉价粮食冲击西班牙国内市场，西班牙的农场主和农民备受打击，种粮食的积极性荡然无存。

结果，原本是农业繁荣之地的西班牙，经过实施一系列错误的政策后，本国粮食产量远远不能满足自身需求，这个国家越来越依赖进口小麦和其他谷物来养活人口。

与农业的遭遇类似的还有纺织业。在刚刚发现美洲大陆的时候，西班牙的纺织业在欧洲还很有优势，属于纺织品的出口国。随着美洲金银涌入国内，刺激了纺织品和生羊毛的消费，而生产暂时跟不上来，于是，纺织品价格上涨。为了“顺应民意”，打压国内纺织品价格，西班牙王室取消了外国纺织品的进口关税，并禁止国内纺织品出口国外。这样的经济政策严重打击了本国的纺织业，使得原本还算是优势产业的纺织业落后于其他欧洲国家，西班牙丧失了国外的市场，自己则变成了纺织品进口国。

那么，从经济规律上讲，当时的西班牙该如何做，才有利于自己的经济发展呢？

美洲金银涌入，等于是增加了货币供应量，在商品供应量不变的情况下，必然推动商品价格上涨，因此农产品和纺织品的涨价是必然的。而涨价会刺激人们更多地生产这些商品，以及改进技术，一段时间后，市场会在新的供求关系上达到平衡，这些产业仍然是充满活力和有竞争力的，并能提供更多的工作机会。西班牙执行的限价令扭曲了市场供求关系，失败是必然的。当然，一时的物价快速上涨，的确会冲击很多人的生活，西班牙王室应该做的是用美洲金银来扶助弱势群体和本国产业度过阵痛期，而不是一毛不拔，却通过价格管制和关税调节，妄图宰割本国农场主和企业主的利益来安抚底层民众，最终只能是摧毁了本国产业，也摧毁了底层民众的工作机会。

西班牙的殖民地有金山银山，可是在殖民地经济运作上，西班牙王室的做法更是欠妥。

就拿西班牙王室对自己在太平洋西部仅有的殖民地菲律宾群岛采取的经济政策来说。在西班牙殖民者的统治下，岛上的菲律宾人和其他亚洲国家比如中国、日本互通贸易。但殖民地与欧洲的贸易，就受到西班牙王室的严格限制，凡是与欧洲的贸易都是间接进行的，贸易渠道必须经过墨西哥和西班牙本土。此外西班牙王室规定，每年只能有一艘商船，也就是著名的马尼拉大帆船，装载着秘鲁和墨西哥的银器从墨西哥的太平洋港口阿卡普尔科出发，驶向菲律宾，然后船在马尼拉过冬，装上东南亚香料和中国丝绸、瓷器，以及东方的其他奢侈品，再返回墨西哥。货物在墨西哥和秘鲁的市场兜售，未售出的商品经由陆路运往大西洋港口维拉克鲁斯州，然后再搭载商船运回西班牙。

这条贸易线路绕了大半个地球，而且中途还要走墨西哥的一段陆路，时间成本、运输成本高得离谱。此外，西班牙在墨西哥的丝绸业被中国丝绸打击得体无完肤，必须通过使用进口的中国生丝才得以生存下去。

应该说大帆船贸易路线还是有赚头的，否则也不会一直持续到 1815 年才结束使命，但是西班牙本该做得更好。

比如，可以允许大量马尼拉大帆船开展海上贸易，利用规模效益来赚钱，也可以考虑向东的贸易线路，积极参与到亚洲海上贸易网络中。但是为了完全控制殖民地，更重要的是完全控制殖民地的税收权，西班牙王室就想出了舍近求远、限制规模的馊主意。其结果是，许多东方商品经过一番胡乱折腾后，价格奇高无比，在欧洲市场上缺乏竞争力，西班牙坐拥亚洲殖民地，却不能通过远洋贸易获得可观利润。

穷，很多时候是自找的。

无敌舰队海底捞

比起自己旁边纵横四海的小弟——葡萄牙，西班牙王室的“财商”真是够低的。与宗教狂热的西班牙相比，先行一步的葡萄牙人要现实多了，起码他们在经营殖民地的能力上要略高于西班牙人。

就在哥伦布发现美洲之后，葡萄牙人和西班牙人就为了美洲大陆该归属谁起了争执，最终在罗马教皇的调停下，两国坐下来谈判，在里斯本郊外的一个小镇签署了条约：以大西洋上佛得角群岛以西2200古海里处的“教皇子午线”为界，界东属葡萄牙，界西则属西班牙。这就是巴西归属葡萄牙，而拉丁美洲其他地域都归属西班牙的法定原因。1529年，为了瓜分在亚洲的利益，西班牙、葡萄牙再次签订条约，规定以通过摩鹿加群岛东部17度的子午线为终止界线，界线向西地区属葡萄牙，向东则属西班牙。

上一篇我们已经谈到，葡萄牙人热衷于香料贸易。在这类远洋贸易中，印度西海岸的果阿是贸易的东方终点站，而葡萄牙首都里斯本则是西方的终点站。葡萄牙商人在整个印度洋和香料群岛采购香料，运到果阿，然后在王室官员的监管下，装上返航的船只。由于葡萄牙本土的产品在东方没有市场，因此，出航的船只大多装载的是金银，以及一些军火。

虽然香料贸易并没有振奋葡萄牙国内的产业，它的农业水平和西班牙不相上下。不过香料贸易的利润还是让葡萄牙王室富甲一方。但葡萄牙的致命问题在于本土狭小而且国民人数过少，经不起重大打击。

据统计，在16世纪，前往海外的葡萄牙人约有10万人，占到其总人口的10%，如果只看男性的话，这一比例更是高达35%。漂泊海外的这些葡萄牙人大部分都由于各种原因死在了异国他乡。如果按照人口比例来计算的话，每个年龄段的男性都有7% ~ 10%在海外去世。葡萄牙人的海外贸易上的“奇迹”便是以巨大的人员牺牲为代价的。

整个16世纪，不论何时，服役于东方海域的葡萄牙强壮男性极有可能不超过1万人。为了弥补人口数量不足，葡萄牙不得不招募欧亚其他国家的人员来充实本国的船员和兵员。

怕什么偏就来什么，1578年，北非摩洛哥起了内乱，葡萄牙看到有机可乘，大举兴兵攻入摩洛哥。别看葡萄牙海军能够在万里之外扬威碧海，以贵族子弟为班底的葡萄牙陆军却是不堪一击。在这场被称为“三王之役”（即葡萄牙国王和他支持的摩洛哥废王对阵摩洛哥新王）的战役中，葡萄牙军队几乎全军覆没，8000人阵亡，15000人被俘，国王都在战争中阵亡了。这一仗让葡萄牙元气大伤，西班牙国王腓力二世借口自己有一半葡萄牙血统，于1580年吞并了葡萄牙，使一代海上强国暂时退出了历史舞台。

外强中干的西班牙也没风光多久，由于英国女王伊丽莎白一世支持新教，镇压国内天主教势力，自诩为天主教保护者的西班牙王室自然对英国看不顺眼。而且那时英国女王还纵容英国人组成的私掠船，抢劫来往于美洲和欧洲之间的西班牙船只，严重干扰了西班牙王室的现金流，于是腓力二世怒火中烧，对英国宣战，派出庞大的“无敌舰队”，试图征服英国。

这一场大海战的具体过程，本书就不详述了。其结果是，拥有100多艘大战舰和3万多兵力的“无敌舰队”被不足万人的英国舰队打败。史书上都把无敌舰队的覆灭作为西班牙由盛转衰的标志。但正如我们前面所指出的，早在1588年这场大海战之前，西班牙王室就已经多次破产了，而且其国内经济孱弱不堪的局面，一直就没有得到改观。

让我们来关注这场战争中的一个细节——木桶。

在西班牙海军还未集结的时候，英国船队在德雷克的带领下，“将在外，君命有所不受”，不等伊丽莎白女王下达攻击令，他主动袭击葡萄牙海岸，摧毁了大批的制桶材料。由于当时海船上所有盐腌的食物、酒和水都要用桶装，所以这个损失非常致命。西班牙花费了大半年的时间，才补充了两万个木桶用于战争。国内木桶制造业不景气，使得西班牙从这次事件中恢复得过于缓慢，给了英国人足够的备战时间。而“二战”时期美国在被日本偷袭了珍珠港之后，能够迅速恢复海军力量，重新夺取了太平洋海上的主动权，这与当时美国国内强大的工业制造能力是分不开的。

在欧洲人开启大航海时代乃至此后的海洋争霸中，淡水补给是所有舰队的生命线。船上装载的淡水很容易污染变质，无法饮用。古代航海家登上任何一片新发现的土地，首要任务就是看看有没有淡水资源。船员们往往以含有酒精的啤酒、葡萄酒来代替淡水，因为酒的保质期更长。直到15世纪，欧洲航海家们才改进了自己的木桶，能够让淡水保质期更长。正是木桶制造技术的进步，才让达·伽马的船队能够安全抵达印度海岸线，也让著名的航海家麦哲伦的船队在1519 ~ 1522年实现了人类的第一次环球航行。

袭击西班牙海港的德雷克出身贫苦，年少时家人一度生活在泰晤士河上的旧船里，他很早就在小商船上当学徒。23岁那年，他参加了前往美洲的航行，并崭露头角，逐渐成长为英国皇家海盗头子之一，以劫掠西班牙那些运送金银的船只为营生。

我们都知道麦哲伦是环球航行第一人，其实麦哲伦并没有回到出发地西班牙，他在菲律宾卷入土著纷争，被毒箭射死了。德雷克是全程完成环球航行的第一人，他从英国出发，又绕回了英国。更为传奇的是，他的这次环球航行一路抢劫西班牙的美洲金银，总计 36 千克黄金和 26 吨白银，创造了从古到今海盗一次性抢劫的最高纪录。为了躲避西班牙军舰的追捕，他从南美洲最南端的火地岛的南面海峡穿过进入太平洋，这个南美洲和南极洲之间的海峡第一次被欧洲人发现了，命名为“德雷克海峡”。德雷克认定既然美洲大陆可以从南面绕过去，那么也应该可以从北面绕回来，于是率船沿着美洲大陆西岸一路北上，最终受阻于加拿大西海岸的冰面，他又折向西，经由东南亚和非洲好望角，带着巨额财富胜利绕回了英国，全程 5.8 万千米，相当于绕赤道一圈半。

这样半官方、半海盗的有组织打劫，是工业革命之前英国等国家发财的重要方式之一。西班牙愤怒地指责德雷克的海盗行为，要求英国将其绳之以法。但英国伊丽莎白女王不仅置若罔闻，甚至还登上战船，亲自为德雷克封爵，以示褒奖。

德雷克先发制人的袭击还起到了一个意想不到的效果，在西班牙准备木桶的那段时期，他们经验丰富的海军宿将克鲁兹突然病逝，腓力二世派了一位高贵的公爵来指挥“无敌舰队”。公爵指挥海战能力如何不好评价，但他晕船却是事实。这样的角色怎么会是以德雷克为代表的彪悍的英国皇家海盗的对手呢？

“无敌舰队”虽战败，但仍有 60 多艘船和万名水手逃回了西班牙。因此这次大海战中西班牙虽然损失了许多战船和水手，但也就是相当于葡萄牙“三王之役”中的损失而已。西班牙论国土、人口比葡萄牙庞大很多，又吞并了葡萄牙，所以“无敌舰队”的这次损失，并不是多么致命。

其实，英国海军虽然在战争中损失很小，但是胜利后，却有 6000 ~ 8000 名水手因为疾病、饥饿而死亡，相较于本国海军总数来说，英国的人员损失更为严重。

很少有人知道的是，就在“无敌舰队”覆灭的第二年，趾高气扬的德雷克组织了一支庞大的英国反击舰队，开往西班牙，却被西班牙装载了新式重炮的舰队击退。英国和西班牙的这场大战一直打到1604年，英国除了第一仗胜利外，后面的战斗非平即负，不论海上还是陆地，英国没占到丝毫便宜。

但西班牙还是无可奈何地衰落了，这是什么原因呢？

战争，特别是惨烈的战争，往往是双输的结果，决定最终胜负的关键，是看哪一方的经济能够挺住，并率先恢复过来。在当时，论军事实力，西班牙比英国强大许多，但论经济恢复能力，西班牙不比英国强。对于一个每年财政捉襟见肘、靠借钱度日的国家来说，一次不大的损失就可能成为压垮骆驼的最后一根稻草。

反观当时的英国女王伊丽莎白一世，她的座右铭是“明察无言”，说得直白一点就是，“我什么都看着呢，但我就是不说”。她在近半个世纪的国王生涯中，只授予了9个贵族头衔，最高的一个才是伯爵。此举严格控制了王室和贵族阶层的规模和开销，相比于西班牙王室的挥霍无度，伊丽莎白一世领衔的英国王室的财政状况要好得多，也更容易从战争中恢复元气。英国的国内经济也比西班牙的更景气，此事我们在后面的篇章中会详述。

西班牙更大的损失是信誉层面的。挥舞着从美洲滚滚而来的黄金白银，西班牙国王让全欧洲的君王都退避三舍，避其锋芒。格拉沃利讷海战之前，伊丽莎白女王希望本着睦邻友好的原则，和平解决两国在海上的争端，一直不愿开战，就是觉得自己实在没有胜算。西班牙的那些黄金白银曾经让全欧洲的银行家都以为，这个国家是有偿还能力的，因此愿意借钱给西班牙。但是大海战之后，“无敌舰队”不可战胜的神话破灭了，西班牙具有无限偿还能力的神话也破灭了。

西班牙的太阳已经落山了，英格兰的太阳则刚刚升起。

第三章｜海上马车夫的世纪辉煌

325733磅的马六甲胡椒；297446磅的丁香；292523磅的硝石；141278磅的靛青料；483082磅的苏木木材；219027件明朝青花瓷器；52箱的韩日陶瓷；装在75个大瓶罐里的糖果，里面大多添加了姜汁香料；660磅的日本铜；241件上乘的日本漆器；3989块未加工的大克拉钻石；93箱珍珠和红宝石；603捆波斯丝绸和罗缎；1155磅的中国生丝；199800磅未精炼的康提糖……

上面这些是1634年6月27日荷兰阿姆斯特丹港口船只卸下的货物统计情况。这些货物来自遥远的亚洲和非洲的许多角落，数量巨大、种类繁多，它们在同一天相聚在西欧的阿姆斯特丹港，从船上被搬运下来，即将送往欧洲的千家万户。

这样一份货物统计单，反映了17世纪荷兰海洋贸易的繁荣兴旺。荷兰原本只是西班牙的一块低洼的属地，为何能够接替开启大航海时代的葡萄牙和西班牙，成长为一代海上霸主呢？

鲱鱼公车

从荷兰英文名称Netherlands来看，我们称呼它为“尼德兰”更为合适，狭义的荷兰其实指的是荷兰在经济和政治地位上最重要的两个省——北荷兰省和南荷兰省。而历史上的尼德兰，包括了现在的荷兰、比利时、卢森堡和法国北部，由于地势低洼，所以也被形象地称为“低地国家”。

近代早期的荷兰人以大量捕捞鲱鱼而闻名于世。由于西临鲱鱼资源丰富的北海，那里的渔场成为荷兰人驰骋的舞台，荷兰人利用被称为“鲱鱼公车”的大型渔船，就像水上工厂一样，在船上就完成取出内脏、腌制、包装等工序。因为在那个没有冷藏设施的时代，捕捞上来的鲱鱼很容易就腐坏变质，必须尽快对鲱鱼进行处理，令其能够长时间保鲜。当时荷兰一个名叫威廉姆的渔夫发明了一刀切的处理方法，把鲱鱼的肚子剖开，把内脏取出，把头去掉，然后把盐放在里面，这样处理的鲱鱼可以保存一年多的时间。这个被称为“荷式保鲜”的发明让荷兰的渔船可以放心大胆地在海上长期作业，深入更远的海域，大量打包和运输腌制的鲱鱼，成批量出口到其他欧洲国家。

在鲱鱼捕捞业繁荣的17世纪上半叶，荷兰共有1500条渔船、12000名渔民从事此行业，每次出海可捕获30万桶鱼。荷兰人甚至跑到英国的海岸线去捕捞，并把加工好的鲱鱼摆到英国的港口，进行竞争性销售，此举令同样毗邻北海的英国人非常愤怒，却又无可奈何，因为英国的鲱鱼捕捞业虽然尽力追赶，却始终无法与荷兰抗衡。

有人总结说，一把特制的小刀奠定了荷兰人对于鲱鱼贸易的垄断地位。其实不然，特制的小刀并不是多么高精尖的技术设备，别的国家一样可以仿制并应用到鲱鱼加工上。真正让荷兰人能够打败包括英国在内的北海沿岸国家，独占鲱鱼贸易鳌头的决定性因素，其实是船。

同样类型的船舶，荷兰人的造价要远低于其他国家，首先是因为他们靠近当时欧洲的木材最重要产地——北欧的斯堪的纳维亚半岛，由于地理上的优势，荷兰人比其他欧洲航海国家获得木材更容易，成本更低，这是荷兰造船业发达的基础。

与此同时，土地狭小且低洼的现实，迫使荷兰人更多依靠从海洋中讨生活，因此更加重视造船技术的提升。当时荷兰制造的船只有两个明显特点，一是造价低廉，二是商业化设计。荷兰造船工匠技艺高超，在使用材料上还能节省资金。他们常用冷杉木替代昂贵的橡木，在船坞，他们也常运用一些节约人工劳动力的设备，例如绞车、吊车、风力锯木机之类。他们进行大批量的标准化生产，还可以批量购买材料。当时的法国人曾估算，荷兰船只的造价比法国要低一半。

16 世纪中后期开始，荷兰人发明出一种“飞船”，这种船只船底低平，长宽相当，吃水线下宽于吃水线上，因此载货容量大。但其速度慢、不敏捷、难以防卫，因而只适合于在北海、波罗的海的和平时期航行，在地中海和大西洋上比较少见。之所以设计出这种商船，荷兰人就是为了实现货运能力的最大化，以及劳动力成本的最小化，赚取最大利润。代价则是牺牲航速，为了减少水手人数和运输成本，在船体设计上也不再装备火炮。当时的英国人计算后发现，一艘普通的荷兰商船只需 9 ~ 10 个船员，而英国船则要 30 个水手，这样在航程中荷兰商船就节省了 20 个人左右的食物和工资，这又降低了很大的一部分航海成本。

荷兰商船的劣势也很明显，那就是没有海战能力。在炮舰横行的野蛮海洋世界里，荷兰商船岂不成了待宰的羔羊?

荷兰人的解决方案是组建海军护卫队，在危险海域航行的时候，由海军护卫队来保障商船的安全，也就是军舰和商船出现了分工合作。相比于当时其他国家军商不分、装配沉重又昂贵武器的船只——武装商船，荷兰人让船只专业化分工的做法其实更有优势，商船在经济效率上更高，军舰的作战能力也更强。

16 世纪、17 世纪的两百年里，荷兰人的船运总量增长了将近 10 倍。在 1650 年前后，荷兰每年能制造出 250 ~ 350 艘新船，这些新造的船只既可以替换掉本国旧的船只，又可以出口给其他国家。到 1670 年，荷兰拥有的船只总吨位达到 56.8 万吨，超过了同时期西班牙、葡萄牙、法国、英国和德意志等国船只吨位总和。虽然 17 世纪后期英国的航运业也已经在蓬勃发展，但其拥有的船只吨位与荷兰相比，仍然差距很大，而且不能不提的是，当时大约 1/4 的英国船只其实是由荷兰建造和出口的。荷兰人“海上马车夫”的美誉不胫而走。

凭借造船技术这一绝对优势，荷兰人开启了属于自己的黄金时代。

荷兰人的时代必然是和海洋贸易密切相关的，垄断鲱鱼捕捞业不过是他们在自家门口的一个“小目标”，他们还成功地控制了欧洲北部波罗的海的运输业。从西欧的北海绕过丹麦半岛，进入北欧波罗的海的贸易航线就是荷兰人开辟出来的，当时这条航线上的主要商品包括谷物、木材、盐、咸鱼、呢绒、毛皮以及亚麻、大麻、铁、铜之类。波兰的粮食、芬兰的木材、瑞典的金属都是荷兰人的主要贸易品种，其中尤以谷物最为大宗。谷物贸易吸收了荷兰流动资金的一半甚至更多，每年占用船只达到 800 艘之多。仅 1618 年，荷兰人就从波罗的海运出 2 亿多千克的谷物。阿姆斯特丹也一跃成为欧洲最大的小麦集散港，享有“欧洲粮仓”的美誉。

写出过《鲁滨孙漂流记》的英国作家笛福曾经略带讥讽地评价荷兰土地贫瘠，当地出产的粮食“不够用以喂养公鸡和母鸡”。但凭借强大的海路运输能力，荷兰人不仅喂养了自己，甚至喂养了半个欧洲。笛福也不得不叹服地说，荷兰人是“世界的运货人、贸易的中间人和欧洲的经纪人”。

荷兰人不仅垄断了鲱鱼捕捞业，也垄断了鲸鱼捕捞业，靠捕捞鲸鱼获得大量鲸须和鲸油，而鲸油是当时重要的工业原料，可用于制造肥皂、灯油以及用于呢绒加工，由此又促进了荷兰肥皂业及化学工业的发展。由于本国至少一半的消费用粮都可以依靠进口解决，荷兰人用自己宝贵的土地种植各种能赚大钱的经济作物，如亚麻、油菜、花卉、水果等。不仅如此，荷兰人在制糖业、制革业、啤酒酿造业、伐木业、制砖及石灰业，甚至军火工业等方面都不断获得发展，并拥有一个当时其他任何国家都不具备的相互配套、联系紧密的一体化工农业生产体系。

就拿农业来说，荷兰农民的农业模式就与欧洲其他国家的完全不同。荷兰农民专业化地生产价值更高的产品，特别是家畜和奶制品。饲养家畜需要种植或购买大量的饲料作物，比如干草、苜蓿等，家畜饲养的专业化也产生了大量的畜粪，可作为土地肥料。荷兰农业的特点是精耕细作，因此对肥料有着很大的需求量。当时，一些商人发现收集畜粪是一个有利可图的专业行业，他们大量收集城市夜间马路上的畜粪和鸽粪，然后一船船或一车车地卖给农民。这个行业使得当时的荷兰城市居然比其他城市更干净卫生。

可见，荷兰能够崛起为一个海洋大国，首先是因为它努力修炼自身，成长为一个技术大国。

首开先河的东印度公司

对于“海上马车夫”的荷兰人来说，欧洲的海洋不过是一些小的“湖泊”，全世界的海洋才是荷兰人纵情驰骋的舞台。追随葡萄牙人、西班牙人的脚步，到全世界去赚大钱，才是符合荷兰商人身份的生意。

但是在驶向大洋之前，荷兰人有一件事情要先解决。荷兰与葡萄牙、西班牙这两个国家有一个明显的不同，那就是没有国王。虽然在独立之前，荷兰人名义上隶属于西班牙国王的统治，但是他们与国王之间的关系，最好的时候也只是面和心不和。西班牙以天主教为正宗，打击新教，这对于新教徒众多的荷兰来说，是难以接受的。而在反抗西班牙统治、争取独立的“尼德兰革命”期间，以及完全独立之后，荷兰是一个完全没有国王的国家，各省之间组成了邦联性质的国家结构，有什么事情各省坐在一起商量、表决。

葡萄牙和西班牙的海外扩张，有着浓郁的王室主导色彩，葡萄牙的亨利王子亲自操刀本国的非洲沿岸探险之旅，西班牙的伊莎贝拉女王则力推哥伦布向西航行。荷兰这个国家的权力和资本掌握在各省手中，所以要开展远洋贸易，就需要建立一个集合各省力量的组织形式，各省单打独斗是无法与其他海上强国竞争的。

1602 年，一个受荷兰国家议会特许的公司正式组建，这就是荷兰联合东印度公司。这家公司的组织结构是荷兰国家结构的生动体现。公司董事会共有董事 17 人，即著名的“17 绅士”。公司资金来自各省，其中阿姆斯特丹出资最多，在董事会中占有 8 个席位，泽兰省占 4 个席位，北荷兰省和南荷兰省则各占 2 个席位，其他小省共同拥有 1 个席位。公司总部设在阿姆斯特丹，昭示了阿姆斯特丹的主导地位，董事席位的设置又防止了阿姆斯特丹一家独大，适当照顾到了其他省的权益。

荷兰议会授予联合东印度公司从非洲最南端好望角以东至南美洲最南端麦哲伦海峡以西广大地区的贸易垄断权，有效期 21 年。除此之外，这家公司还拥有发动自卫战、筑造堡垒和缔结条约的权力。这种商业力量和政治势力相结合的公司形式，可谓荷兰人的一大发明。

权力如此巨大的公司形式，几乎等同于荷兰设立了一个海外分支政权，它和现代社会里和气生财的公司形式有着很大的差别。荷兰创造的这种公司形式，应该说是符合当时的海洋贸易环境的。当时的大洋海面完全是弱肉强食的战场，没有武力作为后盾，就不会有贸易线路的安全和盈利。荷兰联合东印度公司也必须手握刀剑做生意。

荷兰人在远洋贸易中的表现，可以用青出于蓝而胜于蓝来形容，他们比葡萄牙、西班牙更擅长在全球做生意，特别是在亚洲地区。

在联合东印度公司成立前的 1594 年，一群阿姆斯特丹商人就曾向亚洲海域派遣了一支由四艘船只组成的舰队，共计装有 100 门以上的大炮、10 万荷兰盾以上的银币和大量货物。虽然有前辈葡萄牙人的航海经验可以借鉴，但是荷兰舰队在途中还是遇到了很多危险，航行了 15 个月才抵达东南亚的爪哇岛港口城市万丹。在回程途中，舰队损失了许多船员，不得已放弃了一艘船只，剩余的三艘船只于 1597 年返回荷兰，船员从出发时的 240 人减少到 87 人，损失了约 2/3。所幸舰队带回了大量胡椒，使得这次首航东南亚在经济上没有亏损。

1598 年，又有两支共包含 22 艘船只的舰队离开荷兰远赴东方，其中一支舰队回国时还剩 8 艘船只，但带回的香料足以获得 400% 的利润，这让阿姆斯特丹敲响了喜悦的钟声，人们评价说："自荷兰建国以来，还从来没有过装有如此多财富的船只。"

荷兰联合东印度公司成立前的一年，渴望更多利润的荷兰船只大批出动，共有 65 艘船只前往亚洲采购香料。结果让荷兰人有些沮丧的是，巨量采购刺激了亚洲原产地香料价格的急速上涨，几年时间上涨了一倍多。回到欧洲的大量倾销，又使得欧洲市场上香料价格明显下跌，香料贸易利润大幅缩水了。

这个经济教训让荷兰人意识到，香料之路早期的暴利时代已经过去了，亚洲原产地和欧洲消费地之间的价格差越来越小，利润率也越来越低。要想继续在香料之路上获取丰厚的利润，就必须采用两个手段——高端和垄断。

所谓高端，就是低档香料贸易市场已经是一片红海了，没什么赚头，只有控制了高端香料，才能发财。至于垄断的含义，我们就不多做解释了。

捷足先登东南亚的葡萄牙人只是控制住一些战略位置，在那里建立军事据点兼贸易站，依靠武力控制香料贸易。荷兰人的野心则更大，他们不仅要控制香料贸易线路，还想要控制高端香料比如肉豆蔻、丁香、桂皮的产地，马鲁古群岛（旧称"摩鹿加群岛"）成为荷兰人最想争夺的地区。

马鲁古群岛位于今天的印度尼西亚东北部，在两个较大的岛屿苏拉威西岛和巴布亚新几内亚岛之间，盛产高端香料。早在 1600 年，荷兰人就在当地一个叫安汶的地点建立了堡垒，并且与当地土著统治者缔结条约，取得了丁香的垄断经销权。1609 年，在另一个叫班达的地点，荷兰人也建立起堡垒，并与当地人签订了香料垄断协议。

一旦摸清了东南亚地区的路数，荷兰人就图穷匕见了。为了达到垄断高端香料贸易的目的，荷兰人也以刀剑开路，东印度公司采取武力手段，攻克了许多东南亚土著势力的据点。在班达岛，荷兰人几乎将土著居民斩尽杀绝。到了 1636 年，岛上的土著居民只剩下了 500 多人，需要劳动力的东印度公司不得不从邻近的孟加拉输入奴隶。

为了有效地垄断高端香料，东印度公司采取了限制种植范围的方法，以维持垄断价格。所有的丁香树都集中到安汶地区种植，而班达则专门生产肉豆蔻，锡兰生产桂皮。与此同时，其他各岛的丁香树全部拔掉，班达岛上的其他作物也全部摧毁，锡兰的桂皮种植园也限定在很小的面积内，控制产量、抬高价格。

垄断了高端香料后，荷兰人在融入亚洲贸易网方面可谓游刃有余，他们先将马鲁古群岛出产的香料卖到印度和西亚等地，用赚来的钱购买印度的纺织品，卖到东南亚地区，然后在东南亚购买胡椒，卖到中国去，再从中国购买丝绸，和从波斯、越南购买的丝绸一起卖到日本，最后在日本购买当地的白银和铜，再卖给中国、印度以及东南亚各地。

为了赚取高额垄断利润，荷兰殖民者简直到了“六亲不认”的程度。他们不仅对土著居民残酷无情，面对同样来自欧洲其他国家的殖民者也毫不手软。当英国殖民者也渗透到马鲁古群岛谋取香料贸易利益的时候，荷兰东印度公司的总督库恩决定，必须在英国人壮大之前将其消灭，于是先发制人，1623 年，荷兰人在安汶屠杀了 11 名英国商人和他们的 10 名日本佣兵，这就是骇人听闻的“安汶岛惨案”。当时的英国殖民者还无法与荷兰殖民者在东南亚争锋，于是不得不忍气吞声地撤往南亚的印度，重点经营印度地区的贸易。

老牌的远洋贸易国葡萄牙也被荷兰人打得东逃西窜。1638 年，荷兰东印度公司与锡兰当地的康提结盟，发动夺取葡属锡兰的战争。1656 年，荷兰占领科伦坡，此役荷兰军团投入了 2000 多人，并得到了僧伽罗人的援助。1657 年，荷兰又拿下贾夫纳，吞并了盟友康提的领地，使公司一举垄断了桂皮这一贵重香料的生产和贸易。

1641 年，荷兰人从葡萄牙人手中夺取了马六甲，虽然马六甲那时已经不算是“威尼斯的喉咙”，但仍然是香料贸易的重要据点。17 世纪 60 年代前期，荷兰东印度公司的军队占领了葡萄牙在印度沿岸的一系列堡垒和贸易站，其中包括 1663 年占领的科钦。至此，曾经的远洋贸易大国葡萄牙手中只剩下果阿、澳门、帝汶岛和索洛群岛，澳门其实还险些失手。1622 年，葡萄牙人奋力顶住了荷兰人对澳门的攻击。此后一直到 1999 年，澳门才从葡萄牙手中回归中国。

荷兰东印度公司最能干的、冷酷无情的库恩总督曾公开宣称：“我们不能脱离贸易而进行战争，同样也不能脱离战争而进行贸易。”荷兰人是这么想的，也是这么干的。

当荷兰人进入东亚海域时，他们遇到了与葡萄牙人一样的问题，东亚两强中国和日本都不是荷兰这样的人口小国能够击败的政权，而东亚内部的海洋贸易又金光闪闪，让商人们垂涎三尺，荷兰商人也不例外。

虽然没能攻下澳门，但荷兰还是一度在东亚收获了据点——台湾岛。就在荷兰与葡萄牙为了澳门大打出手的时候，西班牙人的船队驶入台湾岛的基隆，在那里修建城堡，开采硫黄，经营鹿皮出口，甚至还修建了教堂。1641 年，为了打击宿敌，独霸台湾岛，立足台湾岛南部的荷兰人向台湾岛北部进军，攻打西班牙人的城堡，寡不敌众的西班牙人被迫投降，结束了在当地 16 年的殖民统治。至此，荷兰人的势力扩张到了台湾岛北部。

与宗教情结浓厚的葡萄牙人、西班牙人不同，荷兰人更看重贸易利润，为了赚钱，他们可以在其他方面妥协。比如荷兰在日本建立了平户商馆，贸易利润十分丰厚，在1637年荷兰东印度公司的利润总额中，平户商馆的贸易额所带来的利润竟占到七成以上，可见东亚海洋贸易十分赚钱。但是在1640年，日本德川幕府发现荷兰人修建的仓库石墙上刻有的公历建造年份和天主教有关系，勒令荷兰人必须拆除石墙，平户商馆照办。第二年，德川幕府又命令荷兰人把商馆从平户迁移到长崎，荷兰人也遵命。再然后，德川幕府又命令荷兰人搬到长崎的一个人工小岛——出岛上面，并原则上禁止他们外出。面对如此苛刻的限制，荷兰人还是接受了。如此恭顺的态度，与荷兰人在欧洲突破几大强国围攻的顽强精神形成了巨大的反差。这可能正体现了荷兰人的商人本色，只要在东亚有钱赚，面子并不重要。

驻日荷兰商人还无意中影响了欧洲绘画艺术的走向。本着赚钱的目的，一些荷兰商人在日本购买了很多当地的“浮世绘”画作，把这种具有东方情调的艺术品卖给喜欢新奇的欧洲人。日本浮世绘流入欧洲后，引起了欧洲画家的强烈关注，特别是印象派大家如马奈、莫奈、德加、凡高等人对这种东方绘画风格大加赞赏，深入研究并深受影响，比如凡高就用油画颜料临摹浮世绘，从其笔法、构图、色彩中吸取灵感。这算是荷兰商人进行海外贸易的一个意外收获。

在被郑成功的大军赶出台湾岛后，荷兰人无法派遣船只前往中国采购，但他们敞开胸怀，接纳各路中国船只到自己的东南亚殖民据点——巴达维亚（今印度尼西亚首都雅加达）来做生意。从1690年到1740年的50年间，是中国商船在巴达维亚开展贸易的鼎盛时期。中国船只不仅运送来价值不菲的中国产品，还把大批中国移民送到了巴达维亚。实际上，从巴达维亚开始建设城市起，华商、华人劳动力、华人手工业者就不断地移居到那里。在巴达维亚周边地区，人们开辟出种植甘蔗并生产蔗糖的农场，这些农场大部分由华人经营，生产也由华人劳工承担。蔗糖是荷兰东印度公司贩卖到日本和西亚的重要商品，但生产却凝聚着华人移民的辛勤劳动。

另外，在爪哇岛上，荷兰东印度公司奖励当地人进行水田耕种。在荷兰人来到这个岛屿之前，当地人普遍采用落后的刀耕火种，正是荷兰人把更为先进的农业技术传播到了爪哇岛及其周边岛屿。当地人还被公司组织起来，从事经济作物比如咖啡的种植，公司赚了大钱，投身其中的农民日子也过得相当不错。

从这些事例中我们可以看出，荷兰人与葡萄牙人有着本质不同，葡萄牙人基本上是贸易商人的角色，利用各地已有的商品，低买高卖获取差价。荷兰人当然也是贸易商人，但同时，他们也经营农场、种植园，利用东南亚的自然环境和人力资源，更为重要的是，把本国积累的先进农业技术移植到东南亚地区，生产出大量的产品。因此，荷兰人不仅是商人，还是创造财富的实业家。

增强公司的力量

从经济上讲，荷兰东印度公司真的很能赚钱。公司每年都要花费大笔的钱在军事上，但公司回报给股东们的红利仍然相当高。

从1602年到1782年的漫长时间里，荷兰东印度公司向股东发放的红利，相当于原始股本的36倍。仅仅从成立到1650年，公司支付的红利就达到了原始股本的8倍。荷兰东印度公司的股票可以在阿姆斯特丹市场上交易，所以股东是经常变化的，但有一位股东一直持有公司股票到1650年，平均算下来，他的东印度公司股票的年回报率是27%，这么高的回报率已经超过了当代股神巴菲特的长期投资回报率。

整个17世纪，是荷兰人风光无限的一个世纪，从经济上讲，则是荷兰东印度公司辉煌灿烂的一个世纪。在那个世纪里，东印度公司经营的殖民地香料的年平均产量是：肉豆蔻30万磅，肉豆蔻干皮10万磅，丁香30万磅……这些高端香料的利润极其丰厚。

到 1669 年，荷兰东印度公司成长为一个史无前例的经济巨兽，它拥有 1500 艘商船、40 艘战舰、5 万名员工、1 万名水手。强大的海上实力让这家公司不仅控制了欧洲与亚洲及美洲的大部分远洋贸易，而且垄断了东南亚的香料经营。西欧其他国家的殖民地产品，尤其是香料，也主要由荷兰船只转运到西方各国。17 世纪的阿姆斯特丹是当之无愧的欧洲贸易中心，也是东方香料和欧洲谷物、油料、木材等的集散地，港内停泊的商船经常超过 2000 艘。

所以，荷兰的成功，从经济的角度说，是荷兰人创新的公司制度的成功，超越了先走一步的葡萄牙和西班牙。

葡萄牙、西班牙在征服世界的过程中，派往海外的远征队与本国王室有着契约关系，能够为了发家致富而奋战。但本质上，这两个国家的王室总是意图完全控制海外殖民地和派出的人员，垄断各种经济活动，这就限制了海外殖民地的经济活力，那些派驻海外的官员从自身利益出发，往往采取以权谋私的方式来赚钱，伤害了国家从殖民地中获得财富的能力。

比如 1548 年，在葡萄牙控制的非洲据点索法拉，就发生了一件怪事。垄断象牙出口的王室机构找遍了索法拉，竟然没有找到一根象牙。象牙哪里去了？原来，派驻当地的官员即索法拉将军出于自己的利益，把大量象牙都装在了自己的走私船里，这就叫监守自盗。无独有偶，在印度的马拉巴尔，葡萄牙当地官员作为本国派驻当地收缴胡椒的管理者，他们给胡椒种植者的出价非常低，很难收到质量好的香料。同时背地里，他们又以私人的身份，用高于官方收购的价格来收购当地胡椒，中饱私囊，使葡萄牙的香料贸易利益受到了损害。

反观荷兰的东印度公司这种企业制度，则激发了本国商人开拓市场的雄心壮志，荷兰政府也全力支持并保护商人们的经营活动，产生了国强民富的效果。

这种企业制度当然也不是凭空创造出来的，在此之前，欧洲海商的一种常见经营模式是，几个有钱的金主凑一笔钱，购买船只和货物，雇用一些水手，开展一次远洋贸易，船只带着交易或掠夺的异国货物回来后，卖掉货物赚的钱按照最初投资的比例，分给金主们作为回报，这次海洋贸易活动就算结束了。

荷兰东印度公司脱胎于这种早期的合股制度，但是在面对航线漫长、竞争激烈的东方贸易尤其是香料贸易时，维持贸易所需要的军事成本和经营成本直线上升，“干一票算一票”的零星经营方式已经不合适了，取而代之的就是东印度公司的经营模式——公司股东的投资要长期放在公司运营里，赚到的利润也要分出很大一部分留作流动资金，以增强公司的军事和经济能力；所有的金主在投资公司的时候，要有足够的耐心，他们虽然是公司的股东，但是无权随意撤资、解散公司；同时在公司之外，也有一个运转良好的股票市场，那些对公司运作不满意或者着急用钱的金主，可以把自己的股份拿到股票市场上，出售给有兴趣接手的金主。这样的机制保证了公司能够长期保住大量的运营资本，以及把赚到的利润再投资，扩大公司业务，形成正反馈的效果，不断增强公司的力量。

这就是荷兰人能够青出于蓝而胜于蓝的经济秘密。

对于荷兰人在经济制度方面的创新，我们还必须要注意的一点是，它们是欧洲人针对海外市场的一种创新，是东西方互动的产物。荷兰人的东印度公司虽然充满了武力的味道，和当今世界和平发展的公司有所不同，但从经济角度讲，已经非常接近现代意义上的公司了。这种公司形式能够被创造出来，正是因为荷兰人想要抢占海外市场特别是亚洲的香料贸易。如果没有香料贸易的诱惑和刺激，荷兰人可能不会创造出东印度公司这种新鲜事物。

欧洲人是现代公司制度的发明者，但如果没有大航海时代的亚洲贸易网络，也不会有现代公司制度的诞生，至少在荷兰人称雄的 17 世纪的岁月中不会出现。东印度公司的出现，可以让我们一窥当时那个充满联系的、奇妙的全球经济世界。

尼德兰革命：金钱对垒强权

没有强大的经济基础，就没有强大的荷兰。我们惊叹荷兰人在一百多年中取得的海上经济奇迹的时候，更应该惊叹出现这些经济奇迹的大背景，是荷兰人与周围欧洲列强艰苦拼杀的壮烈历史。

正如本篇开头所言，荷兰原本是西班牙的一块低洼属地。在 16 世纪上半叶，西班牙的国王查理五世由于出生于荷兰地区，所以对荷兰人有较深的感情，在他的统治下，荷兰人获得了自由贸易的权利，发展很好。然而到了 1556 年，西班牙的王位由腓力二世继承，这位国王出生于西班牙并在西班牙长大，对荷兰毫无感情。更要命的是，腓力二世还是个狂热的天主教徒，对荷兰地区大量的新教教徒充满了轻蔑。

一年之后，由于腓力二世不能支付荷兰地区的驻军军饷，西班牙士兵发动叛变，并抢劫了安特卫普，杀害了 7000 名普通民众。荷兰人和西班牙王室之间就此彻底决裂，荷兰人拿起武器，赶走了西班牙驻军。

在当时欧洲人的心目中，国家是需要有个君主来保卫的，因为从中世纪以来的传统是，国王和贵族专门负责打仗，这是他们的职业。西班牙国王已经不配做荷兰的君主了，那么谁合适呢？ 1588 年，荷兰各省联邦因为缺乏自卫能力，曾经试图将本地区的统治权交给法国或者英国，通过效忠新的国王来获得保卫，但是并没有成功。

于是在万不得已的情况下，荷兰人竟然开启了没有国王的新兴国家形式——共和国。各省共同组成邦联，并组建一个统一的国家议会来管理这个没有君主的国家。一种新的政治制度在荷兰人的手中诞生了，他们以自己的经历向世界证明——“国王”这个职业不是国家必需品。

为了赢得独立，荷兰与昔日的宗主国西班牙打了80年的战争，史称“尼德兰革命”。荷兰与葡萄牙有类似的弱点，那就是与其他欧洲列强相比，人口数量处于劣势，其人口数量在100万～200万。在近代早期的欧洲，各国武器装备都比较落后且差距不太大，军队人数就成为决定战争胜负的重要因素，甚至有时是最重要的因素。

在战争中，荷兰人唯一可以扭转人口劣势的东西，就是钱。有了钱，就可以征集更多的士兵作战，除了本国民众之外，甚至可以雇用其他国家的军队来帮自己打仗。

为了对抗数量庞大的西班牙军队和他们的联军，荷兰每年需要花掉巨额军费。1591年，荷兰军费开支为300万弗罗林（一种欧洲金币，荷兰盾的前身），到1607年军费升了3倍。到1622年，军费开支达到1300万弗罗林，1640年高达1900万弗罗林。战争的另一方西班牙的军费一样耗费巨大，“尼德兰革命”使西班牙背上了难以偿还的巨额债务，就算是有从美洲搜刮来的真金白银做抵押，向欧洲银行家贷款，也不得不寅吃卯粮。

最终决定这场胜负的关键还是钱。荷兰自身的经济实力比西班牙要强，而且坐拥阿姆斯特丹这个当时的欧洲金融中心，荷兰的军费可以从金融市场上借到，以国债的形式从本国民众那里得到钱，并为本国民众作战。但西班牙国内没有这样的金融中心，本国经济实力不济，只能向纵横于欧洲的金融家族借钱，但这些金融家族都是“无利不起早”的主儿，看到苗头不对，就不会借钱给西班牙。

1609年，无力再打的西班牙终于坐到了谈判桌旁，与荷兰共和国签订了12年的停战协定，此时的荷兰实质上已经是一个独立的国家了，停战协议意味着这是两个对等的国家之间的条约。不过到了1618年，欧洲爆发了惨烈的“三十年战争”，各国都卷入其中，荷兰也不例外。一直到30年之后的1648年，交战各国签署了《威斯特伐利亚和约》，欧洲列强都承认了荷兰，这才标志着荷兰最终赢得了独立。

没有君主又怎么样？金钱战胜了强权，共和制战胜了君主制。

上帝恩赐给荷兰做海洋贸易的地理区位优势，也赋予荷兰人发家致富的经济头脑，但是也给荷兰安排了一个十分糟糕的地缘政治格局，荷兰的四周都是强邻，西边隔海与英国相望，南面紧邻法国，东方是与西班牙有着千丝万缕联系的哈布斯堡王朝，列强都对荷兰人的钱包忌妒得眼睛发红。致力于世界范围内做贸易的荷兰，也就不可避免地与所有列强频频发生利益冲突。

1672 年，法国军队和一些德意志邦国军队组成了 12 万人的大军，入侵荷兰共和国，另有一支由 146 艘战舰、34000 人组成的英法大型联合舰队准备在荷兰海岸登陆。在海陆两面巨大军事进攻的压力下，荷兰看上去已经濒临绝境。阿姆斯特丹的金融市场发生了大崩盘，荷兰东印度公司的股票价格下跌了一半，全欧洲都以为荷兰要被列强瓜分了。

荷兰人不得不殊死一搏，议会找来了开国国父威廉·范·奥伦治的曾孙威廉亲王，授予他陆海军统帅的职权，领导荷兰人背水一战。威廉亲王率领荷兰人不惜焦土作战，挖开拦海大坝，水淹阿姆斯特丹城外的敌方大军，并在海面上与英法大型联合舰队打了个平手，荷兰武装船队还袭击英国商船，破坏了英国多达 700 艘商船。顽强的荷兰人终于扛住了这次灭顶之灾，1673 年，法国军队被赶出荷兰境内，1674 年，英国与荷兰签订和约，从此之后英国不再与法国一起夹击荷兰，反而经常与荷兰一起钳制陆地霸主——法国。

这是一次永载荷兰史册的绝地重生！

年轻的威廉亲王在荷兰人的欢呼声中成为荷兰执政官，并被授予“护国英雄”的称号。令所有荷兰人意想不到的是，这位威廉亲王还将迎来自己人生中更为辉煌的一次进军，从而改变了荷兰和它的邻国——英国的历史，世界经济和贸易霸主的地位也将因为威廉的所作所为而易主。

第四章｜奴隶贸易是怎么没的

世界名著《鲁滨孙漂流记》一书中，鲁滨孙身旁有个土著奴仆——星期五，这个人物的出现真是神来之笔，揭露了当时奴隶经济的阴暗侧面。

鲁滨孙是个奴隶贩子

《鲁滨孙漂流记》是英国作家笛福的一部作品，书中的主人公鲁滨孙流落荒岛，经过艰苦奋斗，把荒岛改造成了适合自己生活的家园。鲁滨孙勤奋、节俭、坚韧、有信仰的奋斗精神，也被标榜为工业革命以来西方社会资本主义精神的真实写照。

历史上，许多资本家的确都是白手起家，勤俭节约地打拼，把事业做大，就像鲁滨孙在荒岛上那样。但是在没有登上荒岛之前，鲁滨孙都在干些什么呢？

如果我们重新阅读《鲁滨孙漂流记》的第一章和第二章，就会看到当时世界上的人干什么最赚钱了。

在书中，鲁滨孙的父亲让他做个本分人，老老实实地待在英国，努力工作，跻身中产阶级。但鲁滨孙热衷于出海闯荡，搭载别人的船前往非洲几内亚，初战告捷，用大约40英镑的小玩意，换了5磅多的沙金，带回英国卖了300英镑。

此后历经波折，鲁滨孙居然在巴西开起了种植园，并收获了大量烟草。只要再干几年，不愁有几千英镑（在当时这可是一笔巨款，今天的500万彩票头奖与之相比，只能算浮云）的家产。可是鲁滨孙依旧不安分，他和邻居的种植园都缺少劳动力，他希望从非洲买进黑奴过来扩大生产，不过当时巴西的黑奴贸易被葡萄牙垄断，没有政府的授权，种植园主不能私自贩卖黑奴。鲁滨孙发现，贩卖黑奴的利润比开种植园还要大。

就在他犹豫要不要去获得政府授权的时候，几个种植园主找到他，希望合伙弄一条船，私自去非洲贩卖一船黑奴回来，每个种植园分一些，劳动力就有了。鲁滨孙决定和大伙一起干一票，不幸的是，这次航行途中，船只遇到了风暴，这才有了他流落荒岛的后续故事。

这本小说出版于1719年，我们完全可以把里面的情节看成17、18世纪世界经济的写照。鲁滨孙在流落荒岛之前的经历告诉我们，在那个激动人心的大航海时代，单从赚钱角度讲，老实工作不如去做海外贸易，海外贸易不如开种植园，开种植园不如贩卖黑奴。

而当时最赚钱的行当，莫过于非法走私贩卖黑奴。

鲁滨孙前往非洲的这一票生意，就是试图避开政府垄断，非法从非洲贩卖黑奴到美洲的种植园。鲁滨孙其实是想当个奴隶贩子。

贩卖黑奴的利润有多大？在17世纪奴隶贸易方兴未艾的时期，葡萄牙人从事奴隶贸易的利润率，据估计高达900%，而同时期做其他商品的远洋贸易，利润率远远不如奴隶贸易。

正如《鲁滨孙漂流记》中所言，大航海时代最早大规模从事奴隶贸易的国家正是葡萄牙。还记得那个致力于航海事业的亨利王子吗？亨利王子推动本国向非洲西海岸的探索，一方面，是为了获得来自产地的非洲黄金和象牙；另一方面，重要而且并不算光彩的动机，就是袭击非洲沿岸居民，捕获可以用钱赎回的奴隶。后来，当葡萄牙被西班牙吞并的时候，作为谈判条件之一，葡萄牙人取得了奴隶贸易的垄断资格。

不过从历史上看，贩奴贸易并不是欧洲人或者说葡萄牙人首开先例的，这个阴暗的贸易其实由来已久，其中阿拉伯商人可算是贩奴贸易的“鼻祖”。

据估计，公元 7 ~ 19 世纪，穿过撒哈拉沙漠被卖到北非摩洛哥、埃及等地的非洲奴隶有 940 万人，而穿过红海被卖到西亚的阿拉伯半岛，以及穿过印度洋被卖到东南亚各地的非洲奴隶也有 500 万人。这两个数字相加超过了 1400 万人，而后来的欧洲殖民者贩卖非洲奴隶的数据已经有定论，在 15 ~ 19 世纪，通过大西洋奴隶贸易离开非洲大陆的奴隶有 1100 万人，其中被卖到美洲大陆的有 950 万人。

所以仅从数据看，历史上被卖到北非和亚洲的奴隶数量超过了被卖到美洲的奴隶数量，要说最大的奴隶贩子，可算阿拉伯商人，而不是“后起之秀”欧洲殖民者。

客观地说，非洲在历史上就是奴隶的来源地，是奴隶贸易的中心，整个非洲的奴隶贸易是多个方向、长期进行的，很多黑人奴隶甚至被卖到了遥远的印度和中国。1382 年，爪哇岛将男女共计 101 名黑人进贡给明朝廷。而历史上广州的富人们拥有许多黑人奴隶，这些奴隶可以轻松背起很重的行李。

与古代中国相比，古代印度由于距离奴隶“产地”更近，使用了更多的黑人奴隶。古代旅行家伊本 · 白图泰在他的游记中写道，黑人存在于印度全境，他们大部分成了军人，其中有些人还成了地方太守或大宦官，掌握着巨大的权力。在当时，非洲人大多成了“军奴”，特别是在果阿和斯里兰卡，他们是军队里的重要成员。

这些历史上的贩奴贸易和大航海时代的贩奴贸易有一个明显的差别，那就是奴隶的使用方式不同。过去那些被卖到北非和亚洲的黑人奴隶，基本都是从事家务劳动或者低级工种，所以实际上，这些奴隶相当于“下人”，也有一些人是被买来充当士兵的。而大航海时代欧洲人所贩卖的奴隶，主要充当被强制奴役的劳动力，在种植园中做苦工。

最先利用奴隶而兴起的种植园是甘蔗种植园。甘蔗的原产地在东南亚，后来传入阿拉伯地区，再后来传入欧洲的地中海地区。成熟的甘蔗高度超过四米，甘蔗成熟时，除了田间道路和灌溉用水渠外，整个农场会变成无法穿越的密林。人们需要砍下甘蔗，将其运到工厂粉碎后，再用滚压机压出汁。之后要将这些甘蔗汁放在大锅中煮，并进行提炼，最终得到甜甜的糖。在 19 世纪之前，世界各地生产糖的程序都是如此。

大航海时代到来后，特别是发现了大西洋中的各个群岛和美洲大陆后，欧洲列强占领了大片热带、亚热带气候区，这些都是理想的甘蔗种植地。

在航海史上光芒四射的亨利王子堪称种植园奴隶制的创立者，光辉与阴暗集于一身。葡萄牙占据了非洲大陆附近的岛屿后，亨利王子利用来自热那亚的资本，建立起甘蔗种植园，然后把奴隶驱赶到马德拉群岛上，让他们在种植园中日夜劳作。亨利死后，新发现的佛得角群岛于 1460 年也被专门用于经营糖料种植园，那些从非洲进口的奴隶劳工则是这些种植园赖以生存的基础。而葡萄牙人绕过非洲好望角已经是 20 多年后的事情了，所以如果没有岛屿种植园上奴隶的劳动，葡萄牙人是否有足够的资本先绕过非洲大陆南端，还是个未知数。

1493 年，哥伦布在他的第二次航海中，最早将甘蔗从加那利群岛带到了美洲大陆，很快，加勒比海的热带岛屿上，比如巴巴多斯岛、牙买加岛、圣多明各岛、瓜德罗普等，都开辟出了甘蔗种植园。南美洲的巴西也成为主要的种植园区域，《鲁滨孙漂流记》中描写，鲁滨孙就曾在巴西经营种植园。

甘蔗种植园需要大量的强壮劳动力，到哪里去寻找劳动力呢?

从道理上说，当时的欧洲也有很多穷人，雇用他们去种植园里工作也未尝不可。在 1800 年以前，欧洲的穷人中很少有人能付得起跨越大西洋的船票钱，所以他们往往采取当契约劳工的方式，预支自己未来多少年的劳动力给船主，搭船到美洲，船主再把这份契约和这些欧洲穷人转卖给美洲的企业主。

其实，当时购买非洲奴隶比购买欧洲契约劳工要更昂贵。但是问题在于，当时即使是欧洲穷人，也是受到契约保护的，一旦契约期满，他们就将获得自由，甚至还能获得一块属于自己的土地。所以，种植园主如果使用欧洲契约劳工，要付出更多的未来成本，所以他们宁愿一开始支付稍微多一点的钱，购买一些非洲奴隶来干活，这些奴隶是永远不会成为自由民的，因此长期来看，使用非洲奴隶的成本要比使用欧洲穷人低。

这就是种植园里的经济学原理之一。欧洲的穷人即使一文不名，也有基本的契约保障，有法律赋予他们的一点点权利。权利对于欧洲穷人就是价值，而对于种植园主来说，欧洲穷人的这点权利却是他们不愿意付出的成本。

甘蔗种植园其实也可以考虑使用印第安人当苦工，但是对于西班牙和葡萄牙来说，它们宁愿从遥远的非洲运输黑人奴隶到种植园，也不愿意在美洲大陆上搜捕印第安人充当奴隶。这是种植园里的又一个经济学原理。

因为在西班牙和葡萄牙王室看来，贩卖非洲黑人奴隶相对可控，王室可以更容易监视殖民地的经济活动，并从经济活动中征税；而让殖民地种植园主在美洲大陆抓捕印第安人，山高皇帝远，很难控制殖民地的经济活动。所以，西班牙和葡萄牙王室鼓励从非洲向美洲输入奴隶，而限制抓印第安人当奴隶的做法，本质上是为了更严密地控制殖民地的经济。

英国的北美洲殖民地也有类似的情况，北美种植园的早期发展，也严重依赖黑人奴隶。比如在弗吉尼亚，英国殖民者开辟了烟草、水稻和棉花等种植园，需要大量的劳动力进行耕种。有趣的是，种植园主最开始宁可雇用漂洋过海而来的白人当劳工，也不愿意花钱买一个黑人奴隶。原因是当时黑人奴隶的死亡率很高，这可能跟黑人对于当地疾病缺乏免疫力有关系。但是后来，英国本土经济快速发展，愿意移民美洲的白人少之又少，而在美洲卫生条件的改善、黑人群体逐渐拥有了疾病免疫力后，黑人奴隶的死亡率大大降低，同时大规模的奴隶贸易降低了每个黑人奴隶的价格。于是到了1700年，北美种植园里已经广泛使用黑人奴隶作为劳动力，因为黑人奴隶的劳动可以终生被种植园主所占有。

就这样，非洲黑人成为种植园主最理想的苦工。到16世纪中叶，美洲出现了拥有150 ~ 200名奴隶的农场，甚至有些农场的奴隶数量达到了500人以上。

三角贸易赚大钱

整个16世纪，约有25万非洲奴隶被运过大西洋；到了17世纪，这一数字增加了4倍；而到了18世纪，平均每25年就有近200万非洲奴隶被运往美洲。16 ~ 19世纪中期，共有近1000万非洲奴隶被贩卖到美洲大陆。

然而到了1833年，大英帝国废除了奴隶制，美国在1865年也废除奴隶制，其他各国在19世纪也纷纷跟进，在不同时期废除了奴隶制，奴隶贸易也逐渐销声匿迹。这就不禁让我们迷惑了，既然奴隶贸易很赚钱，白人大老爷们为何放弃了这么赚钱的买卖呢？

19世纪，黑人根本没有足够的军事实力、政治实力与白人对抗，在经济实力上更是孱弱不堪。难道是白人良心发现，在宗教教义和社会道德的影响下，高尚地做出了解放黑奴的人性决定吗？难道星期五的人品像鸡汤一样，感动了鲁滨孙，使鲁滨孙幡然醒悟吗？

笑话！

1596年，130名黑人被贩卖到荷兰，准备销售，一批信奉新教的荷兰居民高举道德的大旗，反对奴役黑人的暴行，他们冲进市场，解救并释放了这批黑人。

但此后黑人的命运急转直下。作为以海外贸易立国的荷兰，当时最大的敌人莫过于昔日的宗主国西班牙及其“跟班”葡萄牙。荷兰虽然赶跑了西班牙，获得了独立，但两国一直兵戎相见，在海外贸易上，也是水火不容。1621 年，荷兰在成立自己的西印度公司的时候，就明确了公司的任务，享有与非洲西海岸和美洲东海岸及太平洋各岛屿进行贸易的垄断特权，抢夺西班牙人的海外贸易份额。

在西班牙忙于欧陆战争的时候，荷兰开始袭击南美，荷兰人把攻击目标选定在了巴西——葡萄牙的殖民地，当时葡萄牙已经和西班牙合并，因此袭击巴西就是打击西班牙。荷兰人的算盘打得很好，他们希望巴西那些被西班牙欺凌的印第安人和非洲黑奴揭竿而起，配合自己一起攻击西班牙，同时还能夺取巴西种植园，一举两得。

攻击很成功，荷兰人顺利地夺取了一些巴西种植园。但是，西班牙种植园主也很聪明，他们带着奴隶和财宝逃跑了，只给荷兰人留下空空的种植园。荷兰人试图把本国农民送到巴西开垦种植园，然而热带种植园的工作太辛苦了，在自己家园干得风生水起的荷兰农民都不愿意做血汗劳工。

“在巴西，没有奴隶，什么事都做不成。”荷兰殖民者在一份报告中悲哀地写道。为了恢复种植园的生产，为了打败宿敌西班牙人，荷兰人也要毫无顾忌地使用黑奴了。

荷兰人既然铁了心要做奴隶贸易，就必然要和具有奴隶贸易垄断资格的葡萄牙人一决雌雄。对付在美洲大陆气势汹汹的西班牙人，荷兰人只能靠“防守反击”；而对付葡萄牙人，荷兰人就可以“全攻全守”了。荷兰军队很快打败葡萄牙人，占据了几个非洲沿海重要的奴隶贸易港，把奴隶装上船后，运送到中美洲加勒比地区的法国和英国殖民地出售，总之是不能让西班牙人和葡萄牙人的殖民地得到奴隶。

荷兰西印度公司的一大业务是从事奴隶贩卖，在相当长的时间内，它是荷兰奴隶贸易的主要经营者。事实上，西印度公司是所谓大西洋“三角贸易”的开路先锋。

大西洋三角贸易的运转方式如下：公司用欧洲的一些商品交换到非洲的奴隶，把奴隶运送到美洲大陆，换取美洲种植园生产的糖、棉花、烟草等货物，再用这些货物换取欧洲的白银（其实也是来自美洲），用白银采购欧洲的商品，再返回非洲交换奴隶，形成贸易循环。

看到西班牙、葡萄牙和荷兰靠着奴隶贸易发家致富，在美洲也有自己的殖民地的英国和法国自然是不甘落后的，他们以本国生产的工业品、火枪作为资本，纷纷加入奴隶贸易的“事业”中。比如英国的港口城市利物浦，在 1709 年，只有一艘贩奴船驶向非洲；20 年后，贩奴船的数量就增加到 15 艘；到了 1770 年，贩奴船竟然已达 100 多艘。在 18 世纪，靠着奴隶贸易，利物浦每年有 30 万英镑的纯收入；1709 ~ 1787 年，英国对外贸易的航行吨位增加了 14 倍，大多直接或间接地与奴隶贸易有关。

而且，英国和法国加入奴隶贸易中后，在欧洲、非洲和美洲之间，也建立起了与荷兰人类似的三角贸易，即从欧洲装上酒、军火、棉织品、装饰品等货物，前往非洲与出售黑奴的部落交换奴隶。然后把黑奴运送到美洲各地，交换那里的矿产和农产品，比如蔗糖、棉花等。最后带着矿产和农产品回到欧洲，卖掉货物。据估计，完成这样一次三角贸易，商人（奴隶贩子）大概需要花费 6 个月时间，而利润可达 100% ~ 1000%。

英国、法国这些“后起之秀”还建立了另一个三角贸易：把北美殖民地生产的朗姆酒贩卖到非洲，换来非洲黑人奴隶，然后把黑人奴隶卖到中美洲加勒比海海岛的种植园当苦力，交换种植园生产的糖蜜，运送到北美殖民地卖掉，再购买下一批朗姆酒，从而形成了三角贸易。这个三角贸易与前面的三角贸易的区别在于，把北美殖民地和中美洲种植园联结了起来，也就是说，美洲内部也形成了大规模的贸易。

像英国、法国这些在美洲殖民早期没有找到黄金白银的国家能够实现经济腾飞，工业革命当然是功不可没的，但如果没有奴隶贸易，它们的美洲殖民地就没有足够的劳动力，欧洲的工厂也就缺少美洲出产的原材料，各地的消费市场都不足，这些国家的经济发展必然大打折扣。

人们经常说市场经济里有只“看不见的手”，其实在欧洲资本主义发展的早期，还有一只“血腥的手”，靠着剥削无数黑人奴隶的血汗和生命，欧洲人实现了野蛮的原始积累。

看不见的手扳倒血腥的手

我们前面讲的那个问题“为什么白人做出了解放黑奴的决定”还没有解答，现在我来告诉大家答案。

其实，真正让奴隶贸易走向衰落的原因，正是我们刚刚谈到的经济上的“看不见的手”。

早期的贩奴贸易是暴利行业，但就像所有行业都会经历从朝阳产业到夕阳产业的规律一样，奴隶贸易的利润也在逐渐走低。

首先是获取奴隶的成本增加。我们对清朝末年清军被英国、法国等列强打得满地找牙的屈辱史印象深刻，可能会以为欧洲人在对付非洲土著部落的时候也能轻而易举地拿下，其实不然。清朝军队与英国正规军正式交手是在 1840 年的第一次鸦片战争，那时候英国已经船坚炮利，军事技术远胜清朝。但贩奴贸易最猖獗的时期是在 18 世纪，那时候欧洲各国的军事技术还不像鸦片战争时那么先进，对付冷兵器武装的优势是有的，但也很有限。

非洲土著部落实力当然不如清军，但他们有自己的天然优势，那就是非洲的丛林环境。正如一位白人作家描述非洲时所说：“火炮只能打进内陆一丁点儿的距离。”当时欧洲人的军事优势只能在海岸线附近逞强，一旦进入丛林作战，土著部落可以把侵略军当猴耍。

另一个让欧洲殖民者头疼的麻烦是非洲的各种古怪疾病，它们比任何军事抵抗更能有效地摧毁欧洲殖民者的武装。侵略军就算能够占据非洲的丛林地区，由于当时卫生水平落后，他们也会被丛林里的瘴气、湿热和各种疾病打败。比如 1742 年，有一支英国探险队前往热带丛林作战，很快就有 3/4 的士兵失去了战斗力。一位随军医生兼作家写道："那 3/4 患病的人死于悲惨的方式，由于高度腐烂化脓，他们的皮肤变成了烟灰色。"欧洲殖民者的海军也不比陆军的命运好多少，毕竟军舰是非常昂贵的军事设备，在热带海域的损坏速度非常快，为了抢一些黑人奴隶贩卖，就派出昂贵的海军和军舰，显然是赔本买卖，并不理智和值得。

所以，奴隶贩子要得到黑人奴隶，最好的方式是与非洲一些部落合作，给这些部落提供军火，让他们帮助自己抓奴隶。奴隶贸易刚开始的时候，许多非洲黑人毫无戒备，因此很容易抓获大量的黑人当奴隶，欧洲人支付给每个奴隶的价格也很低。随着非洲各个部落大打出手，相互抓捕对方，欧洲人购买黑人运走做奴隶的消息也传遍了非洲大陆，再想抓人就不那么容易了，"抓人部落"的成本上升，他们向欧洲人的要价也提高了。

那些帮欧洲人抓奴隶的非洲部落，除了要军火和一些欧洲的工业产品外，还会要一种特殊的东西——贝壳。在当时非洲的一些地区，贝壳是作为货币使用的，甚至还可以兑换非洲出产的黄金。

通过贝壳与黑人奴隶的比价关系，我们可以一窥奴隶成本的上升。

在当时非洲大陆流通的、作为货币的贝壳，有产自印度洋马尔代夫群岛的宝贝螺和产自桑给巴尔等非洲东海岸地区的金环宝螺两种，其中产自马尔代夫群岛的贝壳占了较大比重。马尔代夫的贝壳原来是向东南亚、印度等地以及波斯湾地区出口，后来也被销往遥远的西非。甚至于中国南部的云南省一带也使用这种贝壳，直到 17 世纪末，人们还将从马尔代夫群岛进口的贝壳作为货币，直到那里被纳入中央王朝的政治和经济版图，货贝才被金属货币取代。

当葡萄牙人建立起远洋贸易路线后，他们立刻发现了贝壳所具有的货币功能。一度控制印度洋的葡萄牙人从印度洋找到这种贝壳的产地，装满整船的贝壳，运送到非洲换奴隶。此后，击败葡萄牙的荷兰人和再后来击败荷兰的英国人也都加入贝壳换奴隶的生意中。

刚开始的时候，大约 120 英担的贝壳就能买到一整船约五六百个黑人奴隶（1 英担 =112 磅，大约为 100 斤）。但随着抓捕难度的加大，以及黑人部落要价的提高，一整船奴隶的价格很快上升到了二三百英担。18 世纪，一个在西非的奴隶贩子抱怨说，购买一个奴隶的价格从 100 磅贝壳上涨到 136 磅，从 12 支枪上涨到 16 支枪，从 5 包巴西烟草上涨到 7 包，从 25 匹亚麻布上涨到 36 匹，从一桶（约 40 升）法国白兰地上涨到一桶半，从 15 磅火药上涨到 150 磅。这还仅仅是奴隶贩子在不长的时间里观察到的成本上升。实际上，奴隶贸易中“采购”奴隶的成本是长期上扬的，吞噬了奴隶贩子的一部分利润。

奴隶贩子的运输成本也不容忽视。有人估算，平均每运送 1 批黑人奴隶到美洲，途中病死的奴隶竟达 5 名之多，即使那些抵达美洲种植园的奴隶，也有 2/3 在不到 3 年中死去。而且，不要以为死亡悲剧只降临在黑人身上，贩奴船上的水手死亡率也相当高，一趟下来，死掉 1/5 的水手，都算计划内损耗。从非洲到美洲的贩奴船不仅是黑人奴隶的死亡之船，同样也是白人水手的死亡之船。黑奴贸易的钱，也不是那么好赚的。

甘蔗种植园里的黑人奴隶固然受到了残酷的奴役，但这并不代表他们的日常成本就可以忽略不计。1760 ~ 1810 年，英属西印度群岛购买奴隶的费用，大致相当于当地糖出口收入的 1/4；来自英国本土的进口货物约占糖出口收入的 1/2，来自英属北美的食物和木材占了剩下的 1/4。后面两项进口货物中，当然有种植园主自己消费的东西，但是大部分属于维持黑人奴隶生计的货物。这些货物中最重要的东西就是食物和粗制棉布。法属西印度群岛和巴西的种植园中，成本情况也和英属西印度群岛差不多。

种植园确实是血汗农场和血汗工厂，种植园主也确实赚到钱了，但在缺乏机器设备的时代，种植园经济的效率并不高，付出巨大代价才能获得并不丰厚的收入乃至利润，根本不能与现代意义上的工厂相提并论。

最终给奴隶贸易致命一击的，不是宗教人士的大声呼吁，也不是绅士们的慈善之心，而是工业革命带来的机器设备。

就拿棉花种植园来说。英国的起家行业是纺织业，而大西洋对岸的美国早年则是棉花生产大国，棉花专供英国和其他国家纺织业做原料。在没有合适机器设备的时候，棉花从种植到收获，需要大量的劳动力，因此美国南方的棉花种植园对黑人奴隶的需求量一直很大。

1782 年，美国耶鲁大学的毕业生伊莱·惠特尼发明了轧花机，一种使种子迅速脱离棉花纤维的机器。人们需要棉花纤维来制作衣服，但是里面的种子粘在纤维上，如果不去掉，就会“污染”制成品。如果手工清理棉花，1 个劳动力一天只能清理 1 磅的棉花；可是有了轧花机之后，1 个劳动力一天可以把 50 磅的棉花清理干净，劳动效率提高了近 50 倍。

如果种植园棉花产量不变，那么轧棉的环节会因为轧花机的出现，减少 98% 的劳动力。实际的情况没这么简单，机器设备带来对劳动力的需求减少，伴随着种植园面积扩大对劳动力的需求增加，两者抵消，美国对非洲黑人奴隶的需求在相当长一段时间内并没有下降。美国出口英国的棉花在 1792 年只有 15 万磅，8 年后暴增了 10 倍；到 1850 年，总计已经有 7000 万磅棉花出口到了英国。显然，随着英国等欧洲国家对美国棉花的需求量不断增加，美国的棉花种植园主也在扩大生产规模，他们开辟出了更多的土地，建造了更多的种植园来生产棉花。

机器设备在一定程度上改变了黑人奴隶的命运。当种植园需要使用机器设备时，种植园主就得培训黑人奴隶熟练地使用机器，让这些过去认为只是“牲畜”的黑人发挥他们的聪明才智，而不只是卖苦力。而且黑人的技术越熟练，种植园主就得对黑人越好一些，这样才能从黑人身上榨取更大的利润。

当黑人熟练地操作各种机器设备，在各个行业、各个环节高质量地完成工作时，关于黑人智力低下的社会谬论就不攻自破了。所以，机器设备不仅消除了种植园对黑人劳动力的需求趋势，改善了黑人的工作待遇，而且成功消除了白人社会对黑人的歧视性偏见。宗教界人士和道德家们开始呼吁解放黑人奴隶，他们掀起了声势浩大的废奴运动，许多欧美国家相继废除了奴隶制。皮之不存，毛将焉附？奴隶贸易也衰落了。

奴隶贸易给工业革命提供了一只血腥的助力之手，工业革命则伸出市场那只看不见的手，最终要了奴隶贸易的命。

从历史上看，北美独立战争和美国南北战争，成为废除美洲大陆奴隶制的重要推动力。

《独立宣言》是北美殖民地宣布独立的重要文件，在解释为何要独立时，美国的创立者们开宗明义："我们认为这些真理是不言而喻的：人人生而平等，造物者赋予他们若干不可剥夺的权利，其中包括生命权、自由权和追求幸福的权利。"

既然人人生而平等，那么北美殖民地人民与英国本土人民应该是平等的，当受到不公正待遇时，北美人民有权要求独立，这就是《独立宣言》中这句名言的含义。当黑人奴隶看到这句话后，自然会质问：既然人人生而平等，那么黑人与白人是否也应该是平等的？

这样的思潮在北美的北方殖民地十分盛行，推动了解放黑奴的运动。早在 1774 年《独立宣言》还没公布时，康涅狄格州、罗德岛和马萨诸塞州就已通过法律，禁止进口奴隶；在北美独立战争第一枪——"列克星敦和康科德战役"爆发前夕，费城人就创立了废奴协会，成为北美第一个这样的组织。当独立战争爆发后，纽约和罗德岛对解放奴隶、让奴隶参加大陆军的奴隶主进行补偿，还有一些州让所有参军的奴隶获得自由。1780 年 3 月，宾夕法尼亚州通过了一项逐渐解放奴隶的法令，规定年满 28 岁的奴隶后代可获自由。3 年后，马萨诸塞州高等法院根据该州 1780 年的《人权宣言》，宣布奴隶制违法。1787 年费城制宪会议召开之前，康涅狄格州、罗德岛、纽约和新泽西州都通过了禁止或逐渐废除奴隶制的法令……

但是新生的美国南方各州，却因为严重依赖种植园产业，拒绝废除奴隶制。在独立战争时期，美国境内大概有 50 万黑人奴隶，而其中弗吉尼亚州、马里兰州和南卡罗来纳州、北卡罗来纳州的奴隶人数，占了奴隶总数的 85%。相对而言，纽约作为北方蓄奴最多的州，只有 2.5 万名奴隶，即奴隶总数的 5%。因此，单单北方各州废除奴隶制，只是解放了一小部分黑人奴隶，大量黑人仍然禁锢在奴隶制的枷锁之中。

美国南北战争给了美洲大陆奴隶制以致命一击。

1861 年 4 月 12 日，南方联盟的军队先发制人攻打萨姆特要塞，导致美国内战爆发。萨姆特要塞失守后，北方的自由黑人立即要求参加联邦军队，但是根据当时的法律，黑人无权参军。直到一年多后的 1862 年 7 月，议会终于解除禁令；1862 年 9 月，《解放黑人奴隶宣言》公布后，北方联邦政府开始大量招募黑人，最终有 38.6 万人加入北军，其中 18.6 万人进入战斗兵团，20 万人投入各项后援工作。

其中比较有名的全黑人兵团是马萨诸塞州第五十四志愿步兵团。在 1863 年 7 月的一场战役中，马萨诸塞州第五十四团对重兵把守的瓦格纳要塞发起进攻。在战役中，600 名士兵有一半阵亡。虽然他们未能攻克要塞，但是黑人的英勇行为受到北方报纸的广泛关注与报道，更加坚定了美国社会解放黑奴的决心。

随着南北战争以北方战胜南方而结束，南方的黑人奴隶也终于迎来了全面解放的一天。虽然种族歧视还会长期存在，但毕竟奴隶制已经烟消云散了。

非洲酋长们为什么没发大财

在我们谴责奴隶贸易这种血腥交易的同时，有个问题值得我们深思：依靠奴隶贸易，欧洲人积累起工业革命的第一桶金，至少也是那桶黄金里的一部分，那么作为黑人奴隶“产地”的非洲大陆，贩卖黑人奴隶的非洲酋长们为什么没有借助奴隶贸易，振兴本地经济，走向富强之路呢？

是阴险狡诈的欧洲人欺骗了淳朴善良的黑人兄弟，用不值钱的小商品换到了价值不菲的奴隶资源吗？

考虑到奴隶贸易一开始的确是个暴利行业，白人欺骗黑人的说法也有一定的道理。但是，当奴隶贸易对于欧洲人来说是暴利行业的时候，对于非洲酋长们来说，这个贸易同样是暴利行业。非洲酋长们只需要带人去抓一些别的部落的黑人回来，就可以换回枪支、烟草、酒，还有特殊的货币——贝壳。

从经济角度讲，枪支、烟草等商品，如果让非洲酋长自己在非洲生产，成本着实太高昂了，甚至于以他们的科技水平，根本生产不出来。因此，如果非洲酋长们的奴隶抓捕和贩卖生意可以用货币来量化的话，毫无疑问，他们从事的交易绝对是暴利行业，其利润绝对不少于从欧洲来的那些奴隶贩子。

而且，即使对于欧洲人来说，枪支、烟草、酒也都是好东西，普通人也不见得能经常使用或享用，这些绝对不是不值钱的商品。贝壳虽然可以一船一船地从印度洋运来，也需要运输成本。这些东西都不能算是不值钱的小玩意儿。

再说，酋长们也会判断某种商品值不值自己手中的奴隶的价钱。

后来，当欧洲人的奴隶贸易的利润率下降的时候，非洲酋长们的利润率估计也在下降。这主要是因为抓捕黑人奴隶的难度增加了，各个部落都提高了警惕性，打得过就打，打不过就逃，不会轻易被抓。奴隶贸易的成本增加了，整个行业的利润率就下降了。

非洲酋长没有发大财，富国强兵，似乎怪不到欧洲人头上。

真正的原因要从经济模式上寻找。非洲酋长的经营模式是掠夺式的，抢夺别人的财富（含劳动力）来满足自己的欲望。从非洲整体角度看，这种经营模式是“零和游戏”甚至“负和游戏”，一个部落财富的增加，是建立在另一个部落劳动力减少的基础上的，而且抓捕黑人的行动也伴随着武装冲突，而有冲突就有财产损失和人员伤亡。所以非洲整体的财富并不会积累和增加，甚至还会降低。

反观欧洲人，他们获得了黑人奴隶后，用于种植园和矿山，生产糖、棉花、咖啡等经济作物和开采矿石，这是一种利用劳动力创造物质财富的过程，而且是一种可以长期经营下去的产业，能够长久地带来财富。

而且非洲黑人被贩卖到美洲后，只要能够活下来并繁衍下去，那些种植园主就能够自己“生产”黑人奴隶了，供给增加了，就减少了对非洲黑人奴隶的进口量，打击了非洲酋长们的发财渠道，奴隶贸易的利润率必然下降。

欧洲人也好，非洲酋长也罢，他们能否长久地发财致富，并不取决于贩奴贸易的利润率是高还是低，而是看经营模式是否具有可持续性。从贩奴贸易中我们可以看到，掠夺式的经营模式虽然贯穿了人类的历史，从远古的游牧民族袭击农耕民族，到后来的海盗旗飘扬四海，再到近现代的许多掠夺战争，这种经营模式的确让某些掠夺者获益了，但并不会让掠夺者长久地获益。

面对近代以来欧美列强的经济崛起和政治崛起，我们当然要谴责他们用血腥的手段获得利益的行为，但不要一叶障目，不见泰山，更应该看到他们建立起来的可以长久创造财富的经营模式。

非洲酋长没有发财致富，就是因为没有建立起可持续的经营模式，他们就连欧洲人的经营模式也没有照猫画虎地移植到非洲。

前面我们已经谈到，欧洲人无法适应当时非洲的热带环境，又有疾病的威胁，因此才选择不在非洲本地直接开辟种植园，而是把黑人奴隶运送到美洲大陆。这本来应该是非洲黑人的机会，他们比欧洲人对非洲自然环境更加适应，对非洲的各种疾病的抵抗力也更强，如果当时某个非洲国家能够引入种植园的经营模式，在非洲种植棉花、咖啡、甘蔗等经济作物，起码从劳动力成本的角度说,比起美洲种植园还更有优势,利润率也会更高。

如今，非洲大陆遍布种植园，可是时过境迁，那些曾经风靡全球的种植园作物，现在只能算是初级产品，卖不上什么价钱。

第五章 | 视财如命的岛民

文学和历史遵循着不同的“创作”规则，创作文学作品需要想象力，而研究历史则需要严谨的考据和逻辑推导。文学又与历史有着千丝万缕的联系，从文学中我们可以看到历史的影子，比如美国当代作家乔治·R.R.马丁所著的名著《冰与火之歌》中的情节，就与英格兰的历史特别是玫瑰战争颇为相似。而从古老的侠盗罗宾汉的民间故事中，我们可以一窥中世纪英格兰的某些秘密，这些秘密将揭示，欧洲西部不列颠小岛上的人们如何在“不知不觉中，征服并住满了半个世界”。

罗宾汉们的财产权传统

罗宾汉是英国民间传说中的一位“绿林好汉”，一些版本的传说中把他和征战欧陆的狮心王理查一世和约翰王子联系在一起。理查一世被囚禁在欧陆期间，约翰王子在国内横征暴敛，还侵占了罗宾汉的领地，罗宾汉以诺丁汉以北的舍伍德森林为根据地，带领反抗武装与约翰王子周旋，劫富济贫。

不论是 Robin（罗宾）还是 Hood（汉），都是那个年代非常普通的姓名，所以罗宾汉的历史真实性无法考证。不过从关于他的民间传说中，我们可以推测他应该是一个下层贵族，因为他有自己的领地，还擅长射箭和用剑，绝非平庸之辈。罗宾汉的传说反映了自古以来英格兰贵族与国王之间的冲突与争斗。

而历史上真实的约翰王子，则是英格兰数一数二不得人心的国王，他被人戏称为“失地王约翰”，在他登基后，英格兰军队在欧陆屡战屡败，丢掉了大片欧陆土地，为了继续打仗，约翰王向国内贵族肆意收税，却花大笔的钱去谋求教皇对自己的支持。面对吃里爬外的国王，愤怒的贵族于1215年联合起兵，一举打败了约翰王，强迫他签署并接受历史上著名的《大宪章》。

《大宪章》主要条款包括：国王征税必须要同贵族商量并听取民众意见；任何自由民未经合理审判，不得拘捕和没收财产；伦敦等城市享有自治权；全体自由民享有自由的权利；国王如果违反《大宪章》，将受到剥夺土地、没收财产的制裁，贵族有武力反抗国王暴政的权利。

很多人认为英格兰的《大宪章》拉开了全世界限制王权、法治社会的序幕。实际上，与其说《大宪章》让英格兰人把国王的权力关进法治的笼子里，捍卫了自己的利益，还不如说，《大宪章》是英格兰人自古以来警惕权力、崇尚独立的传统的结果。这种传统甚至可以追溯到遥远的盎格鲁-撒克逊人的时代，特别是跟古老的财产所有权传统有关系。

盎格鲁-撒克逊人是欧洲大陆的古老族群——日耳曼人的一支，他们是生活在田园小村庄里的族群，与古罗马壮观华美的城市化文明不同，盎格鲁-撒克逊人偏爱乡村生活，他们大多是牧民或农夫，也喜欢做各种生意。和等级严格的古罗马人不一样，日耳曼人内部较为松散，大家都有平等的意识，甚至家庭中也不是父权为大，妇女和儿童也非常独立。

于是，作为盎格鲁-撒克逊人的后裔，英格兰人对财产所有权的意识，和古代世界许多族群都不一样。传统上，英格兰人财产权的所有者是个人而不是某个集体。

比如，某只羊属于某个人，砍伐某处树木的权利属于某个人，等等。在他们的观念中，无论是家庭权威、宗教权威或者政治权威，都不能强行剥夺一个人的财产权，除非这个人犯了法。这种对个人财产权的珍视是英格兰各个阶层的共识，大小贵族的脑子里也都是这样的思想。

还是拿“失地王约翰”做例子。在他之前，英格兰王室拥有大片的森林，约占整个国土面积的 1/4。王室获得这些森林的目的是满足打猎的需要，中世纪王室餐桌上的很多美味佳肴比如鹿肉，就来自王室森林中。森林和森林里的物产，都是国王的个人财产。1204 年，一个臣民用 200 马克和一匹马的价格，从“失地王约翰”手中购买了埃塞克斯森林的采伐权，此后德文郡的一个臣民出价 5000 马克，获得了整个德文郡森林的采伐权。当贵族们强迫约翰王签署《大宪章》时，作为惩罚，约翰王也失去了王室森林的权力，他不仅是“失地王”，也是“失森王”。

毫不奇怪，我们会在英格兰的历史上频频看到类似罗宾汉对抗约翰王子的剧情。贵族们需要一个国王带领大家征讨或防御敌人，却不希望国王侵犯自己的财产权，一旦有人以横征暴敛等方式侵犯了他们的财产权，他们就会奋起反抗，不尊重这种财产权传统的国王会被贵族群起而攻之，比如可怜的约翰王。

到了 1688 年，当时的国王詹姆士二世更改国教、解散议会、打击贵族，也闹得国内贵族纷纷倒戈，大开国门，迎接来自荷兰的威廉亲王率领的大军。说起来，威廉亲王曾迎娶了詹姆士二世的女儿玛丽，也算是一家人。在英格兰贵族的支持下，威廉亲王轻松赶走自己的岳父詹姆士二世，贵族们拥戴他和他的妻子共同担任英国国王，这就是威廉三世和玛丽女王，这一事件史称“光荣革命”。

登上王位的威廉三世深谙英格兰的传统，他十分清楚，此前的 1649 年，与议会兵戎相见的国王查理一世被贵族们打败并被砍掉了脑袋，他可不愿意重蹈覆辙。因此他欣然接受了议会提出的《权利法案》，尊重议会所代表的贵族们的要求，使英国成为一个稳定的君主立宪制国家，从此往后，英国国王与代表贵族的议会大体上相安无事，双方合作愉快。

在此说一点英国和英格兰相区别的题外话，由于英格兰和苏格兰原本是两个国家，直到 1603 年两个地区的王位才合并为一，两国的正式联合则直到 1707 年才借助《联合法案》而实现。因此，当我们谈论 1707 年之前的大不列颠岛上的政权时，应该使用英格兰、苏格兰这样的称呼。而在 1707 年之后，则应该用英国或联合王国这样的说法了。

逃离马尔萨斯陷阱

古老的财产权传统不仅左右了英格兰国王与贵族之间的纵横捭阖，催生了运转良好的君主立宪制，它还让英格兰、英国远离了一个可怕的境地——马尔萨斯陷阱。

马尔萨斯是 18 世纪下半叶到 19 世纪上半叶英国的著名学者，他以自己对人口理论的研究而为世人所知。马尔萨斯发现，人口以几何级数增长，1、2、4、8、16……而由于土地等环境因素的限制，养活人口的食物等生活资料却只能以算术级数增长，1、2、3、4、5……也就是说，正常情况下，人口增长总是快于生活资料的增长，于是人类社会总是面临人口过剩的危机，不可避免地会出现饥饿、贫困和失业等现象，过剩的人口只能通过自然灾害、战争、疾病、饥荒、道德限制等方式来“消灭”。

学者把人类社会可能面临的这一可怕现象称为“马尔萨斯陷阱”。

后世学者从马尔萨斯的人口理论出发，把人类社会的人口发展模式分成了两类，其中之一就是“高压”模式，一种表现是生育率很高，但是由于疾病流行等原因，人口死亡率也很高，于是人口数量基本上保持平衡状态；另一种表现是生育率很高，人们的身体又比较健康，于是高生育率导致人口急剧膨胀，社会落入马尔萨斯陷阱，之后发生战争、饥荒、疾病等周期性危机，导致人口下降。“高压”模式下，由于人口死亡率很高，因此人们倾向于多生育，以抗衡高死亡率。从经济学角度看，“高压”模式意味着巨大的资源浪费，这样的人类社会中，人们的生活水平长期徘徊在生存线附近。

绝大多数古代国家的人口发展模式都是这种“高压”模式。

另一种人口发展模式则是“低压”模式，人们通过低生育率来控制人口增长，控制手段包括晚婚或者高比率的不婚，或者采用流产等形式控制成活出生率，或者采用现代社会的避孕方法。总之在“低压”模式下，人口死亡率低，人类社会远离了马尔萨斯陷阱，人们的生活水平会随着生产力的发展而得到提高。

现代大多数发达国家的人口发展模式都进入了这种“低压”模式。

有趣的是，马尔萨斯陷阱的提出者马尔萨斯是英国人，而历史上英国的重要组成部分英格兰的人口却恰恰经历了一个漫长的“低压”模式过程，远离了马尔萨斯陷阱。从 15 世纪中叶到 17 世纪中叶，英格兰的人口没有增长。如果继续向前追溯几百年，英格兰人口数量的增长也相当和缓，在遭遇了 15 世纪可怕的黑死病打击后，英格兰人口还经历了陡然下降的阶段。

为什么英格兰能够长久地远离马尔萨斯陷阱？答案就在他们独特的财产权传统上。

历史上，英格兰社会长期实行家庭财产的“长子继承制”，就是父母的财产只传给长子这个单一继承人，其他子女基本上得不到家产。因为在古代的英格兰人看来，家庭财产是不可分割的，比如家里的农田、商铺，在传给下一代的时候，会整体上交给长子，而不是分割给几个孩子。

这种长子继承制基本上只出现在古代的英格兰和东亚的一些国家。这样的制度让长子很开心，但是其他的子女显然只能去社会上闯荡，自谋生路，他们的大哥恐怕也不会给他们提供多大帮助，因为英格兰人“亲兄弟，明算账”。如此的社会氛围自然会让人们倾向于少生孩子，与其生一堆孩子让他们吃苦，还不如干脆不生那么多。英格兰社会有着晚婚的传统，妇女第一次结婚的年龄经常在 26 岁以上，而且有高达 1/4 左右的妇女一辈子不结婚。我们看一些描写英国近代生活的小说，就会发现里面有很多不结婚的女人形象。

晚婚、少育对英格兰人口增长的抑制作用很明显，让这个国家几百年人口都没有什么增长，当然，频繁的内战和外战也起到了一定的减员作用，但最主要的原因还是财产权传统带来的人口“低压”模式。

在普通的观念中，英国是在工业革命时期开始腾飞并称霸世界的，至少也是在大航海时代开启一段时间后，才开始在海上与列强争雄的。其实不然，英格兰的崛起还要追溯到更早的时候。15 世纪中叶到 17 世纪中叶，英格兰的国民财富以平均每年 0.25% 左右的速度递增，人口却未增长。结果，在这两百年的末期，英格兰的人均财富比初期翻了一番。

听上去两百年人均财富才增加一倍并没有什么了不起，但是我们不要用现代社会的经济增长来比较过去。在古代乃至近代相当长的时期，人均财富的增长近乎为零。就拿同时期的中国来说，大概相当于明朝到清初的时候，人口的增长完全抵消了粮食等的增产速度，大众的生活水平始终离生存线很近。同时期西欧以外的欧洲大陆也基本上是这种情况。

所以在工业革命之前，英格兰的人均财富能够实现翻一番，已经非常了不起了。在我们探究英国何以能够称霸全球的时候，首先需要明白，在工业革命之前，英国就已经发动了一次领先世界的农业革命。

可恶！爱心地被人霸占了

在 15、16 世纪的英格兰，草地、森林、沼泽等都属于公共用地，谁都可以使用。耕地虽然是有主人的，但是按照当时的习俗，在收割完庄稼后，农场主也要把栅栏拆除，敞开耕地，作为公共牧场，任由他人来放牧。

出现这样的规定有气候的原因。英格兰的气候太湿太冷，除部分地区外，无法常年种植小麦，但是这里的很多地域都是好的牧场，有着肥美的青草，适合蓄养绵羊、奶牛和马匹。农地和牧场可以转换。

当时英格兰对外贸易开始发展。做贸易就得拿出别人想要的货。从中世纪开始，未加工羊毛就是英格兰的主要出口产品，成为英格兰经济的支柱。16 世纪，半成品的纺织品成为英格兰主要的出口货物。1600 年，羊毛和精纺毛织品占英格兰总出口的 2/3。

羊毛当然是出在羊身上的，养羊能赚钱，于是人们开始养羊。

这些英格兰牧民开心地发现，自己国家的草场属于所有人，耕地在收获之后也可以随意进入，这简直就是 16 世纪的开心农场里的爱心地嘛。大量的牧民驱赶着自己的羊群，扑向了所有长着草的土地。

糟糕的事情发生了，英格兰人很快发现，他们的土地开始退化，同样地块能饲养的羊变少了。

羊多草少，一些地方贵族为了使自己的羊群有草吃，开始用围栏将公共用地圈起来，据为己有，禁止其他人在圈起来的地里放羊，著名的“圈地运动”开始了。一开始这些有权有势的人圈的是公共草场，等到公共草场瓜分完毕后，贵族们开始利用各种手段，把一些农民从他们自己的土地上赶走，把土地变成私人牧场，大批农民和牧民在圈地运动中失去了对原有土地的所有权。由于大批民众流离失所，生活窘迫，一些有良心的学者怒称，圈地运动是“羊吃人”，为了自己的私利养羊，却把人从土地上撵走。

圈地运动的结局却给了这些学者当头一棒。

没过多久，英格兰人惊奇地发现，自己国家的土地质量变好了，到处都是绿草如茵的田园风光。是圈了地的贵族们都是环保人士，不养羊了吗？显然不是，当时英国养羊业稳步增长，到 16 世纪 50 年代初，达到了养羊业的高峰，大量羊毛出口海外。

许多土地用来养羊，英国的粮食产量会不会下降呢？

竟然也没有！在羊毛大量出口的同时，谷物并没有因圈地而减产，反而有所增加。据记载，英国在16世纪上半叶，平均每个港口出口粮食90吨，到下半叶就涨到了300吨。16世纪下半叶，英国的粮食出口量比15世纪上半叶高出6～8倍。这些出口数据表明，当时英国的粮食不仅能满足本国的需要，还能大量出口。在17～18世纪，英国甚至被称为“欧洲的粮仓”。

对此，一位经济学家评论说：“这不是一个童话现象，而是一个突出成就的反映。”

当时的一首诗也反映了圈地运动后的情景：

走尽天涯海角
任凭你寻找
有哪里能比圈地更美好
生产更多的牛羊肉
最好的谷物、奶油和干酪

圈地运动为什么在英国刺激出了更多的物产，还让环境没有恶化呢？

要回答这个问题，让我们置身于一幕场景中。

假设你是一个牧民，与其他一些牧民一同在一块公共草场上放牧。你想多养1只羊，增加自己的收益。当然你也知道，这个草场上的羊已经太多了，再增加羊的数目，将使草场的质量下降。

这时候，你还想多养1只羊吗？请从自己的经济利益角度思考半分钟。

显然，如果每个人从一己私利出发，就会毫不犹豫地多养1只羊，因为收益完全归自己，而草场退化的代价则由大家负担，平摊到自己头上的损失远远小于多养1只羊获得的收益。但麻烦的是，当每一位牧民都这样思考时，经济学中所说的“公地悲剧”就上演了——草场持续退化，直到无法再养羊，而所有的牧民也将面临破产，所有参加“游戏”的人最后全是输家。

怎样才能避免这种公地悲剧呢？

英格兰的圈地运动就是一个还算成功的案例，其成功的奥秘就是土地产权的建立。当英格兰的土地被圈起来，由公地变成私人领地的时候，那些贵族拥有者对土地的管理更高效了。一方面，既然土地是自家的，为了自己的长远利益，土地所有者会尽量保持草场的质量，不会过度放牧。另一方面，土地兼并后，原来一家一户的生产方式演变为大规模的生产方式，劳动效率大大提高。

由于大片土地归属农场主自己所有，他们更愿意尝试新技术和新作物。他们在土地上更多地使用肥料，种植苜蓿等固氮植物；更多地使用根块作物做冬季饲料，从而使更多的牲畜能够平安越冬；进一步增加马力等畜力的使用，引进更多风车和水车，英格兰的农业越来越机械化；实行农田轮作新法，避免了1/3的土地被迫休闲；改善农作物的运输和储存；开展动物育种实验，改良了猪、牛、羊、马的品种。这一切活动同时开展，提高了农业生产力。

过去人们以为圈地运动使英格兰乡村人口锐减，但是事实上，人口减少仅仅是暂时现象，当那些大农场主引入农耕新技术后，反而增加了对劳动力的需求，农业人口又有所增加。直到19世纪下半叶，随着打谷机、收割机、蒸汽引犁等高效农业机械的引进使用，英格兰地区农业劳动力的绝对数量才开始减少。

与此同时，英格兰地区的农业生产率继续提高，不仅能够养活迅速增长的人口，而且使营养条件得到不断改善。1600 ~ 1800年，英格兰可供牲畜消耗的燕麦产量翻了4倍，年产量增长了近90万吨。1600 ~ 1800年，谷物净产量的总数翻了将近3倍，同期人口则从416万提高到了867万，这意味着人均谷物供应量增加了将近 40%。1660 ~ 1760 年，英格兰地区农产品还保持了将近一个世纪的贸易顺差。

高效的农业、增产的粮食带来了英国人口的增加，然后更多的人口进入城市里的工厂，英国工业获得了大量的劳动力。1600 ~ 1800 年，英格兰地区的人口中从事农业的人百分比下降了将近一半，从占总人口的 70% 降至 36%。

从道德上讲，圈地运动是不公正的，贵族往往用权势和暴力非法获得土地，但从结局上看，不公正总比完全毁灭要好。如果没有圈地运动，小小的大不列颠岛可能早就被绵羊啃成了沙丘。

圈地运动让英国农牧业突飞猛进，最终给所有的英国人带来了实惠。

早在 1590 年，一位欧陆的法学家访问英格兰后评论道，大地上硕果累累，牛羊成群，这使当地居民养成了饱食终日、不事农耕的习惯，以致 1/3 的土地未经耕作，仅用于放牧。山坡上徜徉着一群群的绵羊，那是名副其实的金羊毛，是当地居民的主体财富。商贾将大把金钱带到岛上来，主要就是为了交易这项货物。和法国人相比，英格兰居民消费面包较少，消费肉食更多，而且喜欢在饮料中加很多糖。史有甚者，他们的床上铺着花毯，即使农夫也不例外……他们的房屋一般是两层楼……装有玻璃窗户的房屋在这里屡见不鲜。

从 17 世纪英国人的食谱中，我们就可以看出来他们的富裕程度。当时英国底层的农民及劳工平时都可以吃到肥腊肉、肥咸肉、干奶酪以及粗面包等，以致当时有人认为："世界上再也没有一个国家，其低层阶级的人能比英格兰人有更好的食品。"这就是圈地养羊，建立了土地产权后所带来的最直接的效益。

土地不会动，它固定在一个位置，使人们可以成功地建立起土地产权。现在世界上土地保护好的地方，往往都建立了土地产权，而那些土地破坏严重的地区，恰恰是还没有建立土地产权的地区，从反面印证了产权对付公地悲剧的有效性。土地产权制度解决了人的私利性和生态环境之间的矛盾。

工业革命开始后相当长的一段时间，农业依然是英国的主要经济部门。1780 ~ 1830 年，英国平均每年的国民收入中有 1/3 的份额来自农业。农业在 19 世纪以前是英国主要的经济支柱。

一纸空文照亮殖民者梦想

高效的农业生产给英国摆脱马尔萨斯陷阱打下了坚实的生活物质基础，而向海外的殖民拓展则进一步让英国远离了马尔萨斯陷阱，并日益强大。

英国的农业内功已经练得炉火纯青为天下各国所仰视。但是在海外扩张领域，英国只是一个后来者。西班牙、葡萄牙从美洲搜刮来一船又一船的金银，荷兰垄断了亚洲的香料贸易，一个个富甲天下。英国国王看着这些邻国的财富，十分眼馋，也想分一杯羹。但相对于权力很大的西班牙王室及法国王室，英国国王受到贵族议会的限制，自己并没有多大力量，无法以国家的名义去远征海外。

怎么办呢？不能给海外殖民者实的东西，就玩点儿虚的吧。英国王室授权属下臣民，允许其中的探险家成立私人殖民公司，可以前往亚洲、美洲去开拓殖民地。王室还装模作样地给这些探险家颁发了“皇家特许状”，向他们做出承诺，只要他们能在殖民地生存下去，就可以在自己建立的殖民地上拥有开发、管理和贸易等诸多垄断特权。

一句话，国王很看好你们，但你们只能自力更生、自我发展、自生自灭，自己“打怪升级得装备”去吧。

令人意想不到的是，就是皇家特许状这一纸空文，激发起无数英国人的万丈豪情。1606 年，伦敦的 21 名商人从国王那里取得在北美洲北部地区殖民的皇家特许状，成立弗吉尼亚公司，集资运送了几百名移民到北美洲，建立了第一个永久殖民地。

还没见到财富的影子，这些殖民者先品尝到了冒险的艰辛。没有正规军保护，各种物资缺乏，殖民经验不足，这些不利因素让英国早期的殖民者还没有享受到丰收的喜悦，就命丧黄泉了。1623年，王室进行的一次调查表明，移民到弗吉尼亚的6000人中有4000人已死去。如此高的死亡率都没能阻挡英国的渔民、农夫、退伍士兵和不安分的士绅前赴后继，跨越大西洋，扑向那片陌生的新大陆。

是什么让这些英国人视蛮荒的危险于不顾，远离故土去冒险呢？

一个很大的原因就是长子继承制，让那些几乎两手空空的非长子不得不跨越大西洋，到美洲大陆去一赌自己的命运。而英国王室秉承着古老的财产权传统，以皇家特许状的形式，承诺本国殖民者拥有对殖民地的各种产权，他们只要成功地开发了殖民地，并长久地扎下根来，王室便承认他们对土地、物产的私人产权。未来的收益虽然是虚无缥缈的，但只要在殖民地辛苦耕耘，就有见到财富的希望。

希望！皇家特许状给了两手空空的殖民者希望！

私人产权绝不仅仅保障了殖民者的未来收益，它对于英国的崛起也起到了至关重要的作用。让我们对比一下西班牙的情况，就一目了然了。西班牙人到海外开拓殖民地时，大多获得了国王的资助，但同时国王也宣布，他们征服的土地以及土地上的物产，都归西班牙国王所有。殖民者并不是殖民地的主人，他们只是在殖民地上为国王这个老板打工而已。如果老板哪天不高兴了，可以直接解雇了这些打工仔，然后换一批打工仔过去管理。

没有对土地的私人产权，殖民者自然不会考虑殖民地的长久经营。西班牙殖民者每到一地，干的就是两件事情，一是杀掉当地的印第安人，二是抢夺财宝和矿藏。短期获利是丰厚的，但资源掠夺殆尽后，西班牙的殖民地只剩下荒芜和贫穷。

英国殖民地的情况则完全不同。英国向海外殖民之初，军事力量还不足以和先行一步的西班牙人、葡萄牙人抗衡，所以置身海外的英国殖民者只能避开强大的西班牙、葡萄牙殖民者，在人迹罕至、矿产贫乏、土地荒凉的北美大陆建立殖民地。英国的美洲殖民地刚建立的时候，能吃饱肚子就已是万幸，根本谈不上发家致富。但是，由于土地是自己的，英国殖民者对殖民地的建设思路就不是掠夺式的，而是发展式的。他们开拓种植园，种植市场需要的烟草、棉花等经济作物，慢慢地摆脱了贫苦的状态。

比如詹姆士顿的约翰·罗尔夫。詹姆士顿是英国清教徒乘坐“五月花号”帆船横渡大西洋后在北美建立的殖民据点，属于弗吉尼亚州。1610 年，25 岁的罗尔夫随着第三批前往北美弗吉尼亚殖民地的英国移民来到这片蛮荒之地。罗尔夫在詹姆士顿定居下来，还与本土印第安部落酋长的女儿波卡·洪塔斯相爱并结婚，成为美国历史上的一段浪漫佳话。但罗尔夫对于美国的影响可不只是提供了一个爱情故事素材，他让殖民地经济终于站住了脚，并开始腾飞。

罗尔夫喜欢抽烟，可是在那个时代，不论是北美殖民地还是英国本土，烟草都稀少而且昂贵。他发现弗吉尼亚的气候非常适合烟草生长，于是自力更生，自己种植了一些当地的品种，获取烟叶供自己享用。但是本地烟叶质量很差，烟味刺鼻难闻。

没有什么能够阻挡一个吃货对于美食的热爱，也没有什么能够阻挡一个烟民对于好烟的追求。

“抽一口好烟”的欲望驱使罗尔夫从西印度群岛引进优良的烟草品种，栽种在弗吉尼亚的园子里，结果大获成功。备受鼓舞的罗尔夫开始建立以出口为目的的烟草种植园，把自己收获的优质烟草卖到欧洲去。1613 年，罗尔夫种植的烟草就开始出口，其他移民看到有钱赚，也迅速跟进种植烟草。别忘了，当时北美殖民地的粮食还不能自给自足。

烟草种植和出口势不可当，1616 年，弗吉尼亚出口了 2500 磅烟草；

1620年，出口量猛增到11.9万磅；1626年，出口量达到33.3万磅；而到了1638年，出口量为310万磅。那段时光中，烟草甚至成了当地最重要的货币，政府征税都直接以烟草磅数来计算。有趣的是，当时弗吉尼亚性别比失衡，男性人口占绝大多数。1619年，一艘满载女性的船只抵达当地后，男性移民们可以花120磅烟草的价格娶到（买到）一个妻子。烟草已然成为北美殖民地最大宗的农产品。在棉花种植业成为北美殖民地南方区域的支柱产业之前，烟草种植园一直支撑着弗吉尼亚及其周边地区的经济。

英国政府对弗吉尼亚烟草种植业大开绿灯。还是在1619年，为了满足移民们开辟烟草种植园的土地需求，英国从事美洲贸易的弗吉尼亚公司制定政策，给予任何自费前往弗吉尼亚并住满3年的移民50英亩（1英亩约合4047平方米）土地；一家之长还有权为每位家族成员和随行仆人申请50英亩的土地。于是，那些带领全家移民到弗吉尼亚的英国人到达北美后，很快就能获得相当大面积的土地，发家致富。

创造财富的决定性因素是人，而非优质的土地和金矿银矿，因为有梦想和干劲的人能够把荒凉的土地变成良田，把贫瘠的土壤变成黄金。

在英国100多年的北美殖民史中，英国人先后建立了13个殖民地。此外，英国还在西印度群岛、印度、非洲、澳大利亚等地建立了殖民地。曾经落在人后的英国，正在依稀展现出大英帝国的风采。

需要强调的是，到了17世纪初，英国这些海外殖民地的贸易都是被各种私人殖民公司所掌控的。比如我们熟悉的英国东印度公司，就掌握了印度、中国、香料群岛的贸易，弗吉尼亚公司则掌握着美洲地区的贸易，非洲公司控制着西非地区的贸易……

英国的这些殖民公司与我们前面谈到的荷兰东印度公司很相似，具有现代企业的许多特征，比如设立董事会，保值增值股东的利益，更为重要的是，英国的殖民公司一样坚持商业上的契约精神。

比如1738年3月，英国东印度公司的一艘船从中国装载大量瓷器返回欧洲。途中在马达加斯加附近海域遭遇强风，船只失去主桅杆，海水大量浸进船舱，船只濒临沉没。船长决定弃船，命令全体船员转移到附近的同行船只上。一个叫约翰·迪恩的水手并没有放弃，他和其他若干水手千方百计驾驶船只回到了港口，此后这艘船又险象环生，但最终还是保住了，约翰·迪恩生还并回到了伦敦。然后，他出现在东印度公司董事会上，要求公司为自己忠实坚守岗位的行为支付相应的报酬。董事会为他坚韧不屈和忠于职守的契约精神所感动，同意向他支付100英镑的养老金，并任命他为伦敦药品仓库主管。

一个为公司挽回损失的员工，理应得到公司的回报；一个为国家创造收益的私人公司，理应得到国家的保护。这是当时英国社会的普遍观念，也是当时英国能够上下一心的奥秘。

小店主的国度

秉承着古老的财产权传统，英格兰人的性格十分独立，不仅贵族在面对国王的时候不卑不亢，全力捍卫自己的利益，各个阶层的民众同样如此。

英格兰人从骨子里强烈反对让政府替自己做事，哪怕做得再好也不行。他们反对政府接管自己事情的态度，就是表示自己想独立来做。他们喜欢当家做主，甚至做蠢事也在所不惜，“我宁肯把自己的田犁得乱七八糟，也不把犁铧让到政府的手中”。

正是这种紧握自己命运的态度，特别是对个人财产权的捍卫决心，上层贵族限制了国王的权力，下层贵族限制了上层贵族的权力，而普通大众又限制了下层贵族的权力，整个社会的个人财产权得到了捍卫。

有对比才知好坏。约翰·福蒂斯丘是一位英格兰大法官，1461年他曾陪伴年轻的国王亨利六世流亡法国一段时间。流亡期间，他写了一本书，对法国和英格兰的政府制度进行对比。

他发现在法国，“种种祸患（军队的掠夺，盐税之类的苛捐杂税，等等）纷至沓来，人民饱受蹂躏和压迫，生活苦不堪言，每天喝白水，只有在隆重的宴席上，下等人才能尝到别种饮料。他们的短褂是麻制的，无异于麻袋。他们从未穿过羊毛面料，除非是极其粗劣的，而且只穿在所谓的上衣里面作为内衣，更不穿什么短袜，膝盖以下的腿部完全裸露。妇女赤足行走，只有逢圣日才会穿鞋。无论男女都吃不上鲜肉，只能将少许猪油或咸肉放入粥汤之中，借以见点荤腥。至于烤肉或烩肉，则完全无缘品尝，只有在屠宰牲畜，以饷贵人和商贾时，才能偶尔分到一点羊头牛脑或下水。”

而反观英格兰，人民的地位如在天上。这里没有横征暴敛，军队不能闯入民宅，国家也不征收国内税，因此，“（英格兰）王国的每一个居民可以随意享用自己的土产或畜产，享用自己劳动所获的利润和商品，享用雇用劳动力带来的水陆收益”。

自己人难免会夸大自己家乡的美好，那么旁观者如何评价当时的英格兰呢?

几十年后的1497年，威尼斯驻英格兰大使撰写了一份报告，写下了他对英格兰的印象。当时英格兰经历了百年战争，打完了国内的玫瑰战争，把欧陆上的领土丢得一干二净。就是在这样的时刻，大使还是被英格兰的财富震撼了，“英格兰之富裕，欧洲任何一国都不能望其项背”。他认为英格兰的富裕应当归功于“土壤的极度肥沃”“贵金属锡的销售”“羊毛的非凡丰产”。

更令人瞩目的是，据他观察，英格兰的财富分布得相当广泛：“小客栈的主人无论多么贫贱，没有不用银碟银杯上餐的。没有一个人不在家中备有银盘银碟，总价至少为100磅，相当于我国的500金克朗；不备此物的人被视为无名鼠辈……他们最了不起的财富体现于教堂的宝藏：全王国没有一个教区教堂穷酸到无力拥有十字架、烛台、香炉、圣餐盘和银杯。”

这位大使看到了英格兰的独特之处。大多数古代国家的财富分配结构是尖锐的金字塔形，社会由一小撮精英（如国王和少数贵族）和巨大的穷人群体构成，前者占有绝大部分社会财富。但是在当时的英格兰，已经形成了一小撮贵族、庞大的中产阶级、普通民众的社会结构。即使是普通民众，他们的生活也并不艰难，同其他国家的手工业劳动者相比，英格兰工匠们的工资更高，所以他们可以在衣食上花更多的钱，因此也更为健康。普通民众和中产阶级手里有钱，使得英格兰国内的消费能力非常强劲，本国的制造业、商业也变得很发达。

这位大使看到，货币交易和贸易遍及英格兰全境，“普通百姓要么投身于贸易，要么投身于商业，要么从事航运业。他们孜孜从商，甚至不惜立契借高利贷”。

当时的英格兰人多么热衷于发家致富？看看莎士比亚就知道了。

莎士比亚的父亲是一个手套商人，后来经营羊毛业，还曾担任过镇长和法官。但后来家庭出现变故，他父亲开始变卖田产、抵押房屋，还因为负债上过法庭。后来，在莎士比亚的努力下，整个家庭的经济状况大大好转了。

莎士比亚是靠什么赚到了钱呢？我们都知道他是一个剧作家，而且可能是有史以来最伟大的剧作家，但其实，他从戏剧上赚到的钱并不算多。有人研究后发现，莎士比亚每写一部剧本，只能挣 5 ~ 10 英镑。我们知道，1 英镑等于 20 先令或 240 便士。在莎士比亚所在的时代，1 英镑能够买到一匹马，问题是马的价格差别很大，普通的老马在英国并不贵。当时 1 升葡萄酒卖 1 先令，1 张床卖 4 先令，1 打鸡蛋卖 4 便士，1 根蜡烛卖 0.8 便士。此外，整个剧团演出一场能收入 10 英镑，但剧团人员很多，大家要一起分这笔钱。1623 年，莎士比亚出版了自己的第一部剧作集，收录了 36 部剧本，售价是 1 英镑，而当时 1 千克烟草就要卖 4 英镑。

莎士比亚能够富起来并拯救家庭，靠的是他优秀的投资理财能力。

首先莎士比亚是一个很简朴的人，他用于投资的钱是省吃俭用攒下来的。他不得不在伦敦这个大城市生活，租的房子都比较简朴，房间的陈设很简单。莎士比亚不喜欢交际，不喜欢寻欢作乐，如果接到正式邀请不得不去聚会，他甚至会用身体不适作为借口来推脱。他不是酒馆的常客，也不是朋友们熟悉的同伴。

莎士比亚把积攒下来的钱投入了剧院，成为剧院的股东。从1594年起，他陆续成为国王剧院、环球剧场、黑修士剧院的股东。到1613年卖掉这些股份之前，莎士比亚每年平均能从股东分红中获得200英镑的收入。

所以各位读者请注意，莎士比亚写剧本是为了赚钱吗？不，作为股东的莎士比亚写剧本，那绝对是为了情怀和理想啊！

有了钱的莎士比亚也购置房产和土地。比如1597年，他花60英镑购买了第二套住宅；1602年，他又用320英镑买下了一块100多英亩的耕地；几个月后，财大气粗的莎士比亚又收购了包含房屋和花园的一块15亩的土地；1605年，他豪掷巨款440英镑，买下一个地区“谷类、禾叶与草料”的什一税的一半份额，这笔租税可使他每年收益60英镑。

莎士比亚一生的投资以稳定、安全为主，这已经足以让负债的家庭摆脱经济困难，并过上好日子。1610年，莎士比亚从伦敦隐退，作为一个投资广泛的有钱人回到了家乡小镇。晚年的莎士比亚生活富足，被人尊称为“埃汶河畔斯特拉福镇的绅士”，他应该很满意自己的宽裕生活，正如他满意自己写的那些剧本那样。

在当时的英格兰，何止是莎士比亚这样的普通百姓热衷于赚钱，英格兰的大小贵族和中产阶级以及普通百姓一样，都热衷于赚钱，甚至于贵族和百姓会从事同样的职业，只要有钱赚。更加意义深远的是，贵族与百姓之间并不是等级森严的，他们彼此之间可以通婚。法国启蒙思想家伏尔泰一针见血地指出：“英格兰人之所以强大，是因为自从伊丽莎白时代以来，所有的党派一致赞成重商的必要性，同一个议会一边斩国王之首，一边若无其事地忙于海外商栈的业务。”

英格兰人自嘲本国是“小店主的国度”，从莎士比亚的理财案例中，我们可以很清晰地看出英格兰人的这种品格。在当时的欧陆国家或者东方的亚洲国家眼中，英格兰真是个“君不君、臣不臣、民不民”的古怪国家。然而，这个古怪国家以尊重个人财产权为社会根基，拥有了超越那些“正常国家”的发达农业、制造业、商业……很快，这个古怪国家将在全球掀起一股英伦飓风，震惊全世界，征服全世界。

第六章｜工业革了全世界的命

如果仅仅靠出口羊毛和粮食赚钱，英国也只能算是个近代农牧业大国，而当时地大物博的国家多得很，轮不到英国称王称霸，小店主们只能在国内自娱自乐。圈地运动只是让英国达到了小康社会而已，真正发家致富，就得“内力”和“外功”兼修，这里所说的内力，是指一个国家的制造业生产能力，从18世纪中叶开始，英国依靠全球首发的工业革命，完成了内力的提升。

英国的工业革命是如何发生的呢？

煤与工业，鸡生蛋还是蛋生鸡

致伦敦市长：

为伦敦城的国王供应一船海煤和四盘石磨，以供国王在温莎城堡的磨坊之用，通过水路把它们运送到那边，交给王室城堡总管，不得拖延和违抗。

1264年7月23日

上面是13世纪英格兰王室发出的一则征购令，让历史学家感兴趣的是，里面指定了所需的燃料——海煤。

英国大规模使用煤作为燃料的历史很悠久，实际上自从中世纪以来，开采煤炭就是英格兰人的一项重要活动。在中世纪的英国，陶器业、瓦业、玻璃业、冶铁业、炼钢和石灰行业就广泛使用煤作为燃料。到了12世纪晚期，英国人热衷于修建石头建筑，需要烧制大量的石灰作为建筑材料；农民为了降低土壤的酸度，也会把熟石灰撒进土壤以改善土质，农业对石灰也有很大的需求量。为了烧石灰，英国对于燃料有着旺盛的需求。但随着英国人口的增长，对森林的砍伐迅速增加，伦敦等城市周围的森林很快消耗殆尽，木材价格高涨。于是，海煤运输业应运而生。

当时的英国人把燃煤叫作海煤，因为大量的煤是通过海运、河运输送到英国的沿海城市，以及通过泰晤士河输送到首都伦敦。和木材价格飙升相比，在整个13世纪的大部分时间，英国的燃煤价格相对稳定。因为当时煤炭的使用领域还比较少，相对于消费量来说，供应量还算充足，而且很多船只在运货的时候，可以把煤作为压舱物来使用，运输成本不高。

工业革命的能量来源是煤，有的学者认为，正是因为英国对煤的大量使用，推动了工业革命的诞生和发展。然而从上面的事例我们可以看到，煤与工业革命的关系并不简单，煤炭的大量使用远远早于工业革命。

到16世纪中叶，煤炭就已经占到了英格兰全国能量总消耗的10%左右。到了1700年，此时距离工业革命开启还有相当长的时间，煤炭在能源消耗中所占的比重已经达到了50%，到1750年则进一步占到了60%。另据估计，1700年，英格兰的产煤量是世界其余地区的5倍。到了1800年，英格兰的产煤量仍为欧洲其余地区的5倍。

在开采煤矿、启动工业革命的蒸汽机完善之前，英格兰人就已经大量使用煤炭，并在许多领域中使用煤炭了。在17世纪末，伦敦人甚至已经将煤炭作为初级的水泵发动机燃料。

英格兰人能够在很早的时候就如此大规模地使用煤，首先当然要感谢上天的恩赐——大不列颠岛上煤矿资源丰富，有煤可用。但是煤矿丰富的国家其实还有很多。地理学告诉我们，整个欧亚大陆的中部偏北，有一条巨大的煤矿分布带，从大不列颠岛一直向东延伸到中国的东北地区乃至朝鲜半岛和日本列岛，所以除了英国之外，法国、比利时、德国、俄国、中国、朝鲜、日本等国也都有丰富的煤炭资源。但是同近代早期的英格兰相比，这些国家对煤炭的利用程度很低，煤田没有得到大规模的开采。

这些国家为什么没有更多地使用高热量的煤呢？英格兰有什么特殊之处，能够在全球率先大规模使用煤呢？

在原料供给并不存在障碍的情况下，问题的关键就在于消费需求方面了。近代的英格兰对煤炭原料有着旺盛的消费需求，这说明早在工业革命之前，国内制造业就非常繁荣。

同时，英格兰国内的投资资本和科学技术也让煤炭的大规模开采和使用变得有利可图，这些都是其他国家不可能全部具备的前提条件。英格兰从很早就能够高效率地使用畜力、风力和水力，进而可以高效率地开采和利用煤炭资源了。

在其他国家，或者制造业对煤炭的需求不足，或者没有足够的投资资本，或者没有必要的科学技术，让那里的人们利用煤炭发展制造业的成本变得很昂贵，得不偿失，所以他们只能依靠传统的人力、畜力进行小规模的制造业生产。

所以，并不是因为英国本土有大量的煤矿资源，才激发了日后的工业革命。实情是，英格兰制造业的繁荣带来了对煤的大量消费需求，并且让英格兰在工业革命开始之前，就经历了对煤炭使用技术的长期积累过程，以及对煤矿开发的资本运作和企业管理的逐渐提升过程。

英国的工业革命看似是一个横空出世的新玩意儿，其实此前已经有了一条“长长的加速跑道”。当历史走到 18 世纪中叶，英国巨轮已经万事俱备，只欠一个工业革命的突破点了。

瓦特背后的神秘社团

提到工业革命，人们就会想到瓦特和他发明的蒸汽机。但瓦特改良蒸汽机的过程，绝不是看到水蒸气顶翻了水壶的盖子，就如法炮制造出了改变世界的蒸汽机。瓦特碰到的困难远比我们想象的要多，幸亏，一个神秘的社团站在瓦特的身后，多次向瓦特伸出了援手。

瓦特的父亲就是一位造船工程师、建筑师和航海设备制造者，瓦特子承父业，少年时代就开始制造仪器模型，后来到伦敦仪器制造行业做学徒。出徒后，他回到家乡格拉斯哥，于1757年在格拉斯哥大学建立了自己的仪器制造作坊。1763年，他接了一个修理纽科门蒸汽机模型的活儿。他惊讶地发现，当时流行的纽科门蒸汽机浪费了其本身热能的4/5。瓦特着手研究如何提高蒸汽机的热效率。他设计了一种分离式的蒸汽冷却器，让蒸汽机内的汽缸可以维持热度，仅此一项发明，就让纽科门蒸汽机的效率提高一倍。信心“爆棚”的瓦特在研发高效蒸汽机的道路上一路前行着。

当时英国采煤业方兴未艾，但煤矿主对一个问题非常头疼——矿井浸水。地层和地面的水会渗入矿井中，使矿工们没办法继续工作。只有用高效的抽水机把水抽出来，才可以继续开采矿井里的煤。要制造高效的抽水机，就需要发明高效的蒸汽机，提供动力。

瓦特决心解决这一难题。但是研发高效蒸汽机困难重重，他经历过无数次失败，许多投资都打了水漂，把投资人搞破产了。雪上加霜的是，此时瓦特的妻子去世了，倒霉到极点的瓦特在悲观、贫困、苦闷和失望之余，打算离开英国这片伤心地，偷渡到俄国去，在冰天雪地中了此残生。

就在这时，一个叫博尔顿的人找到了瓦特。此人原本是个纽扣商人，富有雄心壮志和大胆创造的精神，对任何机械方面的改进都感兴趣。1760

年，他建造了当时最现代化的索霍工厂。工厂中装配了几十台机器，由1000名工人操作，生产从发卡到望远镜等大小几十种当时被视为十分时髦的工业产品。当时，博尔顿有一个工厂是以水轮机为动力生产的，一到旱季水量减少，工厂就无法生产，这让博尔顿很烦恼。

博尔顿听说瓦特长期研制新型蒸汽机的事情，觉得人才难得，便极力挽留瓦特继续干下去，博尔顿给瓦特提供试验车间和厂房，并拍着胸口保证，将来蒸汽机所带来的收入的一半归发明人瓦特所有。他甚至让出了自己的老房子给瓦特一家居住。

让瓦特惊掉下巴的事情还在后面，博尔顿介绍他参加了一个神秘的组织——月光社。这个社团里的成员，都是当时英国科学界响当当的人物，比如创始人之一的伊拉斯谟斯·达尔文，此人是提出进化论的查尔斯·达尔文的爷爷，当时英国最有名望的医生，据说当年英国王室想聘请其担任皇家御用医生，竟然被其婉拒了，连国王的面子都不给。

瓦特是工厂学徒工出身，早年接受的科学教育很少。在月光社里，瓦特算是大开眼界，他结识了化学家普里斯特利，后者告诉瓦特什么是氧气，什么是二氧化碳。月光社里的天文学家向瓦特讲述了行星围绕太阳做圆周运动，这启发了瓦特研究出一套类似星系的齿轮联动装置，把当时活塞的往返直线运动转变为齿轮的旋转运动。

瓦特研究蒸汽机屡次失败的一个主要原因是，手工锤打的锡制汽缸总是漏气。此时，月光社另一成员、绰号“铁疯子”的威尔金森向瓦特伸出了援手。威尔金森拆卸了瓦特的蒸汽机样品，发现汽缸外面作为密封条的竟然只是浸水的绳子，汽缸壁粗糙得如同不列颠岛的海岸线。

这不是蒸汽机，这是漏气机啊！

威尔金森的独门绝技是拥有高质量的车床，可以进行高精度的金属切割，从而制造出打得更准和更远的火炮。当时英国的乔治国王都要到威尔金森的工厂采购这样的火炮，来镇压北美殖民地的反叛。车床可以造火炮，当然也能造汽缸。威尔金森用他的钻镗工具重新铸造了瓦特易漏的汽缸。他发现重新铸造后的汽缸密不透气，比起原先的引擎，使用新汽缸的引擎可以产生 4 ~ 5 倍的动力，已经可以使风箱运转。新的蒸汽机可以提供 25 ~ 40 马力的动力，是原来蒸汽机所能提供动力的 5 ~ 8 倍。

威尔金森是个通情达理的商人，他告诉博尔顿和瓦特，“本人可以把你们的蒸汽机性能提高 5 倍以上，想不想用我的高质量汽缸？我可以卖给你们汽缸，但你们只能从我这里订购，我要独家供应权”。

成交！博尔顿和瓦特毫不犹豫地同意了。

即使有了这些科技牛人的鼎力相助，瓦特仍旧一次次地失败，连财大气粗的博尔顿也快被拖破产了，不得已出售自己的家产。幸亏瓦特受到了达尔文的爷爷发明的鹅毛笔的启发，设计出一种压印机，在市场上很畅销，回笼了资金，继续蒸汽机的研发。

1782 年，一种全新的双向式蒸汽机终于诞生了，同一年，瓦特还发明了一种功率单位——马力。

蒸汽机订单滚滚而来，比如，一个叫韦奇伍德的陶瓷厂老板就大规模地使用瓦特和博尔顿生产的蒸汽机。此后，瓦特对蒸汽机不断进行改进，英国的纺织业、采矿业、冶金业、造纸业等工业部门都对他们的蒸汽机非常满意。博尔顿和瓦特终于熬到了获取回报的一天。

当时，好奇的英国国王乔治三世也来参观蒸汽机制造厂，问博尔顿制造的是什么东西，博尔顿回答说：“陛下，我正忙于制造一种君主们梦寐以求的商品。”国王一听，这机器居然和我本人有关啊，忙问到底是什么呢？

博尔顿回答道：“是力量，陛下。”

博尔顿和瓦特的蒸汽机降低了人们获取动力的成本，据估计，使用蒸汽机的成本大约只是原来使用马匹成本的 1/10。成本下降必然带来工厂、矿山生产效率的提高。

一个蒸汽机时代冒着滚滚热气向人们冲过来，机器动力的国家将迅速碾压几千年来依靠人力和畜力的国家，这就是让博尔顿豪气冲天的“力量”。

1786年，所有伦敦居民惊讶地看到，在当时世界上最大的面粉厂里，两台蒸汽机正在推动50对石磨一起工作，这只是蒸汽机的“雕虫小技”而已。瓦特革命性的现代蒸汽机能够排出矿井中的透水，大大提高了英国煤矿和其他矿产的采掘量，而抽出来的水，又可以作为运河交通网络供水的补充资源，得到有效利用。蒸汽机还可以用来抽取河水，满足日益扩大的城市供水系统的需要。有些蒸汽机给炼铁炉鼓风，从而让英国高质量铸铁的生产量快速上升。到18世纪末，英国的铁产量已超过20万吨，且几乎全部采用焦炭熔炼，英国成为金属铁与铁制品的净出口国。蒸汽机直接用来给各类工厂提供动力，如纺织厂、羊毛厂、啤酒厂、面粉厂和陶瓷厂等。

到1800年，博尔顿和瓦特的合伙公司大约出售了500台蒸汽机。也是在这一年，瓦特的专利以及他与博尔顿的合作到期了，于是64岁的瓦特心满意足地退休了，那时的他生活富足、享誉全国。此后，博尔顿和瓦特的儿子辈又继续合作，保障了公司的长久生产和经营。

顺便说一下那个神秘的月光社的结局。这样一帮在月光下谈天说地的人物，肯定是不喜欢英吉利海峡对岸那个“朕即国家”的法国，当时的法国对私人产权、知识产权的保护要落后得多，国王拥有至高无上的权力，像达尔文的爷爷拒绝王室聘书的事情，在法国简直不可想象。于是当法国大革命爆发时，月光社的成员欢呼雀跃，认为这是自由和理性的胜利。

他们的举动在当时的人看来，实在是大逆不道。一些保守人士愤怒地煽动民众，矛头指向月光社，普里斯特利的住宅、实验室、仪器以及他20年的研究记录统统被烧毁了，博尔顿和瓦特的工厂里，工人也被煽动起来罢工和造反。反对月光社的行为在英国蔓延。经此浩劫，月光社销声匿迹了。

结社文化与知识产权

有幅很出名的西方版画，题为《1807—1808 年大不列颠的杰出科学家》，包括了当时尚在人世的 51 位优秀工程师和科学家——就好像画家把他们全都召集在了英国皇家学会图书馆里作画一样。

版画里都描绘了哪些人呢？

他们中有修运河的托马斯·特尔福德、修隧道的马克·布鲁内尔、造蒸汽机的詹姆斯·瓦特、造火车头的理查·特里维西克、造火箭的威廉·康格里夫、造液压机的约瑟夫·布拉默、发明机床的亨利·莫兹利、发明动力织机的埃德蒙·卡特莱特、发明工厂的马修·博尔顿、发明矿灯的汉弗莱·戴维，还有发明天花疫苗的爱德华·詹纳。他们中还包括了天文学家内维尔·马斯基林和威廉·赫歇尔、物理学家亨利·卡文迪许和朗福德、化学家约翰·道尔顿和威廉·亨利、植物学家约瑟夫·班克斯，还有涉猎广博的多面手托马斯·杨，等等。

所以，19 世纪初蒸蒸日上的英国可不只有瓦特和博尔顿，而是群星闪耀，在科学界、技术界和企业界人才济济。看到这幅版画，很多人不禁会问："同一个国家怎么会同时拥有这么多的天才？"

其实，这个问题问错了。从天分上来说，任何一个国家在任何一个时代，都有大量天资聪慧的人生活着，但是他们能不能发挥自己的聪明才智，能不能大规模地聚集在一个国家，形成海啸一般的集团效应，却是另一回事。

就拿版画上的人物来说，布鲁内尔是从法国来到英国的，朗福德则是从美国来到英国的。所以，真正的问题是：为什么英国能够培育和吸引如此多的天才？

部分原因是，当时的英国社会有支持科学研究和发明创造的文化土壤。比如，月光社对于瓦特的科学知识的支持，就是英国结社文化和公民社会的一个缩影。

我们在前一篇已经说明，英格兰的财产权是属于个人的，英格兰人也视财如命。但是我们不能因此认为，英格兰人就是一盘散沙。相反，正因为整个社会从国王到平民百姓都彼此尊重对方的利益，因此在英格兰，民众很容易由于自己的兴趣和利益，组成各种各样的社团，国王也无权干涉这些社团的合法活动。

世界上第一个科学协会是1660年创立的英国皇家学会。这个学会强调实验方法的重要性，会员们定期交流科学发现和见解，极大地推动了科学的进步。在月光社的会议上，成员们高谈阔论、相互启发，许多杰出的发明就这样产生了。在工业革命早期阶段，英国许多科学技术创新的背后，都有月光社成员的影子。

月光社这样的社团非常高端，但也有各种其他科学社团存在，使得英国从上到下都充满了浓郁的科学氛围。有人统计，1700 ~ 1800年间的100位或100多位英国杰出科学家中，将近半数都应归入“爱好者”范畴。在这100人中，以医生、技师、牧师为职业的人占到了45%。他们能够最终在科学上有所建树，主要归功于英国结社文化的繁荣，也是公民社会的繁荣。

伴随结社文化而流行的，是英国对知识产权、专利的重视和保护。

工业革命的力量来自蒸汽机，蒸汽机的力量来自瓦特、博尔顿和月光社成员们的智慧投入和资本投入。发明家和投资家个人的贡献固然是优良蒸汽机诞生的直接原因，但工业革命首先发端于英国，而不是当时国土、人口和物产更丰富的法兰西王国、明清王朝、奥斯曼帝国，背后的根本原因之一就是当时英国对知识产权的保护。

知识产权的保护，其实和前面谈到的圈地运动中对土地产权的保护，是一脉相承的。人们头脑中的思想、智慧与土地一样，都是重要的“生产资料”。当时的英国多次颁布法律，保护发明者的权益，让发明者可以从自己的发明中获得收益。这些法律极大地激发了当时英国人的发明热情。

比如，博尔顿与瓦特分享蒸汽机收益的君子协定，可算是资本与智慧的结合。既然有的人有发明的智慧，但缺乏研发的资金，另一些人有充足的资金，却缺乏发明的智慧，两者可以通过法律合同的形式，明确未来收益的分配比例，就可以一起合作、共同研发了。当时的英国在这方面的法律同样走在了各国的前面。

其实工业革命时期的一些发明家，并没有从自己的发明中获得足够丰厚的回报。比如发明珍妮机的哈格里夫斯，他的专利申请被政府部门拒绝了，他本人因为受到机器破坏团体的攻击而被迫出逃；发明水力纺纱机的阿克莱特虽然去世时富甲一方，但他的财富大部分都并不是来自专利，而是来自他的经营收入，他的专利早就被其他生产者窃取并使用了。

尽管许多发明家得不偿失，英国当时不尊重知识产权的现象也经常发生，但毕竟英国人对知识产权和科技创新的重视程度已经领先世界，这股鼓励创新的风气，让英国的科技水平迅速提高，并在相当长的时间里对其他国家保持领先优势。

曾经，荷兰人在17世纪初的科学界领先世界，这也是他们能够成为“海上马车夫”的重要原因之一。但是逐渐地，荷兰人的科学水平就被英格兰人赶超，不进反退，到了18世纪中叶，荷兰国内不再推行对青少年、商人、企业家的科普教育。荷兰科学的退步让学者们议论纷纷，一种观点认为，荷兰的精英阶层热衷于从国际贸易中赚钱，所以荷兰的金融业非常发达，但是怀有工业雄心的企业家和疯狂的科学家们并不被社会尊重。荷兰人非常富有，但是似乎富得只剩下钱了。当一位荷兰外交使节对一位外国国王阐述荷兰的宗教信仰时，这位国王从自己口袋里拿出一个硬币，略带讽刺地说：“这就是你的宗教信仰。”

纵观人类的经济史，但凡出现重大的经济飞跃时，往往背后都有科技进步的支撑。如果人都是纯粹的经济动物，完全坚持“无利不起早”的原则，那么像瓦特发明蒸汽机这样没谱又烧钱的事情，就没有人愿意干了，工业革命也就无从谈起。正是因为历史上总有一些疯狂的发明家，他们不计代价地去探索、钻研，才让科学有了发展，让经济获得了新的力量。

幸好，英国的公民社会孕育了大量像瓦特这样的疯狂科学家和博尔顿这样愿意烧钱的企业家，科技创新层出不穷，让工业革命后的世界物质财富极大丰富，整个人类社会变得和过去完全不同了。

与欧洲大陆和亚洲各国的同行相比，18 世纪的英国制造业企业家们享受着非同一般的自由，他们可以搞发明、搞投资、扩大企业规模，并收获利润回报。企业家阶层在议会里有自己的话语权，他们能够限制政府干涉自己的企业或者剥削自己的财富。英国的商船驶向全球，拥有了越来越大的世界市场；发达的农业把很多农村人口解放出来，涌入工厂提供劳动力。

纵观大航海时代以来的人类历史，唯一能够和英国工业革命初期群星闪耀的人才阵容相比的，恐怕只有 20 世纪后半叶涌现的美国硅谷天才群。当计算机时代和互联网时代来临时，硅谷诞生了一大批英才，比如创办 Inter 公司、提出摩尔定律的戈登 · 摩尔，集成电路之父、仙童半导体公司创始人罗伯特 · 诺伊斯，苹果公司创始人史蒂夫 · 乔布斯，微软公司创始人比尔 · 盖茨，以及后起之秀们，比如谷歌搜索引擎发明者谢尔盖 · 布林、脸书网站创始人马克 · 扎克伯格、推特网站创始人埃文 · 威廉姆斯，还有疯狂的发明家埃隆 · 马斯克……

“千里马常有，而伯乐不常有”，财产权保护制度、知识产权保护制度、结社文化、科技创新文化更不常有！

经线仪、蒸汽轮船征服大海

英国正在变成一个浓烟滚滚的工业国家，但是要迈向一个全球性的帝国，它还必须走出小岛，征服覆盖了地球表面 71% 的广阔海洋。知识产权激发的科学革命再次大显神威，帮助英国舰队统治了海洋，“外功”威震全球。

自古以来，如何在茫茫大海中确定船只的位置，成为水手远航最大的挑战。我们知道，地理学家用经纬线来给地球表面上的各个地点定位：赤道这个大圆圈是纬度的 0 度，向北向南纬度不断增加，南北两极是 90 度；而经度则是联结南北两极的一条条半圆弧。确定船只所在的纬度并不难，水手只需利用简单的仪器，测量出太阳和星辰在天空中的角度，就可以判定地球表面任一地点的纬度了。然而，测定经度要困难得多。

问题一直到了 18 世纪初叶，随着航海活动的日益频繁，经济发展、社会交往、船舶安全和水手生命都对精确定位提出了迫切要求。英国人为此专门成立了一个经度委员会，并设立了一笔奖金，鼓励人们解决大海中的经度测量问题。

当时的许多探索者试图从星空中找到线索，提出了各种天文学的解决方案。但已经 72 岁高龄的大科学家牛顿仔细研究了人们提出的解决经度难题的方案后，发现没有一个靠谱的。牛顿建议，人们应该从制造精良的钟表入手。这个建议反映了科学天才敏锐的直觉。

如果船只装备了性能高超的测量时间的仪器，行驶在一片未知的水域时，航海者知道了现在的时间，以及自己远航开始时港口的时间，由于港口的经纬度已知，根据不同地点的时间差，就可以计算目前位置的经度。

可是 17 世纪和 18 世纪初叶的计时器械非常粗糙，每天误差达 15 分钟，这对于在大海中精确定位来说，是无法忍受的误差。经度委员会悬赏 2 万英镑，征求“能够在 6 星期航程结束时判定船舶所在经度的仪器，误差不得超过 30 海里”。为了满足经度委员会的这一要求，计时器每天的误差绝对不能超出 3 秒钟。

这时，一位技术高超的钟表匠——约翰·哈里森站了出来。他设计出了摩擦力极小，而且不需要润滑剂的钟表，这样的表不需要清洗，也不会受到船舶颠簸的影响。哈里森前后花费了近 40 年的时间，设计出了四架“经线仪”。最好的当然是最后的那架“经线仪四号”，它的直径仅 13 厘米，重 1.45 千克。不要对“经线仪四号”的体重大惊小怪，想一想最早的计算机与当今笔记本电脑的质量差，哈里森的作品已经够小巧的了。

1761 年，哈里森设计的“经线仪四号”被放置在皇家海军军舰上，军舰离开英国，向牙买加驶去。由于哈里森年事已高，身体无法经受远航的折腾，由他的儿子威廉代替他随船操作经纬仪。航行 9 天之后，威廉根据经线仪计算的经度，向舰长预报说，第二天早晨他们肯定会看到马德拉群岛。舰长依据自己多年的航海经验，认为这是不可能的，于是他以 5 ∶ 1 的赔率跟威廉打赌，赌他们在明日清晨不会看到马德拉群岛。经过一夜的焦急等待，伴随着第二天的晨曦，在海天交际处出现了一道黑影，那正是马德拉群岛。威廉赢得了赌注。两个月后，军舰抵达牙买加，在整个航程中，哈里森设计的计时器误差仅有 5 秒钟。

英国著名航海家库克船长于 1768 年开始其首度探险之旅时，并未使用经线仪。直到 1778 年第三次远航，库克船长才凭借经线仪的帮助，以极高的精确度测绘了太平洋海域，不但确定了每一个岛屿和每一条海岸线的纬度，也标出了它们的经度。此后，在库克的地图和哈里森的经线仪指引下，每一个航海家面对浩瀚的太平洋时，都能找到指定的岛屿。

在哈里森经线仪的测量下，大海对于英国人来说不再茫茫未知，而是变得轻车熟路了，这使得英国人在征服大海的竞赛中领先群雄。因为种种原因，哈里森并未获得经度委员会的奖金，但国王特批了一笔奖金给他，以表彰他对于航海事业的重大贡献。

与海有关的更为重大的发明，毫无疑问属于蒸汽轮船，即在陆地工厂里纵情咆哮的蒸汽机与海上船只的结合。最早研制蒸汽轮船的正是瓦特和博尔顿这对黄金搭档。

19 世纪前半叶，蒸汽轮船主要用于河流、各大湖以及诸如波罗的海和地中海一类的内陆海。到了 19 世纪后半叶，蒸汽轮船已经开始运载从印度加尔各答到英国的 90% 的棉花、生姜、靛青、油菜籽和茶叶，99% 的牛皮，以及 100% 的芝麻种子，以及约 1/3 的大米。蒸汽轮船已经成为英国和其他欧洲航海大国的主要运输工具。

吃水浅的武装蒸汽轮船成为亚洲各个王朝的噩梦。在 1824 ~ 1826 年的英缅战争中，英国船只纵横于伊洛瓦底江，打垮了这个当时的东南亚强国；而在鸦片战争中，清朝官兵只能眼睁睁地看着英国战船大摇大摆地在长江自由进出，轻而易举地击败了天朝水师，掐死了漕运大动脉，让东亚霸主低头认输，赔款并开放港口。

还是在 19 世纪下半叶，后装来复枪和机关枪被发明出来，以英国为首的欧洲列强在面对其他王朝、王国时，毫无悬念地摧毁了后者的军队，不论后者的军队多么庞大都没用。同时，与船坚炮利的火力优势同等重要的，是由拉丁美洲耶稣传教士所发明的奎宁在疾病预防方面发挥的作用，它有效地预防了疟疾，使欧洲的商队、传教士、士兵和行政官员们能够安全地渗透并征服非洲和亚洲的广袤疆域。

清同治十一年（1872 年），时任直隶总督的李鸿章在关于办洋务的奏折中，痛陈西洋人“百十年来，由印度而南洋，由南洋而中国，闯入边界腹地……此三千余年一大变局也”。

李鸿章说对了，蒸汽机船相对于古老的、沿着海岸线前行的风帆船来说，既可以深入大洋，又可以纵横浅湾，不再受到季风风向和海岸远近的影响。

蒸汽轮船的出现，完全颠覆了以风帆船为运输工具的古代世界的海洋贸易网络，建立起属于蒸汽机船的新海洋贸易网络。整个海洋彻底被欧洲列强占据了。

与李鸿章同列清末“中兴四臣”的胡林翼曾经坐船，从安庆去江宁向曾国藩汇报，途中遇到一艘英国火轮逆江而上，迅速驶过，掀起的水浪差点打翻水师的船。胡林翼不禁惊呼：“天要变了！”

其实，天早就变了，只是清朝人后知后觉而已。早在工业革命之前很久，英格兰的天就已经变了，工业革命之后，全世界的天都变了。

第七章｜英印棉布攻防战

从人类走入文明时代开始，就在不断地探索把各种植物纤维转化为衣服的方法。至少在12000年前，古人就开始编织不同的草和亚麻布；大约8000年前，人们开始从各种动物身上搜集毛料进行加工，还有一些能工巧匠尝试用苎麻纤维和蚕丝制衣。

此后，另一种植物纤维脱颖而出，用它制作的衣服柔软、轻盈、结实，还容易染色和清洗，在几千年中被公认为最好的服装生产原料，它就是——棉花。从经济角度看，公元1000～1900年这大约900年的时间里，棉花产业是世界上最重要的制造业。近代以来，围绕棉花产业的至高宝座，英国与印度，两个相距遥远且实力看似悬殊的国度，竟然在300多年里拼了个你死我活……

英国羊毛被印度棉布惹急了

目前，已知最早纺织棉花的人，是生活在印度河谷的农民。在古印度文明重要的遗址摩亨佐·达罗，考古学家发现了棉纺织品的残片，这些残片的制造年代可以追溯到5000年前。就在这个遗址附近，考古学家还发现了距今7000年前的棉花种子。看起来，古印度是全世界棉布的最早诞生地。

很多古代文献也佐证了古印度棉花、棉布产业的繁荣，比如3000多年前的《吠陀经》就记录了纺织棉花的活动。古希腊历史学家希罗多德在公元前400多年就知道古印度出产优质的棉纺织品，他写道，古印度“有一种野生树木，果实里长出一种毛，比羊毛还要美丽，质地更好。当地人的衣服便是由这种毛织成的”。

遗憾的是，虽然古代世界的人们种植了很多棉花品种，比如印度的树棉、南美洲的海岛棉、中美洲的陆地棉等，但它们都是亚热带植物，对光照、降雨量和气温有着较为苛刻的要求，因此棉花和棉布虽好，却只能长期在世界上的少数地区种植，传播很缓慢。比如对于欧洲来说，即使到了1600年，绝大部分的居民都还穿着亚麻和羊毛制成的衣服，棉布衣服是高档的舶来品。

在撰写荷兰的章节中我们谈到，英国殖民者在与荷兰殖民者争夺东南亚香料市场的时候，遭遇后者的大屠杀，不得已避其锋芒，转而全力经营印度市场。这说明在17世纪早期，英国国内虽然经济蓬勃发展，但在海外市场上还无法称雄。

在海外贸易方面，荷兰人是英国人的对手，也是英国人的师父。英国人也组建了自己的东印度公司，在打破荷兰人对香料市场垄断的行动惨遭碰壁后，英国东印度公司把一项最初的副业变成了主业，这就是——从印度进口棉布。

英国东印度公司将印度纺织品运送到欧洲，获得了极大的利益。由英国人带到欧洲的物美价廉的棉纺织品掀起了一阵热潮，产自印度的白洋布光滑舒适，比起欧洲人穿的闷热又痒痒的羊毛衣料好多了。有一位历史学家曾经这样描述：“所有的欧洲人都把浑身上下的旧衣服扔掉，换上了纯棉织物。”

印度棉布不仅舒适，还很便宜。用印度白洋布制成的衣服，仅仅相当于羊毛服装价格的1/6～1/3。1620年，东印度公司总计进口了5万匹白洋布。

到了1690年，仅仅从印度的马德拉斯，该公司就进口了26.5万条棉布围巾。马德拉斯还只是白洋布的三大产地之一。

根据英国东印度公司1760年之前的进口数据，每年进口的纺织品最高占比达92%，最低也有接近30%。比如在1664年，英国东印度公司进口了约27万件统称“印花布”的印度棉布，占公司进口总额的73%。进口的纺织品除了印度棉布外，还包括中国产的丝绸，但从进口量来说，中国丝绸非常少，大部分年份的丝绸进口量只占总量的3%以下，有些年份甚至不到1%。

一言以蔽之，印度棉布是英国东印度公司最重要的商品。

印度棉布刚刚被卖到欧洲时，主要的销售区域是西欧和北欧，高级的棉布被加工成桌布、床罩、窗帘和壁挂等，用于室内装饰。随着进口量的增加，印度棉布开始进入千家万户，用作服装布料。比起欧洲人过去穿的皮革、毛织品和麻织品的衣服，印度棉布大获全胜。因为印度棉布不仅质地优良，而且价格还很低廉，英国东印度公司在印度的采购价格几乎就是白菜价，就算加上遥远的海路运输费，在欧洲的销售价格相比其他纺织品仍然具有优势。

除了欧洲市场，英国东印度公司采购的印度棉布还有一个重要的销售市场，那就是美洲大陆和西印度群岛。欧洲各国的殖民者在新大陆开辟了大量的甘蔗种植园，并贩卖了数以百万计的黑奴前往种植园工作。艰苦的工作条件需要结实干净的服装，于是廉价的印度棉布成为美洲种植园奴隶服装的理想材料。1740年，一位参与西印度群岛贸易的商人在英国议会做证时说：“因为牙买加岛位于热带地区，所以居民的衣服几乎都是染色的（印度）印花布。又轻又便宜且方便洗涤，从而保证了居民们的清洁和健康。”

从长远角度看，英国东印度公司回避荷兰的锋芒，集中精力攻占了印度市场，专注于印度棉布生意，反而使自己的海外贸易风生水起，一点也不逊色于垄断了香料贸易的荷兰，这真是历史的大逆转。荷兰人对英格兰人关上了一扇门，英格兰人自己凿开了一扇窗。

英国东印度公司开心了，英国国内的一些制造业老板和工人却不高兴了。

大量的印度棉布冲击了英国本土的羊毛织造业，以及丝织业和亚麻布业，后两者也因为东印度公司进口丝绸和亚麻布而遭受重创。这些行业的工人掀起了一次次向议会请愿活动，要求政府出台政策，抵制印度棉布进口。他们还拉来了地方士绅支持自己，地方士绅往往是乡村土地的拥有者，他们很多是从事养羊业的，现在羊毛制品被冲击了，养羊业也就“皮之不存，毛将焉附”，受到很大影响。

英国作家笛福哀叹，印度棉布“悄悄潜入我们的家里，我们的衣橱和寝室中，化为我们的窗帘、坐垫、椅子，最终连床铺本身都是纯色棉布或某种印度货”。

英国本土掀起了一浪又一浪的反印度棉布浪潮。早在1621年，即东印度公司成立仅20多年时，伦敦的羊毛商人就对不断涌入的印度棉布表示过抗议。这样的抗议几乎贯穿了17世纪、18世纪的英国。1678年，希望保护本国羊毛业的人士疾呼，英国羊毛业“最大的障碍是我们自己的人民，他们穿着许多外国的商品，却不穿我们自己生产的”，矛头指向了本国消费者。

作为一个议会制国家，大量要求“保护国货”的呼声终于影响了英国政坛。1685年，英国开始对“所有印花棉布、印度亚麻及所有印度制造的丝绸制品”征收10%的税；1690年，关税加码了一倍。更严格的政策还在后头。1700年，英国议会通过了一个法案，禁止国人穿波斯、中国及印度进口的人造丝或印染白洋布；1701年，议会规定，进口印花棉布为非法行为，只能进口白棉布到英国来进一步加工，以推动英国棉布印染业的发展。1721年，议会甚至颁布了针对本国消费者的《白洋布法》，不仅禁止进口各类印染白洋布服饰，还禁止人们穿来自印度的白洋布染成的印花棉布的衣服。至此，在英国国内销售印度棉布成了犯法的行为。

说白了，这个《白洋布法》就是保护国货的严厉法案，对本国的羊毛纺织业进行强力保护。千万不要以为只有英国在干这种贸易保护主义的事情，当时的法国为了保护本国的纺织业，规定更加离谱。法国法律规定：凡走私违禁纺织品者，三次即为死罪。

在如此严厉的法案保护下，英国引以为傲的民族产业——羊毛产业、亚麻产业是不是高枕无忧、繁荣昌盛了呢?

英国棉布大反攻

令人意想不到的是，《白洋布法》颁布后，最大的受益者不是英国受到保护的毛纺织产业，而是英国的棉纺织工业。

印度棉布被禁止进入英国境内，但是大众对于棉布的需求无法禁止，有需求就有商机，英国“小店主”们的脑袋转得很快。

1784 年，在英国柴郡博林河边，一座小工厂拔地而起，工厂里放了几台新式的水力纺纱机，工人是一些孤儿以及一群来自周边村庄的劳动者，原料则是从中美洲加勒比地区进口来的棉花。这是一座水力纺纱厂，工厂主名叫塞缪尔·格雷格。

格雷格于 1758 年出生在爱尔兰岛的贝尔法斯特，在英格兰重镇曼彻斯特长大，对制造业的技术非常熟悉。在当时的曼彻斯特周边地带，农村中的工厂如雨后春笋般出现，小村镇扩大成为城市，成千上万的农村人正在进入各个工厂谋生。就是在这样的大环境下，格雷格在柴郡建起了自己的小纺纱厂。《爱丽丝梦游仙境》中那只凭空消失只留下笑容的柴郡猫，可能是柴郡最为世界熟悉的形象。其实，柴郡具备很多开办纺纱厂的有利条件，那里有河流的水力资源可以作为动力，有充足的劳动力，那里的机械制造业也很发达，可以制造和维修纺纱机。

必须强调的一点是，格雷格纺织厂利用了水力来驱动并且纺纱，这是一种非生物力量，相对于遥远的竞争者——印度手工工场来说，水力纺纱是一种很大的进步。

格雷格是一个精打细算的工厂主，他最初的纺纱厂投资仅3000英镑，他从附近的救济院招募了90名10岁以上的少年，让他们以教区学徒的身份在工厂里工作。十几年后，工厂壮大起来，格雷格开始大量雇用领工资的成年工人。工厂生产的棉布最初销往欧洲大陆和西印度群岛，后来逐渐远销俄国和美国。工厂生意不断扩张，格雷格获得了很可观的利润，大约每年的资本回报平均为18%，相当于当时英国政府发行的国债回报率的4倍。

实事求是地说，格雷格和他同时代的其他英国工厂主们生产的棉布，在质量上和产量上还无法与以印度为代表的亚洲纺纱作坊相比。但是，棉布产业的未来并不是那些亚洲作坊，而是格雷格们的工厂，后者用以水力为动力的机器，很快又将用以蒸汽为动力的机器来制造产品，而且在技术上不断创新。反观印度那些作坊，就算把人的体力发挥到极限，也将被英国的机器无情地远远超越。

英国棉布的大反攻吹响了号角！

英国工厂主与印度作坊主相比，最大的竞争劣势是工资成本，印度的廉价劳动力非常充足，而英国工人的薪水远高于世界其他各国。1770年前后，在英国的工厂里，工人工资大概是遥远的印度的工人工资的6倍。即使采用机器生产，但人均生产量方面，一开始英国工人只比印度工人高两三倍，不足以抵消工资上的巨大劣势。

面对差距，英国发明家专注于如何通过改造机器设备提高生产效率。

其实早在1733年，一个叫约翰·凯伊的人发明了飞梭。这是一种船形的木质小工具，由织工在上面系上纬线后，从织机的一边推出，穿过经线后“飞”到另一边。这个飞梭使得织工的生产效率提高了一倍。这种发明虽然传播得比较慢，但还是在几十年中普及到了英国全境。类似这样的一系列技术发明，提高了纺车的工作效率，但是在同一时段中，一名织工所需要的棉纱需要四名纺纱工供应，纺纱的生产效率又出现了瓶颈。1760 年，詹姆斯·哈格里夫斯发明了珍妮机，这种机器上有一个用手操纵的纺轮，可以同时转动机器上的几只纱锭，纺纱工可以用另一只手向前或向后移动一个杆，将纱线绕到纱锭上。起初，珍妮机可以纺 8 条独立的纱线，后来是 16 条甚至更多。这种机器的普及速度非常快，到了 1786 年，英国已有 2 万架珍妮机。不久之后，塞缪尔·克朗普顿发明了“骡机”，进一步提高了纺纱效率。

当纺纱的效率大大提高后，生产的瓶颈就转移到了下一道工序——织布上了。有了大量的棉纱后，英国的家庭织布迎来了一次巨大的扩张。但是，这些家庭作坊是凭借新机器和充足的纱线来织布的，比印度同行们的生产效率要高很多。

18 世纪的印度，纺纱工纺出 100 磅的纱线，需要耗费 5 万小时；而在 1790 年，手握有 100 支纱锭的“骡机”，英国纺纱工仅需要 1000 小时就能纺出相同数量的纱线，两者效率已经相差 50 倍。让印度纺织工胆寒的事还在后面，1795 年，凭借高效的水力纺纱机，英国纺纱工仅需要 300 小时就能完成同样的任务。1825 年后，利用自动“骡机”，任务时间又缩短为 135 小时。

更加可怕的是，英国生产的棉纱价格还在不断下降，逐渐低于印度生产的棉纱。1830 年，一个英国棉纱商人记录，在英格兰，1 磅标号为 40 号的棉纱的价格是 1 先令又 2.5 便士，而印度 1 磅相同标号的棉纱的价格是 3 先令又 7 便士。另外，1795 ~ 1811 年，英国本土的高质量棉纱的价格下跌了一半，作为成品的棉布的市场价格也下降了，因为工厂制作棉布的成本大大降低了，即使英国棉布便宜卖，利润也依旧很丰厚。短短几十年风云变幻，印度棉纺织业除了工人工资低这一点点优势，其他方面完全被英国棉纺织业碾压。

当时英国最著名的棉纺织业集中地在兰开夏郡。兰开夏郡位于英格兰西北部，那里的气候很适合纺纱，而且在地理位置上靠近主要港口利物浦，虽然受国内法律约束，国外的棉布不能进口了，但是棉花可以进口。全球各地的棉花被英国商人进口到了兰开夏地区，在这里的棉纺织工厂里，被加工成粗斜纹棉布，工人们甚至还给这种棉布设计了印度风格的图案，以满足英国消费者的喜好，这真有点讽刺意味。这种英国产的棉布很受欢迎，不仅作为印度棉布的替代品，满足国内需要，还在非洲东岸奴隶贸易盛行区域和新大陆奴隶制盛行区域有巨大的市场。

英国棉布不仅夺回了自己本土的市场，还开拓了海外市场。历史记录表明，1800 年，英国仍然从孟加拉地区进口了价值 140 万英镑的棉纺织品，几年之后，孟加拉的货物进口量就变得微不足道了。

主导全球纺织品市场几个世纪之久的印度棉布的地位一落千丈。当时一位英国驻印度商务专员记录了孟加拉地区港口达卡棉布产业的变化，他发现 1747 ~ 1797 年，达卡的棉布出口价值下降了 50%，相当多的人因此“死于饥荒”，达卡这个曾经凭借棉纺织业而繁荣的城市，人口已经“下降并陷入贫困”，大量房屋“已经被废弃并变成废墟”。

1830 年以后，英国棉布不仅在欧洲市场和美洲市场完胜其他地区的棉布，甚至直接登陆印度本土，与印度本地棉布在其家门口展开竞争。印度人开始购买和使用英国制造的棉纱和棉布了，真是“三十年河东，三十年河西”。

对了，我们差点忘记了另一伙人——英国的毛纺织业和麻纺织业的企业主和工人们。他们通过向议会施压，排斥了印度棉布进入英国市场，却没想到搬起石头砸了自己的脚，给自己在国内培养起了一个更加强大的竞争对手——棉纺织业。新的棉纺织业和传统的毛纺织业不一样，它不需要贸易保护，它需要的是自由交易的全球市场，可以买到棉花，可以出口成品棉布，即英国制造的棉布。新的棉纺织业需要新的发明创造来降低成本、增加产量、提高质量，与全天下的各种纺织品竞争，英国棉布连印度棉布都可以打败，英国本土的毛纺织品、麻纺织品更是被它冲击得溃不成军。

英国棉布崛起的事例生动地告诉我们，“国货当自强”，应该关注于提升自己的产品质量和生产效率，而不是想着靠构筑法律之类的壁垒来排除对手。

美国：棉花大战中的 X 因素

简单地说，棉纺织业的生产链条是：从棉花到棉纱，再从棉纱到棉布。前面我们已经领略了英国棉纺织业工厂在棉纱、棉布方面的技术进步，那么他们的生产原料——棉花从哪里来呢？这里面又有什么攻防故事呢？

英国本身地处温带，属于温带海洋性气候，并不适宜种棉花，而邻近的欧洲大陆上，能够种植棉花的地方也屈指可数。因此，英国必须向全世界采购棉花，其中一个非常重要的棉花产地是脱离英国而独立的美国。美国在棉花种植业上的一举一动，也牵动了英国甚至印度的神经。世界棉花攻防战进入了新的阶段。

早在殖民地时期，北美各州就已经开始种植棉花，虽然产量不如烟草等经济作物。当时的有识之士已经意识到棉花种植的巨大潜力。美国国父乔治·华盛顿就曾预言：“这种新原料（棉花）的增长……必然为美国的繁荣带来几乎无限大的影响。”果不其然，前面篇章我们谈到，轧棉机的发明提高了处理棉花的生产效率，使美国棉花种植园大规模扩张。1790 年，美国的棉花出口量仅 3000 捆；40 年后，出口量则达到了 80 万捆；又过了 20 年，1860 年美国南北战争前夕，美国棉花出口量超过了 500 万捆，占据了当时美国外贸总额的2/3，是美国的第一出口品。那时，国土不大、人口不多的美国出产的棉花总量，已经追平了一个东方人口大国兼农业大国的棉花总产量，那个国家就是——清朝时期的中国。

美中不足的是，美国大量种植的是陆地棉，轧棉机虽然可以处理掉这种棉花上的种子，却也对棉花纤维造成了破坏，因此处理后的棉花不适宜制作高等级的棉纱和织物，但是美国棉花毕竟产量巨大、价格低廉，用这种棉花制作出的相对廉价、粗糙的织物，在欧洲和其他大洲的中下层民众中很受欢迎。美国棉花的爆发式增长，为全世界的普通人提供了适宜的服装原材料。

与清朝棉花产业只是追求自给自足不同，新生的美国在棉花产业上走的是大量出口的贸易道路。在美国南北战争前夕，美国棉花出口量占了英国8亿磅棉花消费量的77%，占法国1.92亿磅棉花消费量的90%，占德意志关税同盟1.15亿磅消费量的60%，以及占俄国1.02亿磅消费量的92%。美国是当时世界上毫无疑问的棉花出口霸主。

当美国南北战争爆发时，全世界的工厂都陷入了棉花原材料短缺之中。而当北方战胜南方，支撑南方种植园的奴隶制度被彻底取消时，全世界的工厂都对美国棉花的出口忧心忡忡。在这些工厂主看来，没有了黑人奴隶作为廉价劳动力，美国的棉花种植园还能不能活下去，还能不能向全世界大量供应棉花，都是未知数。

1865年，英国一位上尉受英国外交部委托，评估美国南方种植业的前景。他考察了美国战败的南方各州，在提交的报告中，他悲观地预测，美国南方种植园的棉花产量将下降到过去的1/4，原因很简单，“解放奴隶彻底地破坏了原有的劳动力体制”，“南方没有足够的劳动力从事犁地、播种、剪枝和收获棉花”。这名上尉提出的解决方案是，“让白人殖民者种植棉花……但价格将永远没有过去那样便宜”。

历史的进程让很多预言家的眼镜碎了一地。没有了黑人奴隶，美国南方的种植园雇用工人作为劳动力，短短几年间棉花种植园就又满血复活了！

1870年，美国的棉花总产量已经超过了南北战争前的最高年产量纪录；1877年，美国棉花恢复了南北战争前在英国棉花市场上的所有份额；1880年，美国出口的棉花量超过了战前年份的两倍，供应了81%的英国棉花市场、66%的法国棉花市场和61%的德国棉花市场。产量上升而海外市场占有率略有下降，这不是因为美国棉花竞争力不行了，而是因为美国自己的棉纺织业工厂也大量开工，用掉了本国的很多棉花原材料。

那么问题出现了。为什么劳动力从不用付工资的黑人奴隶变成了要付工资的雇用工人，劳动力成本升高了，美国棉花种植园经济竟然继续充满活力，保持了生产效率和经济效益呢？

首先，影响种植园经济活力的因素有很多，劳动力成本只是其中之一。在土地成本方面，正在向西部大扩张的美国有着大片的土地等待开发，因此种植园主可以用非常便宜的价格获得土地；在技术方面，美洲种植园主引进了优质的棉花品种和欧洲的先进技术，生产效率领先世界；在运输成本方面，美国的棉花可以通过大海、河流方便地运输出去，以低廉的运费抵达欧洲各国。

所以，即使劳动力成本有所上升，仍然不足以伤害美国种植园出产棉花的竞争优势。

其次，劳动力从黑人奴隶转为雇佣工人，劳动力成本上升极为有限。这听上去好像有点反常，但却是史实。早在奴隶制时代，北美南方种植园中的很多奴隶的生活质量，除了没有人身自由之外，其实比北方工厂里的工人都好。好一些的种植园在食物和日用品保障上比较充足，奴隶们每个星期还可以休息一天，甚至能够享受节假日。相对来说，北方工厂里的工人的休息时间更少，他们的物质生活质量有些还不如南方的奴隶。

我们强调这一点，并不是为奴隶制唱赞歌，只是单纯从经济成本角度来比较，种植园的劳动力从奴隶变成了工人，劳动力成本的确不会增加很多。

奴隶制的罪恶，更多体现在对人身自由的控制和种族歧视等方面，也体现在奴隶无望改变自己的境遇上。北方工人虽然生活质量也很差，但是他们还是有一些希望能够借助聪明才智或者机遇而发家致富，跻身社会上层，这是奴隶所不具有的东西。

虽然经历了南北战争，但美国棉花依然可以供应全世界，似乎一切都没有改变。其实，一切都在改变，作为棉花主要产地的美国，自身的棉纺织业已经势不可当地崛起了。

当时的英国为了垄断自己先进的纺织技术，维持自己棉纺织业的世界霸主地位，严禁机械出口，也不允许纺织技术工人移民海外。但这一切防范都是徒劳的，北美巨大的棉纺织业发展机遇点燃了许多欧洲人漂洋过海的雄心壮志。

塞缪尔·斯莱特就是这样一个雄心勃勃的英国青年。此人从少年时代起就在棉纺厂里当学徒，后来又跟随英国棉纺织业大老板成为企业高管，作为纺织厂合股人，做到了监工的级别。斯莱特有个特长，就是记忆力超群，他努力记下了整个棉纺厂的设计。然后在 1789 年，也就是美国独立战争期间，他装扮成一个单纯的农村青年，骗过了英国海关的审查，移民到了北美大陆。

一下船，斯莱特就开始大展宏图，与罗德岛的一位富商合作，开始建设棉纺织厂。在一年之内，斯莱特凭借自己头脑中的工厂设计图，在罗德岛的一条河流边，复制出了整整一座棉纺织厂。

开机运行的那天，斯莱特的机器出了故障，经过分析后发现，原来是自己没有记住梳棉机齿的正确角度。但瑕不掩瑜，经过复杂的调整，美国本土的第一个机器动力的棉纺织厂终于开工了。这是一个很小的工厂，最开始只雇用了 9 个童工，就像格雷格的柴郡纺纱厂刚开工时那样。在当时的世界各国，雇用童工是普遍现象。到了 1801 年，这家工厂已经扩大到雇用了 100 名工人，开始有了盈利。

斯莱特的故事并不是英国棉纺织技术外传的孤例。一位叫弗朗西斯·洛厄尔的北美商人，曾经在英国居住了两年，他参观了伯明翰和曼彻斯特的工厂，把工厂的布局、机器的设计等许多细节全部记下来。洛厄尔返回美国后，从他在波士顿的富裕家族里筹集资金，并雇用了有经验的机械师，在北美独立研发出了先进的织布机。1813 年，洛厄尔在波士顿附近的查尔斯河上建成了美国第一家完整的棉纺和服装厂，实现了从棉花原料到成衣的全部生产流程。洛厄尔的工厂很成功，围绕工厂形成了一座工业城镇。为了表达对洛厄尔的敬意，人们用他的名字命名了这个工业城镇。

到了 1870 年，即南北战争结束 5 年后，纺织业已经是美国的第二大工业，第一大工业是生产喂饱人们肚子的食物的面粉业。英国棉纺织业迎来了一个强大的竞争者——美国。

然而，令人意想不到的是，英国、美国将很快迎来另一个更强大的竞争者，它是谁呢？

纺织“大象”再度起舞

英国对于美国在棉纺织业上的崛起非常警惕，英国工厂需要美国的棉花，但是英国不希望让这种重要的原料完全被美国掌控，此外，美国纺纱和棉布的生产，直接冲击了英国棉纺织业的市场，更是让英国头疼不已。美国南北战争的硝烟燃起时，美国棉花出口一度中断，英国工厂更是有了切肤之痛。

为了削弱美国对于英国棉纺织业的影响力，英国把目光投向了自己的最大殖民地——印度。

在 19 世纪上半叶，印度棉布已经被英国棉布击溃了，不过土地和气候适宜的印度，仍然是棉花种植的好地方。在英国人心目中，印度棉花是美国棉花的最好替代品。

贝拉尔，印度西部地区的城市，曾经长期以生产优质棉花而闻名于世。当地农民会把一部分棉花用牛车运输到恒河流域，棉花通过水路到达加尔各答。英国殖民者发现了贝拉尔巨大的棉花生产价值，于是在 1853 年控制了这一地区。在英国棉纺织厂老板们的迫切要求下，英国的印度殖民政府用从当地获得的税收收入，修建了一条通向海岸的铁路。1870 年，铁路竣工，印度副王亲临开幕式并讲话："我们都知道，美国的棉荒在刺激本国棉花的开发和生产方面有着很大的作用。"

这位印度副王的国际视野还真是很宽阔、很敏锐。

有了铁路和电报，英国棉纺织厂可以直接向贝拉尔的商人下订单，然后打包好的棉花就会从种植地装上列车，运送到孟买的码头，装上轮船迅速运输到英国本土。在苏伊士运河开通后，从印度的孟买到英国的利物浦，只需要 3 周的时间。

印度的棉花种植面积因为英国的旺盛需求而迅速扩大。比如在贝拉尔地区，1861 年，有约 63 万英亩的棉花田；到了 1865 年，种植面积就增加了近一倍，这个时段刚好是美国南北战争期间。此后到 19 世纪 80 年代，印度棉花种植面积再增加一倍，其中贝拉尔地区 1/3 的土地都是白花花的棉花。

正如美国从棉花原料产地转为棉布生产大国那样，印度如果没有发生这样的转变，才是咄咄怪事。不经意间，印度正在崛起为一个棉纺织业大国。确切地说，印度正在"重新"崛起为一个棉纺织业大国。

这一次崛起，印度是以从英国进口的先进机器启动的。有趣的是，英国对美国"偷窃"技术和机器层层设防，但是对印度网开一面。这可能主要是因为印度当时是英国的殖民地，殖民地经济发展对于英国来说也是有益的，或者说得直白一点，殖民地的经济发展会增加宗主国英国的税收收入。

英国的很多机器被引入印度，装上牛车缓慢地运抵工厂。英国的技术工人来到印度，帮助印度的工厂建设和运转。由于棉花原料充足，劳动力价格十分便宜，印度的现代棉纺织厂很容易就取得了成功。比如，1861 年，沙普尔开工了一家纺纱厂，最初只有 65 名工人、2500 个纱锭，第一年就开始盈利。到了 1865 年，工厂又雇用了 200 多名工人，规模扩大到 1 万个纱锭，并添置了 100 台现代织布机，开始生产棉布。

有数据显示，到 1894 年，印度收获的棉花量只有不到 50% 用于出口，大部分都被本国使用了，印度的棉纺织厂消费了大约 5.18 亿磅棉花，另外还有 2.24 亿 ~ 3.36 亿磅棉花用于手工纺纱。

面对英美列强的棉纺织业“霸权”，印度棉纺织业“以彼之道，还施彼身”，吸收了英国现代机器生产的先进技术，掀起了气壮山河的棉布大反攻。而且，印度并不是一个人在战斗，亚洲的另一个古老大国也参与了这场大反攻，那个国家的名字叫——中国。

“世人皆言外洋以商务立国，此皮毛之论也，不知外洋富民强国之本实在于工，讲格致，通化学，用机器，精制造，化粗为精，化少为多，化贱为贵，而后商贾有懋迁之资，有倍蓰之利……中国人数甲于五洲；但能于工艺一端，蒸蒸日上，何至有忧贫之事哉！此则养民之大经，富国之妙术，不仅为御侮计，而御侮自在其中矣。”

说这段话的是清末实业家张謇。科举高中状元的张謇主张“实业救国”，于是弃文从商，在家乡南通创办了纺纱厂。其实古代中国也曾经是棉花、棉布大国，与印度的命运很相似，本国土布也曾被欧美机器生产的棉布冲击得溃不成军。而中国走向棉纺织业现代化的脚步比印度要慢一些。

1875 年，中国的纱线基本上都是手工纺纱。19 世纪 80 年代，中国第一家现代化的棉纺织厂——上海机器织布局开始运营。直到甲午战争结束的 1896 年，全国也只有 12 家棉纺织厂。清朝灭亡后，中国的棉纺织业迅速发展，到 1925 年，全国已经有上百家工厂，300 多万个纱锭，雇用了 25 万工人。到了 1931 年，全国 80% 以上的纱线都是机器纺纱的，几乎所有的纱线都由本国工厂生产，“上海正在迅速成为远东的曼彻斯特”。

几家欢乐几家愁。在印度、中国等亚洲国家的棉纺织业突飞猛进期间，英美棉纺织业无奈地跌下了至尊王座。1860 年，世界上 60% 的机械纱锭都在英国本土的工厂里；到了 1900 年，这一比例下降到 40% 多一点；到了 1932 年，这一比例只剩下了 10% 左右。在第一次世界大战结束到第二次世界大战爆发之间，英国 43% 的织布机消失了，棉纺织业工人数量也下降了相近的比例。

美国棉纺织业的情况也好不到哪里去。在亚洲人口大国廉价纺织品的冲击下，到了 20 世纪 30 年代，美国新英格兰地区的棉纺织厂“经历了崩溃……甚至比旧英格兰（即英国）的工厂更彻底”。

1958 年，长久以来一直坚定拥护自由贸易，曾经在世界棉纺织业中叱咤风云的曼彻斯特商会，向政府提出要求，英国的棉纺织业需要得到保护。这一幕与二三百年前英国毛纺织业、麻纺织业向政府呼吁保护自己是多么的相似！这一幕的上演，反映了英国棉纺织业的衰落。

附记：圣雄甘地的棉花经济学

提起圣雄甘地的大名，几乎无人不知，无人不晓，这个瘦小的印度人高举“非暴力”的大旗，引领了印度民族解放运动，最终让印度脱离了英国的殖民统治。为了消弭印度国内各民族、各宗教间的紧张冲突，他甚至冒着生命危险，多次绝食，希望警醒各派力量，以非暴力的方式来达成妥协。

甘地的“非暴力”哲学与政治思想深刻地影响了全世界的人民，推动了许多国家通过和平的方式来变革，避免了代价高昂的流血和暴力事件，确实功德无量。

今天的印度是经济并不发达的国家，在甘地生活的 20 世纪前半叶，当时的印度更加贫穷。所以甘地不仅在哲学、政治上提出了自己的观点，他对如何振兴印度经济也有一番自己的见解。

甘地认为，世界上的痛苦根源不是人们的需求、欲望得不到满足，而恰恰是人们有无节制、不断增长的欲望，节制欲望就能获得快乐。因此，辛苦工作是每个人的需要，它能给人们带来欢乐，不工作的人才是痛苦的。

甘地的这个观点实际上是提醒人们不要贪图享乐，要用自己的双手创造幸福的生活。这个本意并不错，但是人们工作正是为了让生活变得美好，让自己生活得更舒适，欲望的满足的确带来了快乐，而不是痛苦。

在印度的一种重要经济作物——棉花上面，甘地犯了严重的经济学错误。

印度曾经是古代棉纺织业大国，印度棉布畅销世界。近代以来，英国凭借现代机器生产技术，一度击败了印度土产棉布，欧洲纺织品甚至还倾销到了印度境内。从 19 世纪中期开始，由于英国放宽了技术出口限制，一批印度商人抓住机遇，引进了一些织布机，开始在印度建厂，制造棉布，逐渐夺回了被欧洲人占领的国内纺织品市场。根据统计，1896 年，印度本土棉布只占国内需求总量的 8%，但是到了 1945 年，印度国产棉布已经占到了国内需求总量的 76%，可谓大获全胜！

就在这时，甘地站了出来。也许是对英国的殖民统治过于痛恨的缘故，甘地不仅反对本国向英国出口棉花，而且反对从英国引进任何织布机，以及其他各种先进的工业技术。在他看来，印度人只有回到过去的农耕时代，才能彻底摆脱殖民者带来的负面影响，才能重新过上幸福的生活。

“我们必须逐渐恢复过去那种简单的生活方式，铁路、电报、医院、律师、医生……所有这些东西都必须丢弃掉……你不能在工业文明的基础上实现非暴力的理想，这种理想只能从自给自足的乡村中找到。”

这正是甘地在一次集会上所说的话。

以身作则，甘地特意学会了手工纺线，自己给自己做衣服，并号召民众用印度的传统方式生产各种生活必需品。很多人知道，古老的印度纺车是甘地经济思想的象征。只要一有空，甘地就会转动他的纺车，并呼吁把纺车送进每一户人家。即使在绝食抗议多日后开始恢复进食时，他也要求周围人搬来纺车，用一双瘦弱的手艰难地转动。

多么感人的一幕！可惜他的经济学思想只能让贫穷的印度更加贫穷！

不向欧美国家出口棉花，印度就缺乏必要的外汇，无力购买国外先进的技术和商品，经济发展受到很大限制。坚持土法织布，效率极低，生产出来的棉布质量也不敢恭维。

经济学家曾经专门研究了甘地的经济政策，发现人人纺纱织布的经济模式对当时的印度经济并无真正的促进作用，反倒是后来利用国外先进的织布机进行生产的模式普及开来，推动了印度纺织业的快速发展。

印度最初的国旗中间有个轮子，据说就是甘地提议加上去的，代表印度古老的纺车。甘地此举是希望印度人能够自力更生，完全不依靠外界来获得幸福。但是他也许不知道，那种纺车并不是印度人发明的，而是12世纪由古代的波斯人发明，在14世纪传入印度，把印度当时的织布效率提高了至少6倍。

从经济学上讲，闭关锁国、退回农耕时代，都违反了基本的经济规律，会给一个国家带来经济灾难。

第八章｜黄金、军费以及牛顿爵士

如果要评选古往今来伟大的科学家，也许伽利略、牛顿、达尔文、爱因斯坦会成为呼声很高的候选人；如果一定要评选科学家中的“一哥”，大部分人的选票会投给英国的艾萨克·牛顿爵士。

72岁的时候，牛顿还能指点别人研制经线仪，年轻时的牛顿更是凭一己之力，发现了牛顿运动定律、万有引力定律，创立了微积分和光粒子说。这么伟大的人物，女王封他个爵士，也算实至名归吧？

非也！牛顿获得爵士头衔，还真不是靠他的科学名头，而是靠他的经济学和金融才能。从牛顿对经济学的贡献谈起，我们就此展开了黄金与白银几百年恩怨情仇的剧情……

“大剪刀”向银币下手

在人类文明的最初，货币的种类五花八门，有用贝壳的，有用石头的，还有用各种金属的。后来，世界上的货币逐渐统一到了价值很大、易于标准加工的贵金属上，比如金、银，此外对于一些日常的小额交易，古代人也使用铜作为货币材料。

在经济学上，某个国家以什么金属作为基础货币，我们就说这个国家的经济实行的是什么本位制。具体来说，有金本位制、银本位制、铜本位制等，还有所谓的复本位制，也就是两种甚至更多种金属货币都通用，比如金银复本位制、银铜复本位制。

黄金在自然界里很稀少，物以稀为贵，黄金在人们心目中的价值就很贵。货币是作为人们交换商品的中介而存在的，在古代，由于黄金很稀少，价值又高，所以往往难以单独作为一国的货币，在大量的经济活动中发挥货币的作用。于是在人类历史上的很长一段时间里，人们实行的其实是一些复本位制，比如西欧一些国家，长期实行金银复本位制。把价值相对较低、产量很大的银子也拉进货币体系里，人们在交换商品时就更加方便了。

但所有复本位制都有一个致命的麻烦：两种金属货币在相互兑换的时候，应该按照什么比率呢？

这事儿说起来简单，看两种货币的购买力就行了，假如 1 盎司黄金和 15 盎司白银的购买力相同，那么黄金与白银的兑换率就是 1∶15。然而现实是复杂的，比如，当政府规定好黄金和白银的兑换率后，突然之间，边疆某地发现了大金矿，黄金供应量大增，金价立刻下跌，人们纷纷把黄金抛售，兑换成白银留在手中，市场上白银量会骤减，严重的时候，人们能把国库中所有的白银都兑换出来，整个国家的货币体系就会受到强烈的冲击。

即使在贵金属产量稳定的时期，也会有许多“不法分子”试图钻复本位制的空子。金属货币在流通过程中，总会有所磨损，尤其是许多人有咬黄金看成色的习惯。金币上往往标注着金币的价值，但磨损的金币的含金量显然达不到标注价值。于是，投机者就把有磨损的金币兑换成没有磨损的金币，然后熔化为黄金，手头凭空就多了一些金子。

更有甚者，投机者会故意打磨金币，让其人工磨损，打磨下来的那些金属碎屑，当然落入自己的腰包，磨损的金币拿到市场上，兑换回完好的金币，然后继续打磨。这个诡计自从金币诞生的那一天起，可能就有人想到并实施了。

17 世纪的英格兰，这样的投机者层出不穷。在 17 世纪上半叶，英格兰的金银币都是手工生产的，于是社会上出现了所谓的“大剪刀”投机者，他们故意磨损金币，以次换好。为了打击这帮人，英国皇家铸币局引入机械化生产，并在硬币边缘铸造锯齿。

这些措施并没能挡住“大剪刀”们施展“夺钱剪刀手”，而且英国的执法者也无法给这帮不法分子定罪，因为既然金属货币会出现自然磨损，那么一枚磨损后的银币拿过来，你能说出这到底是自然磨损的，还是人为磨损的吗？很难区分。

其实，最大的“大剪刀”不是别人，正是英国王室自己。

还记得那个“失地王约翰”吗？古代欧洲的传统是：国王、贵族、骑士负责打仗；农民负责种地提供粮食；商人负责货物流通和交税。进入近代以来，国王以及由贵族构成的议会收税的最主要目的，也还是打仗，而不是像现代社会这样，是维持本国政府的运转和民生项目。毕竟近代的欧洲群雄并起、烽火连天，1689 ~ 1815 年是英格兰以及英国工业革命和农业革命的高潮时期，而在这 126 年间，英格兰有 73 年在打仗。

打仗就需要军费，最主要的来钱手段是收税。但是前面已经谈过，英格兰国王受到议会的严格约束，收税不能随心所欲。于是，和许多欧陆国家的国王一样，英格兰国王也会动本国货币的歪脑筋，降低硬币中贵金属的含量，铸造成色与货币标注价值不匹配的货币，并依靠国家强制力发行到市场上。标注 1 先令的银币，实际的金属价值也许只有 0.5 先令，这实际上等于是国王向全体臣民收取了“铸币税”，把一部分臣民的财富通过不值钱的货币，洗劫到自己的口袋里。

英格兰国王的“大剪刀”在 1689 ~ 1697 年的欧洲“九年战争”中越发锋利了。当时为了对抗欧洲陆上第一霸主法国的扩张，英格兰与荷兰、神圣罗马帝国等国结盟，展开了一场持久战。国库里的钱哗哗地流走，国王只好通过铸造劣质钱币来筹款。1688 年，英格兰铸币中的含银量还在 88%，但是到了战争后期的 1695 年，铸币中的含银量已经下降到 50%，且面值没变化。

钱币到底该算多少钱

由于当时黄金在英格兰官方并没有明确的定价，所以英格兰的货币体系算是银本位为主。面对银币越来越劣质的情况，英格兰民众拼命地把劣质银币花掉，储存黄金和纯银块。黄金兑换白银的比率不断下滑，投机者开始拿着白银到国外换购黄金，然后把黄金运进英格兰国内，再兑换回白银，凭空就多出了很多白银。白银大量外流，英格兰的市面上钱币缺乏。政府每铸造一批银币，没什么响动就不见了。

长此以往，国将不国！英格兰第一“剪刀手”国王坐不住了，在准备发行新银币的时候，他让议会赶快拿主意。在货币铸造问题上，英格兰的议员们分成了两派。

一派以财政部的秘书威廉·朗兹为首，他提出国家在铸造新的银币时，把面值提高 25%，也就是让新的银币相对于过去铸造的银币贬值。这种做法是国王所希望的，因为这样等于再次向全民收取了铸币税。但民众显然不是傻瓜，如果真要这么施行，民众可能会拒绝使用新的银币。

另一派以当时著名的哲学家约翰·洛克为首，他崇尚天赋自由，宣扬政府是为公民服务的。从自己的哲学观点出发，洛克认为，1 先令的银币就应该代表等价的白银，并且永远都应该代表等价的白银。如果手持某一面值银币的人兑换不出等价的白银，这就等于政府在窃取私人的财产。

朗兹代表的是以国王为首的王室的利益，而洛克则代表了工业革命出现的、新兴的工商业主的利益，小小的银币如何铸造，实际上关乎两方力量的输赢。

两派的代表人物在货币委员会中展开了辩论。这个世界上有一条铁律——永远不要和哲学家辩论，否则你会死得很惨。而朗兹的对手正是一位大哲学家，谁赢谁输，高下立判。最终，洛克在辩论中大获全胜，新铸造的银币的面值没有提高，国王并没有得到他想要的战争经费。

这场关于货币面值和实际价值的争论，在朗兹和洛克的时代之前和之后，争论了很久。在纸币漫天飞舞、通货膨胀天天见的今日世界，这个问题似乎已经不是问题了，现实是纸币的面值远远大于那张纸的价值。但这个问题其实贯穿了货币的历史，直到今天依然值得我们深思。

拥有铸币权的人，究竟可以靠发行货币获得多大的利益?

拥有铸币权的人，往往也是国家的管理者，古代叫皇帝、国王，今天则是各国的中央银行,而中央银行听命于本国的政府。管理国家就要有开销，保家卫国的军队、警察需要养活，各种公共服务设施需要提供，甚至包括小区里的健身器材。铸币权对人性是太大的诱惑了，拥有者往往会滥用铸币权，满足自己的各种需求，于是货币就变得越来越没有购买力，就如英国在九年战争期间那样。

没有人可以明确地告诉大家，铸币权拥有者可以从这个权力里得到多大比例的分成，在现实世界中，他们和臣民或公民之间永远进行着切蛋糕的游戏，他们往往能多切一些给自己，但切得太多了，感到不公的公众就会掀翻桌子，把整块蛋糕都扔到地上，谁也吃不到了。

所以，维持货币价值相对稳定，对于国王也好，臣民也好，从长远看都是非常必要的。17 世纪末的英国，就走到了需要建立稳定货币体系的时刻。

该是本篇主人公牛顿登场的时刻了。

牛顿让银币遭殃

从人生经历来看，牛顿是位科学家，讲究逻辑的严谨；从阶级层次上讲，牛顿是农民的儿子，是下层民众的杰出代表。这样的个人背景让牛顿在涉足货币问题之初，很自然地站到了哲学家洛克的阵营之中，反对朗兹提出的铸造成色不足银币的方案。

牛顿在1696年进入英格兰皇家铸币局，成为铸币局的总监。据说，这个职位是牛顿当年的一个学生为了报答师恩，在国王面前力挺牛顿而得来的。当时这个职位虽然号称是国王在铸币局的代表，其实只是个闲职。科学家往往是理性派，牛顿也不例外，他一刻也不想闲着，就任之后主持打击造假币者的工作，做事一丝不苟，非常敬业，有时还亲自到刑场去视察处决罪犯的工作。

不久之后，兢兢业业的牛顿升任铸币局局长，开始面对当时英格兰复杂的货币问题。当时英格兰市面上以银币为主要流通货币，国家发行的纸币——英镑是和银币挂钩的，英镑和银币可以按照一个比率相互兑换。前面已经谈到，英国白银大量流失到欧洲其他国家，导致铸币局想尽办法回收银币，打算重新铸币，白银的量依然是杯水车薪，根本不够铸造新币。

牛顿接手铸币局的工作后，对各国的货币情况进行了调查。他发现，一个金路易在海峡对岸的法国，价格为17先令3/4便士，而在英国则为17先令6便士，这几便士的差额，使得投机者们频繁地在狭窄的海峡两岸倒腾金银，把英国的白银倒腾到法国，换成黄金再倒腾回英国。严谨务实的牛顿认为，英国白银短缺的局面是不可能根本改变的，再铸造银币投入市场，也是打水漂一样，不过是给投机者提供了更多赚头。英国再坚守银本位体系，只会让政府的白银不断流失。

于是，牛顿放弃了用白银铸造钱币的想法，通过计算，他把黄金的价格定在每金衡盎司（纯度为 0.9）3 英镑 17 先令 10 又 1/2 便士，让英镑与黄金挂钩。如此一来，铸币局收不到白银就没有关系了，可以通过收集一定数量的黄金，然后以黄金作为准备金，也就是压箱底的东西，发行一定数量的英镑投放到市场上，人们使用英镑交易。

一脚踢开疲软的白银，把黄金扶上货币体系的宝座，让英镑与黄金挂钩，这样的金本位体系正是从牛顿主持铸币局期间开始建立的。严格的金本位制允许人们想用黄金结算经济活动中的交易，就用黄金，想用代表了一定量黄金的英镑结算，也悉听尊便。

然而，拥有铸币权的人会老老实实地发行和储备与黄金价值等量的英镑吗？

那怎么可能！拥有铸币权的人总会假定，所有的储户不会同时来提现，因此完全可以以几倍于储备金的总量来发行货币，自己手头只存有一定量的储备金，应付日常的提现就行了。所以在英国施行金本位制之初，拥有铸币权的人就不老实，他们发行远比手头储备黄金的价值多得多的英镑。

英格兰银行是当时主要的英镑发行、贷款机构之一。既然说之一，那就还有之二、之三。的确，当时和英格兰银行平起平坐的，还有其他的银行，以及在当时英格兰对外贸易中举足轻重的公司——东印度公司。也就是说，在牛顿那个时代，英格兰还没有现代政府所拥有的唯一性的中央银行。

几个机构的竞争，很自然地演变为恶性竞争。1707 年，东印度公司为了击垮对手英格兰银行，开始悄悄地在英格兰本土用自己手头的货物兑换铸币，以及英格兰银行发行的银行券，也可以看作纸币英镑。在收集了足够多的“筹码”之后，当年 8 月，东印度公司突然发难，派人拿着高达 30 万英镑的英格兰银行的银行券来到该银行柜台，要求银行无条件兑换铸币。

然而，英格兰银行发行的银行券远比自己储备的黄金、白银要多，手头上存留的铸币根本无力兑换这些突然杀回来的银行券。危机爆发了，公众发现自己手中的英格兰银行券可能无法兑换出黄金一类的铸币，在恐慌之下，他们涌入英格兰银行，要求把银行券兑换成铸币。东印度公司的阴谋就要得逞了。

商场如战场。就在这千钧一发的时刻，英格兰银行的股东出手了。英格兰银行的股东来头不小，包括了当时英国的女王安妮，以及两位重量级的公爵。女王用脚趾头都能想明白，当时能一出手就是30万英镑银行券的家伙，非东印度公司莫属，其他机构或个人根本没有这样的实力。不论英格兰银行，还是东印度公司，都是大英帝国的孩子，两个孩子打架，女王不能袖手旁观。于是，女王和公爵们一方面把手头上拥有的铸币拿出来，供一个孩子——英格兰银行应对公众的挤兑风潮；另一方面警告另一个孩子——东印度公司，30万英镑的银行券还是你的，但你不能以这种方式提取铸币！

在王室的鼎力相助下，英格兰银行终于渡过了难关，保住了自己在银行业的江湖地位。否极泰来，在此后的几十年中，英格兰银行逐渐垄断了英镑的发行权，成为名副其实的大英帝国中央银行。强大的背景、卓越的信誉，使英格兰银行发行的英镑不仅在大英帝国疆域内得到了人们的认可，甚至在全球范围内都是“硬通货”，因为大家都相信，英镑代表了黄金，谁会怀疑黄金的价值呢？

有了金本位制和英格兰银行，大英帝国与欧洲列强争雄时，就多了一把锋利无比的金融利剑。九年战争时，英国王室为了战争筹款焦头烂额。英格兰银行就是在战争期间的1694年成立的，它的第一笔大单生意就是筹措资金，向王室提供20万英镑的贷款，支持王室打赢九年战争。当然，王室那时候也不知道这场战争到底要打到什么时候，但有了英格兰银行的贷款，起码手头就不那么拮据了。

由于在铸币局中的杰出工作，牛顿在1705年被授予爵士的头衔，给牛顿封号的人正是英格兰银行的大股东之一——安妮女王。

英国的金本位制从牛顿开始，不过从法律上明确实行金本位制，则是1816年的事情了，在此之前，英国已经在法律上取消了白银作为通货的地位。白银在英国已经彻底被黄金打败了。大英帝国能够在与欧洲列强法国、西班牙、荷兰的陆上、海上战争中都笑到最后，取得最终的胜利，毫无疑问，稳定的金本位制和可靠的英格兰银行是其争霸的重要资本。

议会和君主，谁能搞到更多钱

从经济的角度看，战争打的就是钱，尤其是旷日持久的战争，获胜方必然是经济后盾更强的一方。为什么英国能够在欧洲群雄争霸的过程中脱颖而出，击败了一个个人口、土地面积远比自己更多更大的敌人，建立起空前规模的大英帝国？

因为英国解决了三件事：筹钱、筹钱和筹钱。

以1688年威廉三世发动的“光荣革命”为起点，英法“第二次百年战争”正式拉开帷幕。法国的主要目标是获得更大版图，称霸欧陆，英国的目标是保护和发展海外殖民地，但称霸陆地和称雄海洋绝不是井水不犯河水，而是充满了利益冲突，英国不能坐视法国统治欧洲大陆，法国也不能容忍英国扩张到全世界。双方剑拔弩张，都需要获取大量的军费来支撑漫长的战争。从经济角度讲，谁能筹集到更多的军费来维持和扩张军事实力，谁就能取得“第二次百年战争”的最终胜利。

威廉三世从荷兰入主英格兰后，英格兰当时的主要政治议题是如何打赢战争，当时议会的两大政党中，辉格党支持威廉三世对欧洲大陆进行直接的军事干预，托利党则更倾向于发展海洋战略，扩大殖民地范围。两党一致认为，要实现自己的目标，就应该限制法国路易十四的扩张行动，英格兰需要一个强有力的国家来保护人民。

威廉三世和议会在对法国作战上达成了一致，收税的事情就好说了。为了对付路易十四，威廉三世筹集到大量军费，其中大部分来自当时政府的财政收入，还有一部分是通过长期贷款获得的。这部分原因是威廉三世成为英国国王后，立即召集他的犹太金融家朋友们支持自己加强军事力量建设，于是大量资金、人力从荷兰开始涌入英格兰。英格兰原本在农业、制造业上就与荷兰在伯仲之间，差距主要在金融上，阿姆斯特丹曾是欧洲的金融中心。但是以威廉三世入主英格兰为标志，世界金融中心也发生了易主，伦敦开始接替阿姆斯特丹成为新的金融中心。

在 1680 ~ 1780 年，英国年均税收收入从九年战争时期的 3600 万英镑，增至七年战争时期（1756 ~ 1763 年）的 8600 万英镑，同期英国陆军和海军的规模扩大了 3 倍。战争是昂贵的，海军军费更是天价。1780 年，一艘配备 74 门火炮的战船造价 5 万英镑，而英国当时最大的造船厂的造价仅为 5 万英镑的 1/10。一支满员的英国舰队可以达到 2.4 万人，其人数超过了当时绝大多数欧洲城镇，这也意味着当整个舰队进港休整时，会对后勤供应产生巨大的压力。

当时普通欧洲人的观念是，如果一个国家的国王受到了很大的约束，那么这个国家在对外维护自己利益的时候，能力上就会被削弱，因为传统上，国王是对外作战的最高指挥官。法国是王权强大的国家，而英国是议会强大的国家，实行君主立宪制。英国实行君主立宪的原则通过 1689 年颁布的《权利法案》得到了确认。虽然国王被立为统治者，但即便是国王，如果违反议会所代表的国民意愿，恣意妄为，就会成为被否认和排斥的对象。议会是政治的实质性决定主体。以首相为首的内阁负责国政，并且不对国王负责，只对议会负责。

这样一个“君不君，臣不臣”的国家，在战争期间会有多大的战斗力呢？

在当时，很多欧洲人并不看好英国能够最后胜出，甚至一些英国人也持有这样的看法。

然而最终的结果却是，英国几乎赢得了每次重大战役的胜利，并最终获得了英法“第二次百年战争”的完胜，荣耀无比地登上了世界霸主的宝座。

议会制如何战胜了绝对君主制？

一个原因是，议会固然对国王形成了牵制，让国王不能为所欲为，但一旦议会决定支持国王，那么英国就能形成上下一心的强大合力，为了打赢战争，英国能够调动非常多的财政资源，也就是筹集到更多的钱。另一个原因是，议会对王权的限制，使得国家税收能够在公共领域里得到更好的使用，取之于民，用之于民，让每英镑产生的效益更多，从而达到国强民富的效果，不战而屈人之兵。

以每个国民负担的税收为例。在 18 世纪的大部分时间里，平均下来，每个英国人交的税要比每个法国人交的多一倍。在后来的拿破仑战争期间，每个英国人交的税更是达到了每个法国人交的三倍。

虽然道理上说，法国的君主独揽大权，应该能够从百姓身上搜刮更多的钱用于战争。但实际上，正是因为王权的强大，导致了官僚体系僵化，腐败横行，底层的法国民众相对于英国民众来说更为贫穷，庞大的底层民众就算是掘地三尺，也收获不到多少油水。而富裕的英国民众即使交出了比法国民众多一倍甚至更多的税，他们的生活还是要比生计艰难的后者更好。

让我们以英法两国的海军力量为例。1692 年 6 月，英格兰与荷兰的联合舰队在诺曼底拉乌格海战中打败法国的入侵舰队，法国海军基本上被打崩溃了，要重新建立强大的海军，法国需要庞大的经费。但是，国内财政已经捉襟见肘，法国国王路易十四被迫放弃了重建海军的打算，转向更加传统的方式，即把海军外包给法国的私掠船，也就是支持海盗力量。应该说，这是一种便宜的方式，但是只适用于中世纪和大航海时代早期。在各国已经进入正规海军时代，船坚炮利横行海面的时代，路易十四的做法其实没多大实际意义了，等于是放弃了法国在海上争霸的念头。

反观当时的英国，海军力量日益壮大，到了1730年，英国海军比欧陆上的几个主要国家的海军力量的总和还强大，已经成为海上的绝对霸主。

自从威廉三世入主英格兰，就逐渐形成了议会控制下的宽松的君主立宪这一国家制度。举国上下热衷于鼓励私人投资，扩大金融市场机构的活动，推动经济发展。这些政策给了私人资本市场充足的信心，国内经济繁荣给政府带来了大量的税收收入。而且，银行家和民众们相信本国政府是有信用的，国家的税收和贷款确实能够取之于民，用之于民，于是当战争来临时，英格兰能够获得比敌国大得多的资金支持。

这就是近代欧洲的“财政—军事国家”的体制，依靠国家财政收支来支撑一支常规军的军事力量。现代国家基本上都是“财政—军事国家”，我们现代人可能会认为国家理所应当是这样的。但在中世纪的欧洲，情况并非如此。

中世纪的欧洲，统治者对政权的控制力很弱，他们没有专门的税收部门，军队也往往由雇佣军构成，一个国王自己没有多少武装力量，要靠支持自己的大小贵族的武装来形成合力，拱卫国土。

近代开启后，特别是火枪、火炮技术革新并大量用于战场后，中世纪的那些骑士、城堡被无情地摧毁了，于是中世纪的国家结构也瓦解了，“财政—军事国家”的体制开始流行。欧洲列强争霸，导致军队规模急剧扩张，比如法国军队在17世纪末的时候，达到了40万大军的顶峰。而在1701 ~ 1714年的西班牙王位继承战争期间，英国和荷兰虽然人口远远少于法国，但也都各自维持着10万大军的规模。听上去这些欧洲国家的军队数量比起东方的一些帝国如清朝、莫卧儿王朝要少，但是当时欧洲军队的武器配备和训练成本比东方帝国的军队高得多，因此维持庞大军队的花销非常高。

到了 18 世纪时，欧洲各国政府每年的财政支出中，有一半以上都用于军事。所以，一个国家的财政实力和财政稳定性就成为决定该国军事规模的关键，也间接决定了该国在战场上的胜负。而财政能力的高低，取决于本国经济发展水平，也取决于本国在世界金融市场上的信用。

作为“财政—军事国家”，英国的表现远远好于法国。到了 19 世纪早期，英国政府每年能够获得的财政收入，是其 100 年前的 10 倍。而且在 1800 年前后，英国近 1/3 的税收来自对进口的热带食品和酒精类饮料征收的关税，而不是直接从国内普通百姓身上榨取钱财，“议会不对最基本的生活必需品——面包课税”。

政策灵活、行动高效的议会制挖掘出了更多的军费，支撑英国军队一次次打败了绝对君主制的法国军队，并在 1815 年拿破仑战争后终结了与法国的百年争斗。战争中有赢家就有输家，法国不仅输掉了旷日持久的“第二次百年战争”，还失去了绝对君主制，这个后果到底是好是坏，咱们后面会讲。

第九章 | 法国还在，但钱没了

英吉利海峡西边的大英帝国凭借先发的工业革命和完善的金融体系，迎来了日不落帝国的光辉岁月。胜利者总是能获得更多的赞誉和关注，近代史中的大英帝国无疑是胜利者，而西班牙挥霍光了美洲金银，走向了衰落，绝对是咎由自取。

对于英吉利海峡南岸的法国，人们也往往用挑剔的目光看待。不论是国土还是人口、自然物产，法国都要比英国起步时的情况好很多，为何法国在与英国争夺全球霸权的过程中屡战屡败，不论是军事还是经济，都始终差那么一口气呢？

太阳王光芒下的财政阴影

在法国的近代史上，路易十四是一位强势的君主。由于年轻时喜欢戏剧，路易十四曾扮演太阳神阿波罗，因此后人习惯称呼其为太阳王。太阳王路易十四在位时间72年，这个当政纪录不仅前无古人，恐怕也后无来者。路易十四当政的时期，也正是法国称霸欧陆的风光时期。

1643年，当父亲去世时，路易十四年仅5岁，只能由母后安妮摄政至1651年。而安妮也完全依靠意大利裔首席大臣马萨林协助出谋划策，定夺国家大事。当时法国的局势并不稳定，贵族闹事、农民起义，不同宗教派别打成一锅粥，小路易十四和母后曾经数次被迫逃出巴黎避祸。如果给路易十四找一个东方的君主来对应，清代的康熙皇帝是最好的人选，两人都是幼年登基，都面对着混乱的政局，甚至都有一个传奇般的女长辈陪伴了少年时代，路易十四有母后安妮，康熙有孝庄太后。

也正是各派谁都不占优势的混乱局面，给了“法国康熙”路易十四所代表的王室称雄的机会。路易十四先是摆平了大贵族的势力，然后镇压了数次农民起义，最后又打败了国内拥有大量堡垒和武装的教派。

扫清了国内的各个“山头”，路易十四终于手握至高无上的王权，法国境内无人再敢挑战他的权威。

路易十四是一位深受传统政治思想熏陶的独裁君主，顽固而保守。在他的统治下，凡尔赛宫中央专制王权战胜了地方贵族势力，把所有大权集于一身。在太阳王路易十四的头脑中，君主专制当然是最适合法国发展的政治形式。当时的法国是西欧面积最大、人口最多的国家。2200万的人口大大超过它的主要对手西班牙、荷兰共和国，以及海峡对岸的死敌——英格兰。

然而环顾四周，路易十四发现世界太不安全了。往西看，英法从百年战争开始就是宿敌，海峡对岸的英格兰正在崛起，让他寝食难安；往南看，挥舞着美洲金银的西班牙试图让全欧洲都臣服在其脚下；往西北看，德意志境内的许多势力与西班牙沆瀣一气，时刻准备南北夹击他的法国；正北方的“暴发户”荷兰也绝对不是省油的灯。

群狼环伺，路易十四不得不尽力维持欧洲最大规模的军队，在海上与英国争锋，在陆地上与南北方的强敌抗衡，还要保护自己的美洲殖民地特别是加勒比海岛屿上的蔗糖种植园的安全，保障从西亚穿过地中海而来的贸易路线的通畅……

要在这样的国际局势中生存，打仗是避免不了的，因此花钱也是避免不了的。

到哪里弄到钱，是近代所有君主的心病，对于雄才大略的路易十四，就更是心病。国王不可能亲自去搞经济，路易十四把挣钱的事情交给了自己的财政部长柯尔贝尔。柯尔贝尔是一位忠心耿耿的王室管家和兢兢业业的会计，他管理法国财政和税收的要诀总结为一句话，就是办好国有企业——王室工场。

柯尔贝尔给手工工场主发放大量的补助金和贷款，帮助他们发展生产。工场主和工人可以得到减免租税、免服兵役的优待。为了保证工场的劳动力供应，法国甚至颁布了禁止工人流动到国外的法令，并吸引国外的熟练工人移民法国。

这些民间的手工工场的纳税远远满足不了柯尔贝尔的需要，确切地说，是满足不了路易十四的胃口。于是柯尔贝尔利用国家资本，直接兴建了大量的王室工场。这些国有企业资金雄厚，而且在生产和销售上都享有特权。国有企业获得的利润，可以由国家也就是王室自由支配。

柯尔贝尔的计划看上去很完美，有了繁荣的工场，税收应该会滚滚而来。但是，不论是补贴民间工场还是兴建王室工场，都需要资金。在当时的法国，王室、贵族和教士都是不用纳税的阶层，现在工场主和工人也减免了税收，因此国家的税收只能全部压到农民的身上，农民的生活每况愈下。

其实工人的生活也好不到哪里去。由于王室工场享有特权，民间工场根本无力和王室工场对抗，因此逐渐走向衰落，工人的薪水自然也就少得可怜了。别以为王室工场的工人会好一些，由于路易十四多次征战欧洲，每打一仗，都需要从王室工场攫取大量的利润，王室工场也只能压低工人工资，来满足国王对钱的胃口。

柯尔贝尔也不想干这种竭泽而渔的蠢事。他曾经说过一句名言：“征税的艺术就像从鹅身上拔毛，既要多拔鹅毛，又要少让鹅叫。”对民众征税太重，抽走了过多的资金，不仅使民众缺少投资的资金，经济陷入萎缩，还会让民众无力消费，进一步加剧本国市场的萧条。

但是作为王室管家，柯尔贝尔对路易十四贪得无厌的资金要求不敢说“不”。曾经有一次，路易十四要增加海军军费，柯尔贝尔委婉地表达了不同的看法。很快，他就收到了国王的手书，上面写着：“不要再令我生气，我所做的决定，都是在听取你和你的同事所有人的意见后，综合考虑得出的结论，因此，无论何时，我都不想再次听到关于此事的议论。”

得到了这次警告后，柯尔贝尔对路易十四只能俯首帖耳。他希望改革政坛、打击腐败，却不得不和腐败的官员们同流合污，通过向地方派遣权力极大的征税官的形式，加大征税的力度，却助长了腐败的滋生，那些征税官往往横征暴敛、中饱私囊。王室工场的管理者往往是王室成员或其亲属，在经营的过程中通过特权获得个人财富，损害国家利益，已是公开的秘密。大量的税收财富在腐败体制中蒸发掉了。

偏偏路易十四除了有称霸欧陆的野心，还对艺术和生活有浓厚的兴趣，在路易十四的晚年，国家税收的一半都用于装点奢华的凡尔赛宫和王室日常的挥霍。在太阳王赫赫军功和煌煌宫殿的背后，法国财政的阴影面积越来越大。

拒不召开三级会议

每当大战来临，路易十四就越发觉得钱不够花。在1688年爆发的九年战争中，路易十四不惜打破过去的传统，开始征收人头税。这是法国第一次向所有臣民直接征税。与传统的租税不同，每一个臣民，不论等级、地位，都要向国王缴纳人头税。几年后，路易十四又开始向臣民征收另一项直接税——什一税。这些新的税种加起来，占到整个国家税收的1/4。贵族们也要缴纳这些税，但与他们的总收入相比，这些税只是九牛一毛。

此后，1701 年爆发的西班牙王位继承战争，使法国的财政压力更大了。1706 年，法国在战场上吃了一些败仗，法国元帅旺多姆对战局非常担忧，因此建议国王路易十四重新召开三级会议，以重新获得民众的支持，打赢战争。

三级会议是什么？为什么要重新召开？

三级会议原本是法国中世纪的等级代表会议，实质上就是一种议会形式，议会的参加者分为第一等级教士、第二等级贵族和第三等级市民，所以称为三级会议。三级会议的主要职能就是审议国王提出的征税建议，而征税往往是用于作战。这样的传统其实和英格兰议会传统是类似的。但是随着法国王权的日益强大，三级会议的权力越来越小，和海峡对岸可以震慑国王的英国议会完全不能相提并论。

1439 年，法国三级会议丧失了对地方领主征税的审批同意权。此后，三级会议丧失了对国王征税的审查权力，国王可以自行确定征税的税率。最重要的是，税收的征缴和军队的开支已经完全不需要经过三级会议的同意。如果说在英格兰，议会的地位与其国家实力越来越成正比的话，那么在同时期的法国，则形成了完全相反的政治格局。尽管法国在欧洲的地位是与王权的强大有密切联系的，但三级会议的地位日益下降。

到了 1614 年，法国的三级会议被无限期地终止了，大家都听国王的话就行了。所以差不多一个世纪后，当旺多姆建议路易十四召开三级会议的时候，路易十四拒绝了这个建议，因为如果重新开启三级会议，就表明了国王向贵族和民众低头让步，以换取税收支持，贵族和民众可能会提出更多的要求，海峡对岸的英格兰议会就是他们的榜样。

路易十四肯定会在心里嘀咕：“万一三级会议这帮家伙效仿英国议会，要砍掉国王的脑袋怎么办？”他显然不想成为查理一世。

不让步就意味着财政的继续恶化。法国政府的财政收支从 1690 年开始，几乎年年巨亏。此时“革命的老黄牛”柯尔贝尔已死，路易十四为了筹钱，竟然开始卖官。

卖官其实古往今来不算什么新鲜事，中国汉朝末年皇家为了筹钱，就曾经大肆卖官。但路易十四卖官，就像他在位时间那样“前无古人，后无来者”，他什么官都卖，平均每年能从卖官中获得7000万里弗尔的收入，占当时王室总收入的50%。

经济学里“供给—需求”的永恒定律又一次击败了路易十四。在卖官市场上，买家数量及其手里的资金一定的情况下，用于出售的官位越多，官位的价格就越低。在路易十四寿终正寝的第二年，即1716年，法国王室的年收入萎缩到7000万里弗尔，而支出高达2.3亿里弗尔。

江湖传言，路易十四临死前说：“朕即国家。”这句话非常彪悍，似乎很符合让法国称霸欧洲的路易十四的威风形象。但历史学家更正说，路易十四的最后一句话其实是“朕走了，而国将永存”，江湖传言是谣传而已。

是的，路易十四走了，但王室的亏空还在。太阳王的继任者深切地体会到，人世间最痛苦的事情是——人活着，钱没了。

一位赌王的经济传奇

一个流窜到法国的苏格兰赌徒，竟然差一点儿永久地解决了法国王室的巨大亏空。当然了，就“差一点儿”。

此人就是约翰·劳。他出生于爱丁堡的一个银行世家，家境不错，耳濡目染让约翰·劳很早就对经济规律有了很深的造诣。作为富二代，他也免不了沾染上一些乱花钱的恶习，比如赌博。由于算路精准，约翰·劳在赌场上屡有斩获。但久赌必输的魔咒也一样降临到了他的头上，在输掉了大笔的钱后，他只身到伦敦去碰运气。追美女是富二代的另一通病，约翰·劳也不例外，他在伦敦和别人为了一个女人而决斗，并在决斗中杀死了对方。

闯下大祸的约翰·劳辗转逃回了苏格兰老家藏身。

“鲜衣怒马少年时”的约翰·劳终于浪子回头，竟然闭门疾书，写出了一本著名的经济学著作《论货币和贸易——兼向国家供应货币的建议》。

在这部著作中，约翰·劳认为，政府应该设立拥有货币发行权的银行（国有银行），提供足够的货币来保障经济活动的顺利进行，当经济萧条的时候，增加货币供应量并不会抬高物价，反而会增加财富产出。

300年后，约翰·劳的一位英国同乡写了一部《就业、利息与货币通论》，表达了与约翰·劳同样的见解。此人被尊称为“宏观经济学之父”，他就是名满天下的凯恩斯。

约翰·劳不仅是理论家，他还学以致用。他向苏格兰官方建议成立国有银行，但遭到了当局的拒绝。怀才不遇的约翰·劳于是去了当时自由贸易的圣地——荷兰，在那里从事法国和荷兰之间的金融投机，于是他对法国的经济状况有了深入的了解。

1716年，约翰·劳大展宏图的机会来了。他的一位赌桌上的朋友——法国摄政王奥尔良公爵正在为路易十四留下的烂摊子发愁，看到约翰·劳很聪明，对经济好像也很在行，干脆死马当活马医，任命他为法国的财政部长。

路易十五时期，法国政治和财政制度腐败，战争的巨大损耗，军队的维持和建设，基本耗尽了国库储备。路易十四时期的40万大军，不得不削减到原来的一半以下。即便如此，宫廷依然奢侈成风，财政制度混乱，税收的重担全压在农民身上。为了逃避沉重的税收负担，许多农民竟愿意重新做农奴。

在约翰·劳走马上任之前，奥尔良公爵曾经采用削减金币里黄金含量的方法，大量铸造劣质金币，试图解决财政问题。结果，公爵这种拙劣的骗术，搞得他发行的金币还不如铜板值钱。

还是让我们一起组团欣赏赌王约翰·劳的“骗术”吧！

1716 年，法国王室特许约翰·劳成立了一家银行——通用银行，允许该银行发行纸币，纸币可以兑换金属货币，也可以用来缴纳税赋。毫不奇怪，这显然是约翰·劳的主意。

通用银行承诺纸币可以足额兑换金银货币，这就保证了纸币的信誉。法国国内市场的货币供应量增加了，法国商业开始复苏。同一年，约翰·劳向法国王室承诺，法国的税收都由他来承包，他每年给王室 5300 万里弗尔。如果当年税收少于这个数额，约翰·劳自己要补齐差额，如果当年税收高于这个数额，超出部分归约翰·劳个人所有。约翰·劳等于成了法国全国的总包税人。

约翰·劳的金融手段显然比奥尔良公爵高多了，法国岌岌可危的经济形势得到了短暂的稳定。但是，银行发行纸币需要贵金属作为准备金，通用银行的贵金属并不多，因此纸币的发行量也不会太多，否则又将触发严重的通货膨胀。

这点小事难不倒约翰·劳。既然法国境内缺少货币，经济也刚刚企稳，没有可以作为准备金的东西，约翰·劳就把目光投射到了美洲大陆，他惊喜地发现，那里有一大块法国的殖民地。拜路易十四的军事野心所赐，当时整个密西西比河流域都归属于法国。1717 年，约翰·劳向奥尔良公爵提出了“密西西比计划”，成立密西西比公司，对这块广袤的殖民地进行开发。

此时的奥尔良公爵对约翰·劳非常信任，立刻批准了这个计划。密西西比公司成立，获得了开发北美的贸易特许权，该公司发行股票，每股售价 500 里弗尔。约翰·劳规定，想购买股票的人必须首先购买国债，然后用国债来换股票。

这是什么意思？这就是约翰·劳的高超“骗术”。

他的如意算盘是这样打的：当公众买政府发行的国债时，政府就得到了货币；当公众用国债来兑换密西西比公司的股票时，公司就获得了国债。然后，公司把得到的国债全部销毁。对，全部销毁！这就等于是免除了政府发国债时承诺支付给公众的本金和利息。作为回报，政府不需要向公众支付利息了，只要在未来 25 年里，每年向公司支付 4% 的利息就行了。公众将从公司业绩增长和股价上升中获得回报。

只要这个计划实现，法国政府的国债就成了香饽饽，法国王室的巨额亏空也将得到填补，甚至彻底弥补。当然，这个计划的最重要一环，是要让公众相信密西西比公司的股票确实有价值。大片的肥沃土地、软弱的印第安人、遍地矿产和毛皮……密西西比公司的盈利前景太美好了，所有法国人都对这家公司的股票趋之若鹜。

很快，公司股票开始飙升，约翰·劳向公众承诺，面值 500 里弗尔的股票，每年可以分红 200 里弗尔，再加上股票本身也在升值，他调动起全体法国人对一夜暴富的幻想，他的股票简直如同当红歌星的演出门票那样一票难求。

据说有一位有身份地位的贵妇，为求得到密西西比公司的配股，不惜每天坐在马车上等候约翰·劳的马车经过。当马车经过之时，贵妇吩咐车夫制造“交通意外”，她借机娇呼救命，博取约翰·劳下车询问，然后贵妇趁机施展美人计，直到约翰·劳答应配股给她方才罢休。

经过约翰·劳的一顿“神操作”，最开心的莫过于法国王室，由于约翰·劳的密西西比计划进展顺利，总计 25 亿里弗尔的国债被化解于无形之中。太阳王算什么，约翰·劳才是法国人民的大救星。

然而，约翰·劳的计划之所以能够挽救法国经济，是建立在密西西比流域有潜在财富的基础上的。如果密西西比公司能够从开发北美殖民地中获得大量的毛皮、矿产以及各种各样人们需要的东西，那么这家公司的股票就是有价值的，法国公众砸锅卖铁买国债换股票就是有意义的。

否则，密西西比公司的股票和国债根本就一文不值，法国公众的财富就会被约翰·劳和王室席卷一空。

真相永远是那么残酷，500 里弗尔的股票一度上涨到 15000 里弗尔，但密西西比公司描绘的滚滚财富还连个影子都看不到。公众中间开始流传关于密西西比根本没有金矿的谣言，偏偏这谣言其实并不是谣言，而是事实。公司股价终于撑不住了，一个月时间就下跌到了10000里弗尔以下，这还是在约翰·劳自己回购了一些股票的情况下才勉强维持的价格。

其实如果公众查看密西西比公司的金库，就会发现里面的金银储备还不算糟糕，其总价大约是发行的纸币面值的50%。换成现代经济学的说法，密西西比公司的资本充足率是50%，这比现在世界上任何一家银行的资本充足率都要高很多。只要约翰·劳沉住气，能够让市面上流通的纸币不汹涌地挤兑，他构建的法国金融体系依然是健康有序的。

但是赌徒都不是有耐心的人，往往沉不住气，约翰·劳也不例外。慌乱之中，他建议王室宣布，只有纸币才是法国的正式货币，金银被禁止流通，任何人拥有超过500里弗尔的金银，都将被处以高额罚款。

此地无银三百两，约翰·劳此举加重了人们的恐慌。股票价格继续下跌到1000里弗尔之下，无数人的发财梦破灭了。愤怒的人们把约翰·劳的马车砸得稀烂，消息传到王室会议上时，开会的贵族们竟然爆发出欢呼声……他们早就看这个瞎折腾的外国暴发户不顺眼了。

奥尔良公爵最后也抛弃了约翰·劳，王室免去了约翰·劳财政部长的职务，他的公司的特许权也全部作废。

然而，抛弃了约翰·劳就能拯救法国已经崩溃的经济了吗？王室就算因为约翰·劳而胜利大逃亡，弥补了暂时的亏空，那么未来呢？奥尔良公爵宣布废止纸币流通，国家重回金银铸币的时代。

因此，这是错上加错。约翰·劳的错误只是用密西西比虚无缥缈的“财富”作为准备金，来发行纸币（中间还牵涉股票），只能算是小错，如果法国王室当时能够鼎力支持他，维护纸币的信誉，凭借那50%的资本充足率，约翰·劳可以毫无悬念地渡过难关，法国的纸币金融体系也会继续保持稳定。可是一旦废止了纸币，就是大错，法国就回到了路易十四的时代，货币缺乏、市场萎靡、税收不足、腐败横行，王室将年复一年地持续亏空。

在法国人要抓住约翰·劳并欲将他撕成碎片之前，约翰·劳再次成功逃跑了。两年后，他的公司的股票回到了 500 里弗尔 1 股，并成功地稳住了股价。谁错了？

莫以成败论英雄，约翰·劳不仅不是个骗子，还是个经济天才。200 年后，著名经济学家约瑟夫·熊彼特看了约翰·劳的著作后不禁掩卷长叹说，约翰·劳的金融理论足以使他在任何时候跻身一流经济学家之列。熊彼特何许人也？此人与凯恩斯齐名，而且在许多经济学家心目中，论真才实学，凯恩斯可能还要稍逊熊彼特。

那么，我们该如何评价约翰·劳的江湖地位呢？千秋功罪，任由后人评说。

征税要了法王的命

没有了约翰·劳，没有了信誉良好的纸币，法国王室继续向财政赤字的深渊自由落体。

1774 年，路易十六继位，接管了法国的烂摊子。如果仅仅从政府债务的数额上看，似乎也不是很严重。当时英国政府的债务是法国的两倍，如果平均分摊到每个人身上，由于法国当时比英国人口多，因此按照人头分配，每人负担的债务还不到英国的 1/5。

但我们必须注意到英国和法国的截然不同，法国虽然看似王权强大，但是国内政治局势非常复杂，国王想要强迫有钱有势的教士、贵族们出点税钱，难度很大。当时欧洲各国王室最害怕的事情，莫过于地方上的各个等级从上到下“垂直联合”，向王室施压。比如 1639 年，法国国王要征收印花税，结果诺曼底地区几乎是动员了全部贵族、教士和农民，联合起来反对征税。

即使到了 18 世纪，贵族们失去了绝对的免税权，国王可以向他们征税了，国王也不敢做得太过分，以免贵族们联合起来对付自己。虽然在战争时期法国政府向全体民众短暂收取什一税，但在贵族和教士们的压力下，战争一结束就取消了这项赋税。

这听上去有些矛盾。当时的法国是绝对君主制，国王大权独揽，似乎可以为所欲为。法国 19 世纪的历史学家托克维尔就曾经说，在法国大革命爆发之前，“法国没有一个城市、乡镇、村庄、济贫院、工场、修道院、学院能在各自的事务中拥有独立的意志，能够照自己的意愿处置自己的财产”，似乎全国都在国王的掌控之中。

其实，看似无所不能的法国国王，自己给自己套上了枷锁。国王虽然打压了各种敢于挑战自己的力量，但是为了管理庞大的国家和筹措资金，国王又不得不培植一些特权团体来帮助自己完成工作。而这些特权团体对整个国家特别是经济运转造成了巨大的“腐蚀”，国王也无能为力，即使干掉一批特权团体，在法国的绝对君主制下，国家靠权力而不是靠法律来运转，立刻就会有一批新的特权团体冒出来，因为国王需要这样的团体来帮自己做事。

国王与特权团体是相互依附的关系，所以当大量的特权团体反对某项税收时，国王考虑到国家和自己的安危，也不得不退让。

反观英国，英格兰银行的货币是有信誉的，全体英国民众相信他们手中的钞票，国王要想从民众那里征税，必须通过议会批准，不得擅自征税，因此民众的权利有制度的保障；而法国政府的货币是没有信誉的，债务并不是平均分担的，广大民众的权利是没有制度保障的。

路易十六时期，法国人口达到 2450 万，三个等级的人口分布是：第一等级教士大约有 10 万人；第二等级贵族有 40 万人；剩下的都属于第三等级，其中农民有 2000 多万人，城市商人和工匠有 400 万人。

当时法国的税收制度是如何不平等的呢？我们可以从英法百年战争时期追溯，当时为了打赢战争，法国确立了第一种由国家永久征收的直接税——军役税，规定第三等级必须用税金换取国家的保护。随后，法国王室先后制定了名目繁多的税种，如骑警费、后勤基地费、草料费、马场费、河流与港口的维护费以及人头税等，并统统将之附加到军役税之上，全部由第三等级来负担，按照人头算。与此同时，王室还设置了盐税、商品税、关税、烟草税、印花税等，向商业活动征税，由于税率很高，而且在不同地区实行不平等的税制，所以法国民众怨声载道，抗税的起义屡有发生。

虽然名义上，第一等级教士和第二等级贵族也不能免除一些缴税的义务，但是他们恰恰是那些与国王狼狈为奸的特权团体，他们可以分别以从事征战和灵魂救赎为理由，获得免交军役税及其附加税的特权。因此这两个等级是几乎不交税的，而且视交税为很耻辱的事情。按说只有 50 万人不交税，看上去似乎也不多，可是这 50 万人拥有法国 35% 的土地，并且享受政府给予的各种特权，他们垄断了教会、军队和高等法院中的所有高级职位，领受丰厚的年金，并拥有令人钦羡的荣誉性特权福利。

此外，前两个等级还能向第三等级收税，能够对普通民众的土地征收数额惊人的什一税。比如教会每年征收的什一税总额就高达 1 亿 ~ 1.2 亿里弗尔，而 1788 年法国政府征收的按人头缴纳的税款才不过 1.8 亿里弗尔。

因此税收的负担完全压在了第三等级，特别是农民的身上。农民人口占法国的 80%，却只拥有 30% 的土地。农民要向教会缴纳农产品的什一税，向贵族和国家缴纳各种苛捐杂税，日子苦不堪言。工匠们的日子也很艰苦，他们的工资在几十年间上浮了 22%，物价水平却上涨了 65%。

相对来说日子比较好过一点的第三等级是城市商人，他们从对外贸易中获得了一定的收益。然而这些被冠以“资产阶级”的城市商人们没有政治权力，王室可以随意向其征税，贵族也可以欺压他们。看看英吉利海峡对岸英国资产阶级同行们过的是什么生活，做生意赚到钱后，心情好了，就赏给国王一些税钱；心情烦闷了，就驾着马车到泰晤士河旁边的广场上，喂一下午的鸽子，然后再坐着马车回家，就像什么事都没发生一样。

这才是资产阶级该过的生活，与英国同行相比，法国资产阶级简直“弱爆”了，他们渴望获得政治发言权。

虽然路易十六已经很节俭了，除了喜欢研究制锁工艺外，没有太多奢侈的爱好，但他一个人的节俭并不能抵消整个王室和大贵族们的铺张浪费，到了法国大革命爆发前，法国王室的债务将近40亿里弗尔，比起当年奥尔良公爵和约翰·劳接手时的烂账更烂。

穷则思变，路易十六开始琢磨征税，第三等级已经没有什么油水可以压榨了，那么让第一等级和第二等级“出出血”怎么样？

1787年，路易十六一意孤行地向所有地产征收一种统一的税。对于占有大量土地的教士和贵族来说，这不仅是要抢他们的钱袋子，对他们的面子也是一种侮辱。他们谴责这种土地税是非法的，只有经过三级会议通过的税种，才可以执行，否则就不交税。

贵族和教士们的如意算盘是，通过三级会议来限制国王征税的权力。国王不是想要钱吗？行，拿出你的一些权力来换吧。

1788年8月中旬，路易十六被迫让步，宣布召开三级会议。

从路易十四到路易十六，法国最终还是走到了重新召开三级会议的这一刻。只是时光已经过去了100多年，在这100多年中，法国在路易十四的带领下成为欧洲的霸主，却又无可奈何地滑落了下来，已然是落花流水春去也。

穷困潦倒的法国早就不是能够在海上和陆地两条线与列强掰手腕的军事霸主，以当时的财政状况，法国只能思考，是要稳住海上力量，保住大西洋贸易及其殖民地，还是巩固陆地力量，维持陆地霸权？

然而，历史进程使法国连二选一的机会都没有了。1757年，罗斯巴赫镇，法国与奥地利的联军4万多人，以两倍兵力竟然不敌新锐力量普鲁士军队，遭遇惨重失败。法国军队长期积累起来的凌驾于欧洲战场上的荣耀一夕扫地。这一场败仗让许多法国人清醒了，意识到法国的整个社会体系和政治体系出了问题。没有坚实的经济基础和财政基础，单靠强大的王权，已经无法引领法国在欧陆争霸中立足了。

自中世纪以来，法国王室成员的权力以及贵族的特权，都是以军功为基础的，这也是欧洲一项基本的封建契约传统，国王和贵族负责打仗，农民、商人负责交粮交税。法军在战场上的惨败，对军队和贵族来说都是重大的打击。法国人会在内心里追问，甚至公开讨论，我们给了国王和贵族那么大的特权，尤其是征税的权力，他们却无力再保护和引领法国，他们的特权还有什么合法性？

整个法国社会弥漫着对路易十六和他的大臣们的不信任，包括法国在内的各国民众和金融市场都已经对法国王室失去了信心，不愿意将钱借给这个政府。路易十六根本无法通过借债的方式缓解面前的财政压力，除非贷款人能够获得非常高的利息。法国的外交和军事影响力迅速下降。

风雨飘摇中，三级会议召开。根据代表名额规定，第一等级和第二等级的代表各 300 名，第三等级的代表 600 名。路易十六的如意算盘是，利用第三等级来制约第一等级和第二等级，王室和第三等级联手，逼迫贵族和教士们乖乖交税。

局势的发展完全出乎意料，不论是贵族们的算盘，还是国王的算盘，全都打错了。第三等级联合了一些崇尚自由和思想解放的开明贵族，在三级会议里取得了绝对多数，然后一脚踢开了第一等级和第二等级，宣布改三级会议为国民大会，只有国民大会的决议才具有法律效力。

国民大会对征税的讨论结果是，对全体国民征税，贵族和教士也不例外。这个结果是国王所期望看到的。但同时，国民大会还要通过宪法限制国王的权力，这可不是国王期望的。

此时，路易十六犹豫不决的性格害了自己。既然最初的目的是挽救法国的财政危机，向贵族和教士的钱袋子开刀，就得依靠第三等级的力量，果断地把一些权力让给第三等级作为回报，就会获得大批盟友的支持。如果法国历史沿着这条路走下去,说不定政治格局就会与英国越来越相似了。

可是路易十六不想放弃手中的权力，他悄悄调集一些忠于国王的部队到凡尔赛，准备武力解决危机。这样一来，三个彼此钩心斗角的等级竟然就都视国王为自己的敌人。结果，民众起义，巴士底狱被攻占，路易十六被抓，法国陷入了战争和恐怖之中。

混乱解决了一切关于欠钱和还钱的问题。路易十六被送上了断头台，用他的生命勾销了王室欠下的巨额债务；各地的农民们夺取土地，烧毁贵族的庄园，废除了贵族和教士强加给他们的各种税收项目。

混乱只会消灭财富,不会创造财富。混乱过后,法国将重建,国破山河在,钱会搞到的。

第十章｜两个拿破仑，别样滑铁卢

乱世出英豪。一片混乱的法兰西终于等来了一位小个子的英豪——拿破仑·波拿巴。法国军队在这位战神的统率下，顽强地抵御了外国联军的多次进攻。1799 年 11 月，羽翼丰满且野心勃勃的拿破仑发动“雾月政变”，轻松地夺取了法国的政权。

许多法国人都把拯救法兰西的希望寄托在这位强人身上。拿破仑在战场上百战百胜，那么他在经济战场上会有什么战绩呢?

皇帝陛下的独门准备金

从 1789 年巴黎民众起义，攻陷巴士底狱起，到拿破仑发动政变止，法国大革命中各派力量拼了个你死我活。十年浩劫之后，法国的国库空空如也。作为战争狂人，拿破仑其实和太阳王路易十四没什么区别，他希望的是在经济平稳发展的前提下，高效地征税和发行国债，以满足自己治理国家和对外作战的资金需求。

1800 年，在一些金融家的建议下，拿破仑创立了法兰西银行，银行由政府和私人分别投资 500 万法郎和 2500 万法郎，其中拿破仑个人也投资了 2 万法郎。法兰西银行陆续兼并了法国较大的几家银行，垄断了巴黎地区的纸币发行权。法兰西银行相当于法国的中央银行，不过与金融家控制的英格兰银行不同，法兰西银行是由政府控制的。

政府控制的银行、纸币发行，听上去似乎很耳熟。这不就是约翰·劳提倡的经济政策吗？绕了近一百年的弯路，法国还是走回了约翰·劳指明的道路上。

对于发行纸币，需要解决的永恒问题是准备金。凭空印一堆钞票，老百姓是不相信的，老百姓宁可以物换物，也不会要没有准备金保障的纸币。约翰·劳和他的银行准备金率达到了50%，不可谓不高，为了继续发行纸币，他还得搞出个密西西比计划，用新大陆上的潜在收益转换成股票，用股票转换成国债，发行更多的纸币。

那么现在，皇帝陛下，您有什么东西可以做准备金呢？

北美路易斯安那殖民地吗？不要说法国民众不会再相信密西西比式肥皂泡，1803年，手头紧张的拿破仑已经把那么大一片土地卖给了美国，肥皂泡都没得吹了。

皇帝口袋里什么都没有，但皇帝会打仗！

拿破仑的策略是以战养战，以战养国。拿破仑四处出击，占领意大利北部后，扶持起傀儡政权，令其每年给法国上供。拿破仑又先后攻入德国、西班牙，也是通过扶持傀儡政权，掠夺当地的财富。

随着拿破仑大军节节胜利，每年有10亿法郎的境外税收源源不断地流入法国。这笔巨款除了用作战争的军费外，其余的都被拿破仑发给法兰西银行，作为准备金，来增发纸币。1811年以后，境外税收还用来发放贷款，促进法国的经济发展。

说白了，拿破仑是用自己军事掠夺的预期收益，来充当发行纸币的准备金。

在拿破仑的统治时期，法兰西银行和它发行的纸币信用很好，人们愿意用纸币来做生意，法国经济不仅恢复了元气，还日趋繁荣了。而且拿破仑依靠强力，消除了国内市场上许多地区障碍，促进了商业的发展。当然，这不能仅仅归功于拿破仑的军功，早在拿破仑崭露头角之前的混乱时期，法国王室和贵族被杀的被杀，逃亡的逃亡，那些过去不用纳税还享有特权的等级已经灰飞烟灭，这本身就减轻了第三等级的纳税压力。

遗憾的是，以掠夺为基础的法国金融体系并没能顺利转型到以自身经济发展为支撑的体系上来，有两个因素阻挡了皇帝在经济战场上所向披靡。

第一个因素是掠夺经济模式本身有缺陷。拿破仑就像中国古代的楚霸王一样，屡战屡胜，但只要被刘邦打败一次，就是致命的。因为他的经济模式建立在掠夺的基础上，只有胜利和战利品才能稳定纸币的价格，而一次失败就会令纸币币值地动山摇，拿破仑的财政基础就会像多米诺骨牌一样，推倒一块，就接二连三地全部倒下。

退一步讲，就算拿破仑常胜不败，征服了全世界，他的经济模式也将走到尽头。当所有的敌人都被消灭，抢无可抢时，拿什么来稳定币值呢？这个问题对于战神拿破仑来说，是无解的。

实际情况要糟糕得多。一开始，拿破仑还曾经标榜自己解放者的形象，要推翻欧洲各国腐朽的王室，给各国人民以自由。这种宣传一度让法国军队受到了一些外国民众的欢迎。然而随着法军攻占欧洲各国，拿破仑把自己的家族成员全部推上了欧洲王位，他的长兄约瑟夫·波拿巴成为那不勒斯国王；幼弟热罗姆·波拿巴当上了威斯特伐利亚国王；四弟路易·波拿巴则是荷兰国王。法国向占领区勒索巨额赔款、大量征兵，使占领区人民愤愤不平。法国的扩张主义和拿破仑的野心昭然若揭。于是，英国、德意志、俄国、西班牙等国的民族主义和爱国意识全部被调动起来，矛头一致对准拿破仑。拿破仑一时的军事胜利，换来的却是民怨沸腾、四面楚歌。

大陆封锁作茧自缚

第二个因素，是拿破仑咎由自取，犯了严重的经济错误。

席卷了大半个欧洲的拿破仑一直有块心病，那就是和法国只隔一条海峡的英国。英国绝对是一块大肥肉，挂在嘴边可就是吃不到。雄心勃勃的拿破仑曾几次在英吉利海峡南岸集结大军，准备进攻英国，但英国强大的舰队封锁了英吉利海峡，法国的海军根本不是英国皇家舰队的对手。

战场上无法解决问题，思前想后，拿破仑决定和英国打一场经济战。大半个欧洲都臣服在自己脚下，要封锁那个小小的岛国，岂不是易如反掌？1806年，拿破仑下令："不列颠岛处于封锁状态，欧洲大陆诸国不得与不列颠岛进行任何贸易和通讯往来。"

英国作为独处一隅的岛国，海外贸易是其生命线。如果法国控制住整个欧洲大陆对英国进行封锁，那么英国将陷入财源枯竭、经济紊乱的困境，激化的社会矛盾将接踵而来，英国最终将不攻自破，对法国俯首称臣。这就是拿破仑设想中的经济战法。

封锁英国，拿破仑其实还有另一番考虑。法国历经动乱之后，工业实力已经被英国甩出了好几十里地，正所谓"无农不稳，无工不强"，拿破仑希望通过对英国的全面封杀，将英国的工业品排挤出欧洲大陆市场，让法国的工业品不仅在国内有市场，甚至还能销往欧洲大陆其他国家，让法国的工业蓬勃发展起来，就算无法最终取代英国成为"世界工厂"，成为"欧洲工厂"也有得赚了。

遗憾的是，从拿破仑正式宣布大陆封锁政策起将近十年的时间，非但没有打垮英国的经济，法国自己的经济反而陷入了泥沼之中。整个欧洲大陆的经济都陷入低迷，市场趋于萎缩。法国之前的一些富裕省份，如阿尔萨斯，问题尤其严重。

这到底是怎么回事？

工业革命是以机器制造和使用为标志的，当时最先进的工业技术握在英国人手中，法国的那些工厂只能勉强算蹒跚学步的阶段。大陆封锁政策还没等影响到英国人，首先断了法国工厂学习先进技术的渠道，使法国的工厂技术原地踏步，一直处于前工业时代。不能机器大生产以降低工业品的成本，也不能提高工业品的质量，法国货被贴上了价高质劣的标签。封锁政策让走私英国工业品成为有利可图的生意，欧洲大陆各国的人纷纷从事走私行当，根本视法国工业品为无物。

垄断欧洲市场并没有给法国的工厂带来福音。到 1811 年，法国境内的棉纺厂从 1000 多家已经减少到 300 家，工业产值下降了超过 1/3，仅在巴黎地区，5 万工人中就有 2 万多人失业，法国的工厂太不争气了。

为什么政府闭关锁国大力扶持的民族工业总是令人失望呢？不论是上一篇我们提到的柯尔贝尔扶持的手工工场，还是拿破仑扶持的各种工厂，抑或是后世任何打着保护民族产业而采取的闭关锁国或者抬高关税的政策，无一例外得到的都是粗制滥造的产品。

其实原因很简单，因为人都是逐利的，工厂主也不例外。

首先，社会上各行各业那么多，政府应该扶持哪些，不扶持哪些？从公平的角度说，每个正当行业的从业者都是本国国民，都是平等的，政府用收上来的税补贴（或通过闭关锁国保护）某些行业的做法，对于其他的行业来说是不公平的。政府扶持的那些企业，往往是有政府背景或者干脆就是政府办的企业，正所谓近水楼台先得月，于是民营企业必然受到伤害。工厂主要想获得政府的补贴，最有效的方式不是提高技术、降低成本，而是向政府官员公关，套取政府的补贴或者其他特权。

当工厂主获得了政府的特权后，他们是否会感恩戴德，努力提高技术，回报政府的期望呢？不会的，他们做不到。因为提高技术是个很艰苦的过程，也是很浪费钱的事情，如果没有竞争的压力，以追求利益为目标的工厂主就没有革新技术的动力，维护好自己的特权地位才是有利可图的。就算某些工厂主热衷于革新技术，他们也只是凭着自己的兴趣在“玩票”而已，和那些奋力在市场竞争中搏杀、密切关注科技进展、努力钻研技术革新的工厂主是没法比的。

还有一些“闭关锁国搞发展”的拥趸辩解说，这些受到扶持的民族工业就算不争气，也给国家提供了就业机会，给国家提供了税收收入，抵御了外国工业的威胁。然而我们要看到硬币的另一面，那些没有受到扶持的工厂因为受到不公正的对待而生产萎缩、减岗裁员，减少了整个社会的就业机会，这些工厂上缴的税收也受到了伤害。至于外国工业的威胁，不管产品的产地是哪里，禁止本国国民购买和消费更好的产品，本身就不公正，是对全体国民的伤害。

闭关锁国搞民族产业，是自欺欺人的经济不归路。

英国货冲垮欧陆防线

可惜，拿破仑不懂这些经济道理。大陆封锁政策给法国经济带来了灾难性的后果，却并未给英国形成真正的杀伤力。

英国虽然在法国实行大陆封锁的初期，经济上受到了一些损失，国内工人运动一度高涨，但英国毕竟是处于上升阶段的资本主义强国，很快用实力扭转了局面。针对粮食进口的短期不足，英国大量开垦荒地和公地，鼓励农业投资和采用农业新技术，不但实现了粮食的基本自给，还推动了农业技术的革新。

外贸方面，1810 年英国的商船比 1805 年增加了 2000 多艘，强大的英国海军也在世界各地不断占领新据点，为贸易开辟了新的市场。在亚洲，波斯和土耳其对英国开放了海岸和市场；法属荷兰的印度尼西亚也被英国夺走，成为英国独占的原料产地和市场；在南美，英国仅同拉普拉塔（阿根廷重要城市）和巴西的贸易额，就从 1805 年的 800 万英镑增加到了 1809 年的 2000 万英镑。

既然欧洲大陆人需要优质的英国货，英国人为什么不积极走私呢？

英国凭借海上军事力量，在欧洲大陆周边不断建立走私基地，比如北海的赫尔果兰岛，波罗的海的哥德堡，西地中海的直布罗陀、西西里岛，东地中海的爱奥尼亚群岛，等等。走私商品如海浪一样敲打着每一寸海岸，法国海军只能望洋兴叹，无力阻止。

拿破仑的策略实际上让整个欧洲大陆变成了一个内陆国家，还想去掐死海洋贸易大国，这根本就是螳臂当车。在那个时代，一个国家的经济与世界联系越紧密，它的经济力量就越强，正面典型就是英国。在1800年前后，英国近 1/3 的税收都来自对本国进口的热带食品和酒精类饮料征收的关税，关起门来搞封锁的法国只有羡慕的份儿。

在法国经济日益凋敝的时候，英国的贸易总收入却不断增长：从封锁前 1805 年的 1 亿英镑，增加到了 1814 年的 1.6 亿英镑。可见，英国只是将贸易的中心从欧洲转到了别处，拿破仑没能封杀英国，却困住了自己。

大陆封锁政策对欧陆各国的影响不一，沙皇俄国受到的影响是最大的。作为一个欧洲东部的国家，俄国在波罗的海的贸易占其整个对外贸易总额的 2/3，而且主要是和英国做生意。法国对英国的封锁，导致俄国对外贸易无法进行，俄国因此陷入了严重的财政危机。俄国沙皇本来就和拿破仑不是一条心，不仅不是法国的同盟国，反而因对外贸易被破坏而一肚子怨言。英国这时候乘虚而入，向俄国做出承诺，俄国每次出 10 万士兵攻击拿破仑的军队，英国就资助俄国 125 万英镑作为经费。这笔钱对于穷困潦倒的俄国沙皇非常有吸引力，于是俄国成为带头与拿破仑对抗的欧陆国家。

1810 年，俄国沙皇亚历山大一世向英国商品敞开了大门，英国的货物纷纷涌入俄国，并迅速扩散至德国、波兰等欧洲大陆国家，完全破坏了大陆封锁政策。拿破仑拿不出 125 万英镑，又不肯放弃大陆封锁政策让俄国通过对外贸易赚钱，剩下的唯一一条道路就是——打服俄国。后面的故事就众所周知了，1812 年，拿破仑率领 57 万大军攻打俄国，却被俄国的“冬天将军”打败，在冰天雪地中几乎全军覆没。

前面我们说了，法兰西银行纸币的准备金是军事掠夺的预期收益，是战场上的胜利。因此只要一次严重的失利，人们对纸币的信任就会产生严重的怀疑，拿破仑只能胜，不能败。可是这一次，拿破仑败了，法兰西银行的纸币也就败了，法国金融体系崩塌了。

惨败而归的拿破仑不要说兵力，就是财力也无法支撑危局，不久就被迫退位，被流放到偏僻的大西洋岛屿。虽然此后他主演了一幕《荒岛逃生》及《王者归来》的大戏，逃回法国再度夺取政权，但终究昙花一现，百日王朝很快被反法同盟扼杀，拿破仑在滑铁卢惨败，再也没能翻身。

谁负谁胜天知晓

1848 年 12 月，法国人全民选总统，在 6 名总统候选人中，出现了一个叫“拿破仑”的人。拿破仑・波拿巴已经于 1821 年在圣赫勒拿岛上郁郁而终，这个新的拿破仑叫夏尔 – 路易 – 拿破仑・波拿巴，是前者的侄子。

这位路易早年浪迹欧洲各国，在军界和政界频频投机，一有实力就发动叛乱和暴动，谋求更大的权力。可惜路易屡战屡败，后来回到法国，于 1848 年当选为议员，并参选总统。此时的法国在拿破仑・波拿巴倒台后又经历了多次政坛动荡，政治上是各派纷争的时期。没有太多政治资本的路易竟然出人意料地当选为法国总统。事后人们分析选票发现，路易的大量选票来自法国的农民兄弟。这些农民兄弟对拿破仑·波拿巴很有好感，因为皇帝陛下曾经颁布法令，保护了农民分得的土地。因此当他们看到选票上的“拿破仑”名字时，想当然地认为这个皇帝陛下的侄子应该也和皇帝的主张一致，是法国劳动人民的“好儿子”，于是纷纷把选票投给了路易。

路易侥幸当选总统后，嗜好权力的本性暴露无遗，他发动政变解散了议会，自己从总统变成了皇帝，即拿破仑三世。

为什么是拿破仑三世而不是二世呢？因为拿破仑·波拿巴的支持者认定当年拿破仑的幼子为拿破仑二世，拿破仑退位的时候，唯一的儿子只有4岁，被加冕为罗马王，后来跟着母亲奥地利公主回到维也纳生活，直到21岁时病死于肺炎。所以路易只能排行到三世。

这样一位皇帝会如何面对法国的经济呢？

拿破仑三世最重要的经济政策，恰恰是他的伯父大陆封锁政策的反面。与英国对抗是徒劳的，拿破仑三世明智地选择和世界最强国英国站在一起，而不是和英国打封锁战。1860年，法国和英国的自由贸易条约签订了。

根据条约规定，除了葡萄酒和白兰地之外，英国取消所有法国商品的进口关税。这两种酒对于英国消费者属于奢侈品，所以英国政府收取少量关税作为财政收入，其他商品则全都免税。对法国来说，取消了之前对英国纺织品的进口禁令，并且大幅降低了英国货的进口关税，平均关税大约是之前的15%。在19世纪60年代早期，拿破仑三世统治下的法国相继与比利时、德意志诸国、意大利、瑞士、北欧一些国家都缔结了贸易条约。

拿破仑三世改造了巴黎城，清理了市中心的贫民窟，拓宽了街道。一些反对者指责说，他这么做的目的是防止将来爆发暴动时，叛乱者在狭窄的街道构筑街垒，与政府对抗。但从客观角度说，整个巴黎被重新规划了，中心变成了商铺林立的街区，而大量的工厂处于郊区，那里也是工人们的居住地。

拿破仑三世还努力打造法国的金融体系，除了国家扶持的法兰西银行外，股份银行和私人银行一样被允许发展，虽然法兰西银行还是拥有许多特权，但法国的金融体系相对于过去，已经宽松了许多。大量银行的出现带来了大量的资金，银行家们投资于工业和商业，法国快速实现工业化正是在拿破仑三世时期狂飙突进的。另外，许多法国的百年知名品牌，也同样在这一时期创立，比如全球女性梦想人手一款的著名奢侈品牌路易威登（LV）。

自由贸易时期，法国工业和商业快速发展，用事实证明了闭关锁国保护民族产业的错误。经济领域每天都有机会，没有做不到的，只有想不到的。整天盯着不如别人的地方，希望用关税和禁令来回避竞争，只不过是把头埋在沙子里的鸵鸟政策。

羊毛生产比不过英国，毛织品也比不过英国，就要把国门关起来自己搞羊毛和毛织品吗？不必，把国门打开，让羊毛和毛织品进来，用法国人的聪明才智再加工一下，搞出一些时尚品牌来，返销给不会玩时尚的英国畜牧主和煤老板，法国人数英镑都能数到手抽筋！

虽然拿破仑三世在军事才能上远远逊色于他的伯父拿破仑·波拿巴，但在治理国家经济方面，他比起伯父来，还真是强多了。

在某方面有成就的人往往会觉得自己干其他事情应该也比别人强，如果这个有成就者还是位高权重的人物，耳边全是赞扬之声，那么他就更容易涉足自己其实并不擅长的领域。

拿破仑三世并非没有打过胜仗，比如和英国一起打赢了对俄国的克里米亚战争，和英国一起打赢了对清朝的第二次鸦片战争。这点战场成就根本不足以和他伯父单挑欧洲群雄的盖世神功相提并论，却让拿破仑三世自信心爆棚，觉得自己在战场上也应该是个人物。

1869 年，西班牙王位出现空缺，普鲁士支持霍亨索伦家族的利奥波德亲王成为候选人，法国表示强烈反对。拿破仑三世认为，利奥波德将会把西班牙变成普鲁士的附庸国，将使法国面临普鲁士与西班牙南北夹击的不利局面。

尽管这种可能性不一定存在，但拿破仑三世依然决定先发制人，同时也为了阻止围绕普鲁士的德意志各邦的最终统一，于是在 1870 年，拿破仑三世悍然对普鲁士宣战，并御驾亲征，却因为准备不足、组织混乱，不到两个月就被普鲁士生擒活捉，色当战役成为拿破仑三世的滑铁卢。随后，巴黎发生政变，他的帝国也应声倒下。

拿破仑三世是经济领域的能手，这一点毋庸置疑，可惜在真正的战场上，与其伯父相去甚远。

现在我们可以来回答前一篇开头的那个问题：为什么近代法国在与英国的竞争中总是差一口气？

18 世纪，在国内生产总值方面，法国和英国尚能打成平手，甚至法国还能凭借体量优势，略占上风。但是从 18 世纪末的法国大革命开始，在 1790 ~ 1815 年的这 25 年间，法国一直处于混乱和战争之中，特别是拿破仑·波拿巴发动的历次战争，消耗了大量的资源，也损失了大量的法国青年，这些热血男儿原本都应该成为建设法国的劳动力，却大量阵亡疆场。这 25 年，是法国经济消失的 25 年，在拿破仑 · 波拿巴被流放荒岛后，法国经济已经从原来和英国几乎并驾齐驱，变成了落后很多的局面。

虽然拿破仑三世时期，法国经济开始复苏并发展，甚至经济发展一直持续到拿破仑三世倒台后很长时间，但 19 世纪前期起步的落后，让法国长时间追不上英国的脚步。

两个拿破仑都遭遇了自己的滑铁卢，退出了政坛，在他们落寞的背影后，巴黎香榭丽舍大道的橱窗时而萧条，时而繁荣。盖棺定论，哪个拿破仑对法兰西的贡献更大，并不是容易说清的事情。

第十一章｜美利坚谓何国

一谈起“殖民”两个字，大多数中国人就会皱起眉头，中国历史课本上那句“1840年以后，中国逐步沦为半殖民地半封建社会”，透露出中国人对西方列强侵略本国的愤恨之情，连带着殖民、殖民者、殖民主义都成了贬义词。

殖民主义当然是要反对的，因为它理直气壮地为侵略行为辩护。但对于殖民和殖民者，我们也许该收一收愤恨的情感。人们为了生计，背井离乡到其他地方建立新家园，这就是所谓的殖民行为的本意。殖民和殖民者，本身是中性词汇，类似于流浪和流浪者。

况且，殖民既不浪漫，又不性感，殖民者的殖民岁月往往意味着长期的艰辛，比如前往北美的英国殖民者。

野蛮生长的北美殖民者

1492年，哥伦布发现美洲大陆后，欧洲就掀起了殖民潮。最早殖民美洲的是葡萄牙人和西班牙人，他们比后来的那些殖民者要幸运多了，起码从印第安人那里抢到了一些金银，而且早期发现的金矿、银矿都位于西班牙人和葡萄牙人的殖民地。由于西班牙和葡萄牙自认为美洲是教皇授权给他们的，因此对于试图移民美洲的其他国家的人全力阻止。

在16世纪的大部分时间里，西班牙和葡萄牙的海军令人生畏，西班牙的“无敌舰队”让欧洲各国恐惧不已，不敢轻易殖民美洲。一些法国人曾经试图在北美洲的佛罗里达半岛殖民，结果全被西班牙人杀掉了。直到格拉沃利讷海战无敌舰队覆灭后，西班牙的海禁才被完全打破。在17世纪中期，英国、法国、荷兰、丹麦、瑞典等一切有海港的欧洲大国，都纷纷向新大陆上殖民了。

我们在前面已经说过，前往新大陆的北美殖民者从英格兰国王那里除了拿到一张皇家特许状，就只有一些励志的心灵鸡汤了。更加糟糕的是，北美殖民者开辟的殖民地大都土地贫瘠，他们的土地上没有黄金和白银，因此只能靠农业、捕鱼、伐木、皮毛贸易为生。最初的移民者养活自己都非常困难，往往要靠印第安人接济的玉米渡过难关。在很长一段时间里，北美的殖民者人数不增反降，因为他们在饥饿和疾病的袭扰下死亡率高得惊人，经常出现整个村落被“团灭”的事情。

然而，最终英国的北美殖民地成为经济最发达的美洲殖民地，从1620年102人登上“五月花号”前往北美开始，到1688年，殖民地人口已经达到30万，同期法国在北美的殖民地人口只有可怜的2万人。到北美独立战争爆发前，英国北美殖民地人口已经超过了200万。

为什么英国的北美殖民地能成为美洲大陆发展最迅速的地区？

因为英国对北美殖民地管得最少！

英国当初把这帮“心怀鬼胎”的持不同宗教信仰者、做着不切实际黄金梦的幻想家们打包快递发货到北美的时候，本来就抱着让他们自生自灭的态度，因此英国国王既没有能力也不好意思向殖民地人民提出太多税收和服务上的要求。为了鼓励更多本土“社会不安定因素”前往北美，英国出台了一系列极其优惠的政策，诸如农副产品进出口免税，穷人按照契约耕作几年后即可以获得土地，等等。

这样的殖民地政策，鼓励了殖民地人民的劳动积极性，让他们更有动力改良土地质量。这些殖民者也基本上不用负担国防、行政方面的费用，每个州一般只配有一位总督、几个官吏加上为数很少的警察，需要供养的公务员数量非常少。

对于北美的商人，制度上对他们有很多优惠。在北美独立战争前，如果你是一名英国本土商人的话，你就要依法纳税，因为政府要靠你的税钱运转下去。但如果你是一名北美殖民地的商人，你就不必缴税，因为北美殖民地自治到了几乎不向英国政府缴税的程度，他们所需要缴的税仅仅是英国本土居民的1/50。即使是这部分钱，也全部用于北美殖民地的建设和防务，英国本土财政是分文不取的，肉烂到锅里，这些钱最终还是留在了殖民地。

总之，北美殖民者属于大英帝国里面待遇最好的一批海外居民。

但是，北美殖民者面对英国官员的时候，很少会老实地说“是是是”，他们总是给英国制造麻烦。

法国人在北美的殖民进展本来很成功，他们沿着密西西比河流域建立了一个贯穿北美洲中部的巨大殖民地，完全挡住了英国的北美殖民地向西扩展的企图。但英国的北美殖民者人数众多，许多人未经本国政府许可，也未经法国政府许可，就越过阿巴拉契亚山脉，向西寻找更大面积的土地耕耘。这帮英国殖民者甚至修建了堡垒，深深地嵌入了法国人自认为属于自己的殖民地境内。

更让法国人恼火的事情是，英国的北美商人尾随而至，开始和法国人抢生意。在这块北美新大陆的殖民早期，最赚钱的行当莫过于和印第安人做生意，用欧洲的各种制品来换取毛皮，然后把毛皮运往欧洲大赚一笔。

这些英国商人与法国商人相比，有两大优势，一个是资本更加雄厚。英国的北美商人缴税极少，基本上不用为军队的给养和国王的王宫付账，因此从事贸易的时候利润更丰厚，打价格战也游刃有余。另一个优势是英国当时开启了工业革命的序幕，工业制品相对于法国来说更加便宜，因此英国的北美商人在和印第安人做生意的时候，他们的火器、水壶、毛毯等制品的成本更低，所以价格可以更低一些，对印第安人更有吸引力，使得印第安人愿意把毛皮卖给英国商人，而不是法国商人。

眼看本国的北美殖民地入不敷出，法国人急了，挥兵摧毁了北美英国人私搭乱建的“违章”堡垒。北美英国人自然难敌法国正规军，他们完全是一盘散沙，没有什么武器装备，不要说法军，连印第安人都抵挡不住。美国开国元勋富兰克林在评价那个时期的英国殖民地时，曾痛惜道：“如今，我们就像亚麻布没有织好时的丝线一样，因为没有联合起来，所以没有力量；而一旦联合起来，我们就会变得强大，甚至所向披靡。”这段话写于 1754 年。

英国在北美的殖民地还受到多方面的威胁，在南边，西班牙经常想蚕食英国殖民地的领土；在密西西比河谷，印第安人部落经常骚扰英国的殖民地；北面是法国人的聚居地魁北克，那里人口不少，他们随时可能南下侵扰英国殖民地。

北美的英国殖民者只能向英国本土寻求保护。英土原本不想管阿巴拉契亚山脉以西的事，因为按照当时的国际准则，法国人已经在那边插了国旗，埋了刻有主权字样的铅盘，那片土地已经属于法国人了。但自己家“孩子”挨打了，如果放任不管，搞不好法国人再进兵北美十三州，英国人都得被赶下大西洋，后果不堪设想。于是在欧洲列强掀起的七年战争中，英国和法国围绕北美殖民地的局部战争也打响了。

结果，法国人被击败了，英国席卷了法国在北美的大片殖民地。那么英国人真赢了吗？

那得看是哪里的英国人。对于北美的英国人来说，他们什么都没有付出，就得到了西部的大量土地，还有畅通的自由贸易线路，赚大了。但是对于本土的英国人来说，他们付出了巨大的战争代价，七年战争后，英国政府对本国民众欠下累累债务，已无力支付海外驻军的经费，除了国家荣誉之外，似乎没捞到任何好处。

为了3便士茶税，丢掉13个州

一些人开始质疑：难道不该让这些北美英国人合情合理地承担一些国家债务吗？

英王和本土英国人就是这么想的，也是这么干的。砍向北美殖民者的第一刀颇为奇怪，就在打败法国人后，1763年，英国政府规定了英国在北美殖民地的最西界线，宣布禁止向阿巴拉契亚山脉以西继续移民。官方的解释是，政府得有足够的时间制定土地政策，然后再让广大人民群众去享受胜利果实。

但北美的商人可不这么想，他们认为，这是一个阴谋，禁止他们去那边做生意，是英国为了给英国本土商人垄断毛皮生意开路，北美商人将被一脚踢开。

还没等北美商人的抱怨声响起来，《食糖法》又飞了过来。1764年，为了偿还因战争欠下的国债，英国议会通过了《食糖法》，要求对输入殖民地的糖蜜和糖块征税，这是第一项为特殊目的向殖民地征税的法令。

为什么先对糖蜜征税呢？这事儿其实还是跟法国人有关。18世纪的北美人和欧洲人一样，都喜欢喝酒，而且是烈性酒。比如在新大陆，朗姆酒就是一种很受欢迎的酒品，而且也是一种重要的出口欧洲的商品。北美人要酿造朗姆酒，就必须用糖蜜作为原料，蒸馏而成。

那么糖蜜的产地在哪里呢？从地域上讲，靠近北美的糖蜜产地有两处，一处是英属西印度群岛，另一处是法属西印度群岛，总之都在加勒比海的海岛上。偏偏法属西印度群岛的甘蔗园规模大，生产效率高，比如当时属于法国的海地岛，仅 1767 年一年，就向欧洲出口了 7200 万磅的粗糖和 5200 万磅的白糖；18 世纪 80 年代，海地岛占有了欧洲市场上出售蔗糖总量的 40% 的份额。

与之对比，英属西印度群岛上的蔗糖产量低、价格高。由于甘蔗园规模小，人口也少，因此这里对北美出产的木材、鱼肉和其他商品需求量也小。于是，北美商人都愿意从法属西印度群岛进口糖蜜，因为那里价格便宜量又足，对自己的商品还有大量需求。站在商人的角度上，这么做合情合理。

“等一等！法国可是敌国啊！不从自己国家的殖民地进口糖蜜，却从敌国的殖民地进口糖蜜，这简直是通敌叛变的卖国行为！”

英属西印度群岛上的种植园主们开始撺掇本国议会，希望本国议会保护自己种植园的利益。一番声泪俱下的爱国主义赞歌后，《食糖法》颁布了，北美商人的甜蜜日子似乎到头了。

其实英国议会还是挺讲道理的，在该法案之前就有对糖蜜征税的类似法案了，那时的税率是每加仑糖蜜收税 6 便士，北美商人觉得税重了，纷纷逃税，政府根本征不上来税款。根据新的《食糖法》，税率下调为每加仑 3 便士，但强调说，北美商人这次不能再逃税了，必须依法履行每个公民应尽的纳税义务。

为了“帮助”北美商人纳税，英王派出大量的征税官前往北美。法令还规定，北美英国商人不能从法国、荷兰殖民地进口糖蜜，只能从英国殖民地进口，而且必须租用英国船只，船长还得是英国人。

按理说，每加仑 3 便士的税率并不高，但问题的关键不在于税钱多还是少，而在于公正还是不公正。这等于是英王强迫北美殖民者购买指定商品（糖蜜），然后他们还得为这个指定商品缴税。北美商人此时还不敢公然与英国本土兵戎相见，英国军队此前连克西班牙、荷兰、法国等欧洲强国，与之对抗无异于以卵击石。

这杯税负的苦酒，北美殖民者怎么咽得下去呢？他们想到了一个反击的策略——抵制茶叶。

本来是糖蜜的争端，茶叶怎么会“躺着中枪”了？

这是因为1767年，英国颁布了《唐森德法》，对输入殖民地的各种商品，玻璃、铅、颜料、纸张、茶叶等，都要征收进口税。一时之间激起民愤，法案遭到了北美殖民者的激烈反对，不得已在1773年，法案修正，只对茶叶征税，其他全部免除。英国议会不愿意免除对茶叶的征税，是由于茶叶主要从东方进口，由英国东印度公司垄断经营，这家公司对于英国的税收至关重要，因此英国免除其他税种，单独保留了茶叶税。东印度公司直接通过殖民地代理商销售茶叶，绕过了不列颠和北美的中间商。由于没有中间商涉足，东印度公司在降低茶叶价格之后，仍旧可以获得可观的利润。

而且，英国议会当时还天真地认为，北美那些“土老帽们”主要反对的是“内部税”，也就是对北美输出的商品征税，对于“外部税”——输入北美的商品的征税应该不那么反感，这帮“乡巴佬”要是觉得价格贵了，不消费不就行了嘛。

然而，茶叶已经融入北美殖民者的生活之中，对他们的生活甚至比朗姆酒更重要。我们知道，英国人喝茶往往加奶、加糖，因此一杯茶里营养丰富、热量高。其实这个传统在北美殖民地时期就已经流行了。当时由于甘蔗园的广泛开垦，糖产量大增，糖价下降，让人们对加糖的茶能够消费得起了，于是逐渐形成了对茶和糖的巨大需求。现在突然之间对输入北美的茶叶征税，虽然表面上是对输入茶叶的东印度公司征税，但生活在北美的人都知道，东印度公司垄断了所有的茶叶输入，他们自然会把税加到茶叶的销售价格中去，北美殖民者买也得买，不买也得买，税最终还是落在了他们头上。

都是英国国民，为什么北美人就要承担这项税，本土英国人就不需要承担？这不公平！

北美殖民者还意识到了一个非常严重的问题，如果英国议会有权让东印度公司垄断北美的茶叶贸易，那么它也有权垄断北美的任何贸易，并禁止北美的商人参与本地的任何贸易。那北美的商人还怎么混？

这些殖民者甚至放言，不论英国为保卫北美殖民地花费多么巨大，都没有权力要求北美殖民者和不列颠岛上的国民一样缴税，因为殖民地在英国议会里没有代表席位。弗吉尼亚殖民地的代表就明确表示，没有本殖民地代表的同意，就不能制定针对他们的税收法案。其他殖民地代表纷纷表示支持。

北美各殖民地的意思很清楚："无代表，不纳税！"

这句宣言揭露了英国在北美殖民地上所犯的重大错误。英国议会在面对北美殖民地的时候，是一种纯粹的商业考虑，要求殖民地必须顺从地提供大量的原材料，同时殖民地人民应进口英国的制成品，并没有把殖民地人民与不列颠岛人民同等看待。在不列颠岛上，国王要征税，需要获得议会的批准；而在殖民地征税的时候，却不需要征得殖民地人民的同意。

北美殖民者群情激愤："抵制！抵制加了税的茶叶！"

那么，愤怒而且有骨气的北美殖民者决心从此不喝加糖的茶了吗？生活中没有了加糖的茶，还有什么乐趣可言。东印度公司只此一家别无分店吗？非也。荷兰人也有东印度公司，而且更有意思的是，这家公司也出售茶叶，且这家公司的茶叶不加税，价格便宜。

从荷兰人那里走私茶叶就和从法国人那里走私糖蜜一样容易，北美殖民者继续享受他们加糖的茶，继续制造朗姆酒出口赚钱。没过多久，英国东印度公司的高价茶叶堆满了北美殖民地的沿海码头，慢慢发霉，无人问津。

英王和英国议会再次被这种"背叛行为"激怒了，议会一咬牙，竟然开始补贴东印度公司的茶叶贸易，让其以低于荷兰东印度公司进口价的价格出售。北美"走私贩子"们的走私茶叶售价大约是每磅 2 先令 1 便士，英国东印度公司未补贴前的茶叶每磅售价在 3 先令左右，补贴后的售价下降到了 2 先令，比"走私贩子"的售价还低。

这下北美的“走私贩子”彻底被激怒了，因为这种政府补贴东印度公司的做法，是要置这些“走私企业”于死地，完全违背市场经济和贸易逐利的常规。在北美商人的鼓动下，准确地说是在英国议会的倒行逆施下，殖民地人民反抗茶税的运动愈演愈烈，最终酿成了震惊世界的“波士顿倾茶事件”——殖民地独立激进派的塞缪尔·亚当斯率领约 60 名殖民地“自由之子”成员，装扮成原住民印第安人，登上已经靠港的英国东印度公司“达特茅斯号”商船，把船上的 342 箱茶叶全部倾倒入波士顿港冰冷的海水中喂了鱼。

这批茶叶价值约 9000 英镑，并不算多，却掀起了大西洋两岸的惊涛骇浪，彻底淹没了英国的北美十三州殖民地。

1775 年 4 月，根据掌握的情报，马萨诸塞州列克星敦有民兵窝藏武器，英国殖民军队出动试图收缴，双方开战。殖民地各州迅速召开大陆会议，组建大陆军，任命弗吉尼亚州的大农场主乔治·华盛顿为总司令。英国政府拒绝与北美殖民地和解，宣布北美发生了叛乱。美国独立战争爆发了。

面对如日中天的昔日宗主国，北美十三州看上去不堪一击。然而从国际形势上看，英国完全陷入了孤立状态。北美人民的大陆军在 1777 年取得了萨拉托加大捷后，法国受到鼓舞，认为这是扳倒宿敌英国的一次机会，因此于 1778 年对英国宣战，1779 年，西班牙也加入战争，支援北美人民，其他的欧洲列强则宣称保持中立。1781 年，法美联军在约克镇包围了英军的主力，英军被迫投降。1783 年，美英两国签署《巴黎和约》，美国独立战争结束。对英国来说，北美殖民地已经是覆水难收。

美国独立战争，本质上是宗主国和殖民地两者都觉得不公平而爆发的。这一结果真的是不可避免的吗？

英国经济学家亚当·斯密有“现代经济学之父”之称。1776 年，北美独立战争爆发不久，亚当·斯密刚好也要发表其名著《国富论》。这位经济学家宕开一笔，在书中奉献了一条解决大英帝国危机的策略。他建议，成立一个宗主国和殖民地的联合议会，协调各项争端，殖民地各州根据缴纳的税收比例选举代表，进入议会，同时宗主国准许殖民地自由贸易。

亚当·斯密甚至预计，由于北美土地广阔，经过充分发展后，大英帝国的中心在未来会发生转移，大不列颠岛会沦为整个帝国的边缘。“像那里一向在财富、人口和改良上那样快速地进步，也许只要一个世纪，美洲的纳税额将超过不列颠的纳税额。帝国的首都，自然会迁到帝国内纳税最多的地方。”亚当·斯密的这个策略如果成为现实，就塑造了一个横跨大西洋的新国家。也许因为他是苏格兰人，他对不列颠岛的地位下降并不十分担忧。

亚当·斯密的策略给予了北美各州代表权和自由贸易权，以此换取各州向国家交税，并站在更高的层面上构想大英帝国的布局，非常有创造力和想象力。可惜他只是一位学者，不是英王或政府决策者。

战争的枪炮轰鸣声退去，一个独立的、崭新的国度——美利坚合众国浮出了水面。

赌王的美国高徒

美国独立了，美国人再也不用向英王缴糖蜜税、茶税和其他一些税了。他们迎来了不用缴税的美好生活吗？

有句著名的美国谚语是这样说的：世上有两件事是无法逃避的，一件是死亡，另一件是缴税。没有民众的税收，国家怎么运转？

新兴的美利坚合众国几乎是在立国之初就面临着“国将不国”的危险。昔日的大陆军总司令、第一任总统华盛顿把一纸财政部长的委任状交到亚历山大·汉密尔顿手里，同时也把国家背负的7700万美元的债务交到了他的手里。这些债务中，有1200万美元是欠外国政府和外国银行的；有

2000万美元是国家欠各个州的；剩下的债务全是欠普通美国公民的。在独立战争期间，为了筹措打败英军的资金，大陆军曾经向民众借款，打了许多“白条”，这些“白条”到了该偿还的时候了。

美国公民手中的债券情况比较复杂。许多民众等不到大陆军取得彻底胜利和国会偿还欠款的时候，就把手中的债券廉价地卖给了投机商人，因此许多债券实际上掌握在投机商人手中。

围绕着如何偿还债务，初生的美国议会分成了两派。一派以财政部长汉密尔顿为首，主张以票面价值偿还政府所欠的债务，不管现在这债券是握在善良而爱国的普通民众手里，还是贪婪的投机者手里。在汉密尔顿看来，只有足额清偿政府债务，才能树立政府在民众中的信誉。

但是以国务卿托马斯·杰斐逊为首的另一派反对汉密尔顿的偿债方案，反对的理由，一是不想让普通民众吃亏而让投机者获利，更重要的理由是杰斐逊看到偿还计划会加强联邦政府的权力，对各州和人民构成很大的威胁。

汉密尔顿的计划是，成立一个类似于英格兰银行那样的中央银行，靠政府信用发行纸币，清偿债务。一旦建立起这种国家级金融机构，势必会削弱各州的权力。杰斐逊则搬出了《美利坚合众国宪法》，找出了第十条修正案，即各州和人民享有未赋予合众国的各项权力。说白了，宪法没规定联邦政府有组建中央银行的权力，因此这项权力属于各州。如果因为创立中央银行就违背这条修正案，独揽货币发行权，那么从今往后，各州的权力岂不是会被联邦政府一一夺走？联邦政府要是颁布一项法令，说水和空气都归联邦所有，人民群众岂不是得不喝水、不喘气了？

这其实是一个两难境地。美国政府没有钱就不能运转下去，但如果强行打压各州的权力，就等于是刚赶跑了践踏民众的英国政府，又制造了另一个剥削和压迫北美民众的新政府。

有一种伟大叫作妥协。两派最终达成了妥协，杰斐逊同意了汉密尔顿成立中央银行的计划，而汉密尔顿放弃了之前要把纽约作为首都的提议，同意把首都建在更靠近南方的华盛顿，以照顾南方人的情绪。杰斐逊就是南方人，代表了南方农场主们的利益，他们讨厌那些财大气粗的北方佬。

1791 年，美利坚合众国银行获得议会的批准通过，然后又获得总统签字，华盛顿签署特许状，批准美国建立第一银行，期限为 20 年。

汉密尔顿不仅是中央银行的拥趸，还是约翰·劳的忠实信徒。他对约翰·劳的经济手段很推崇，只是他认为，法国的金融大厦之所以倒塌，是因为基础没打好，也就是滥发纸币但抵押物不足或者根本没有。前事不忘，后事之师，汉密尔顿的美国第一银行股本 1000 万美元，其中联邦政府的股份有 200 万美元，而另外的 800 万美元，靠在金融市场上发行股票来筹集资本金。这样的做法让人们对美国第一银行的信誉大为欣赏，结果股票上市仅 1 个月，股价就从 25 美元一股上涨到 325 美元一股。

第一银行的资金超过各州银行总和，是一个半私营机构。政府拥有银行 20% 的股票，有权指派 1/5 的主管。剩余的股份公开发售，大部分持股人都是债券持有者。联邦政府利用第一银行持有和支付资金，但是控制银行的仍然是占更大比例的私人股东，他们设立董事局，决定银行的借贷政策，管理第一银行的其他商业事务。

有了高信誉度的中央银行，汉密尔顿在偿还政府债务上有了底气。不过他清楚，一个政府要长期健康运转，稳定的财政收入是必需的。什么才是稳定的财政收入呢？随便印纸币显然是不行的，那基本上就只有这招——征税。

当时几乎所有的国家都有关税，因此汉密尔顿提出，美利坚合众国也要征收关税。此言一出，南部和西部的农场主、种植园主就炸了锅。因为征收关税，难免会与其他国家打贸易战，按照当时盛行的重商主义的惯例，各国往往会鼓励本国商品出口，并提高从他国进口商品的关税。由于美国早期是个农业国家，出口主要以农产品为主，打贸易战会让美国农产品面对别国的高关税，出口将受挫，伤害南方农场主、种植园主的利益。而北方商人的工业原料大多靠进口，受到的影响偏正面。

汉密尔顿还瞄准了正在兴起的一种酒品——威士忌，并推动国会通过了对谷物类酒征收联邦税。在边疆的宾夕法尼亚州，农民们用剩余的谷类酿造威士忌酒，以此赚钱，他们自然反对征税并经常拒绝纳税。1794 年，华盛顿总统派出税官前去收税，却遭到抵制。华盛顿告诉抗税者："有问题，找法院。"结果抗税者发动了武装暴动，史称"威士忌暴乱"。

联邦政府的权威性受到了严重挑战。汉密尔顿建议华盛顿派民兵镇压暴动，华盛顿则点齐 15000 名民兵，越过阿巴拉契亚山，赶赴暴动发生地。平叛过程中死了几个人，所幸事态并没有扩大，遭到逮捕的 100 多人中，只有 25 人受审，2 人获罪，这 2 人随后获得华盛顿总统的特赦。

平定暴动让联邦政府的权威得以加强，更重要的是，联邦政府征税的权力得到了武力的保障。

这次平叛使得华盛顿成为美国历史上唯一一个亲自领兵与本国人作战的总统。我们该如何评价华盛顿的这一举动？一个新的暴君吗？在那些抗税者眼中，华盛顿可能算是个"暴君"。但几年之后华盛顿退休回到自己的弗农山庄时，他也建立了制作威士忌的蒸馏室，1 年左右的时间就生产了 11000 加仑的威士忌，获得利润 7500 美元（当时也算一大笔钱）。必须要说明的是，华盛顿为这些酒依法纳税了。

因此，在征税的问题上，似乎永远也没有一个完美的方案。国家没有税收就不能维持运转，但只要征税，就会产生不公平。北美殖民者会因为糖蜜税和茶税感到不公平，威士忌酿酒者会因为酒税而感到不公平。就算是印刷纸币向全体国民收取"铸币税"，产生的通货膨胀也会对那些手握更多实物资产的人有利，而对手握更多纸币的人不利，同样存在不公平。

也许北美殖民者当年反抗英国征税时那句"无代表，不纳税"的宣言，能够提供一个相对公平的征税机制。让全国各地、各行各业的人们在国会里有自己的代表，不同的群体一起讨论如何征税，如何避免对某个群体的暴政，这些体制能够在一定程度上消除不公平的现象，也让国家税收成为有源之水。

我杀死了银行

凡是北方人汉密尔顿支持的，南方人杰斐逊都要反对，从中央银行到威士忌税，杰斐逊全都反对。杰斐逊甚至拒绝喝威士忌，提倡大家喝进口的葡萄酒，但进口的葡萄酒很贵，没几个人喝得起，杰斐逊的号召没人响应。

当然，要真正为南方人撑腰，莫过于在政坛上位。1800 年，美国总统大选，杰斐逊出山，与另一候选人阿伦·伯尔竞争总统宝座。结果两人得票竟然相同，需要众议院裁决谁来当总统。关键时刻，杰斐逊得到了政坛一位大佬的鼎力支持，这个大佬不是别人，正是汉密尔顿。

汉密尔顿是不是脑子坏掉了，竟然支持自己的对头杰斐逊？

其实，杰斐逊固然是汉密尔顿在政坛上的敌人，但伯尔是汉密尔顿的大敌，两人互斗了几十年。因此汉密尔顿“两害相权取其轻”，帮杰斐逊当上了总统。不过杰斐逊可不会因此心生感激，放弃自己的政治信仰，他一门心思要关掉美国第一银行，用各州自己的银行取而代之。但国会当年给予美国第一银行的营业权期限是 20 年，要到 1811 年到期后才可以重新审议是否延续营业权。杰斐逊虽然连任两届美国总统，任期内却无权让美国第一银行关门。

杰斐逊的夙愿终于在其继任者那里实现了，下一任总统詹姆斯·麦迪逊任内的国会并没有批准美国第一银行的营业权延期申请，于是美国第一银行关门歇业了。

杰斐逊在亲自书写的自己的墓志铭上，提到自己是《独立宣言》的起草者、《弗吉尼亚宗教自由法案》的起草者和弗吉尼亚大学的创始人，他的确是个伟大的人，但这个评价不包括经济领域。杰斐逊主义者们关掉了美国第一银行，也把一场经济灾难带给了美国。

美国第一银行80%的股份是掌握在私人投资者手中的，主要是一些来自欧洲的投资者，关掉了银行，这些钱全都漂洋过海回欧洲去了，美国立刻陷入了严重的通货紧缩状态，那些借着美国第一银行关门而兴起的各州立银行，也没有金银铸币来偿还公众的挤兑，美元出现大幅贬值。

这场经济灾难让美国人清醒地意识到，中央银行不是万能的，但没有中央银行，是万万不能的。

于是就在麦迪逊总统还当政的1816年，美国第二银行成立了。第二银行的命运与第一银行惊人地相似，都起到了让美国经济繁荣的重要作用，却也同样引发了炒作和投机的经济泡沫。更为巧合的是，第二银行也遭遇到了一位痛恨银行的总统的狙击，这位总统就是安德鲁·杰克逊，一位来自西部的平民总统。看出身，我们就能猜到他属于农场主和种植园主阵营，与北方人和银行不对付，何况他还曾经被银行追讨债务达10年之久。

杰克逊总统针对第二银行干的第一件事，就是让联邦的资本从第二银行全部撤出，投放到各州的银行。他的理由是，第二银行总是把贷款发放给北方的工商业，国家财力如此集中于这个机构，该机构却没一碗水端平，涉嫌违反宪法。

各州银行获得了大量联邦存款，于是可以发行更多的银行券，并以房地产为担保，发放了非常庞大的贷款。一幕讽刺剧上演了，由于各州银行滥发银行券，最痛恨投机和纸币的杰克逊总统竟然制造出了巨大的投机泡沫。

面对危机，杰克逊要求国会通过《铸币流通令》，即人们购买土地的时候必须用金银铸币支付，不能用纸币。但国会议员们都卷入了投机之中，热衷于炒买炒卖，不愿意通过该法令。杰克逊不得不等到国会休息的一天，把《铸币流通令》作为一个行政命令强行签署。杰克逊的目的达到了，全国性的投机活动戛然而止，可是由于对金银铸币的需求大增，手持银行券的公众纷纷要求银行兑换金银币，许多银行根本拿不出金银币，大量银行因此破产。缺少了贷款，1837 年，全美国 90% 的工厂被迫关门，这是美国历史上首次遭遇经济大萧条。

至于美国第二银行，由于 20 年营业权期满，没有获得延期，转变成了一家普通银行，并在挣扎了几年后破产。又过了几年，杰克逊逝世，他的墓志铭上只有一句话：我杀死了银行！

路易斯安那经济账

磕磕绊绊中，美国政府好歹有了像样的金融系统，并且也有了自己的财政和税收体系。手头上有了点闲钱的美国政府终于可以为美国人民干点正事了，比如说向西挺进。

若论北美独立战争的起因之一，就是英国的北美殖民者向西扩张引起的国际纠纷。现在，美利坚合众国踢掉了英国宗主国，要独立面对本国民众对于西部土地的强烈需求了，自然也就要独自面对阻挡在北美洲中部的法国殖民者了。

怎么办？和法国打一仗？新生的美利坚合众国掂量一下自己，还真没那个实力。但美国真的需要在密西西比河流域运送货物，以及在河口的新奥尔良存放货物的权利。一方面，在阿巴拉契亚山脉以西生活着 50 万美国人，需要养家糊口；另一方面，正如当时的美国总统杰斐逊所说：“我国 3/8 的货物必须经过它（新奥尔良）进入市场。”

说白了，路易斯安那握有美国相当一部分的经济命脉。为了能够把经济命脉掌握在自己手中，杰斐逊试图和拿破仑沟通，想要在新奥尔良附近购买一块土地，代替新奥尔良来存放美国人的货物。但是，法国保持缄默。杰斐逊考虑了几个方案，美国准备出 1000 万美元的价格购买新奥尔良和全部佛罗里达州，或者出 750 万美元购买新奥尔良；如果法国拒绝出售大片土地和城市，那就协商一个永久通行权，给法国一笔费用。1803 年，杰斐逊政府筹集了 200 万美元，派遣詹姆斯·门罗到巴黎去碰碰运气，准备和拿破仑商量，看看能否购买新奥尔良的部分土地。

1803 年 4 月 11 日，拿破仑的部长塔列朗与美国大使罗伯特·利文斯顿会见，突然提出："你们打算为整个路易斯安那开个什么价？"利文斯顿立刻目瞪口呆。

拿破仑脑子里在想什么呢？原来，当时法军镇压自己的殖民地海地岛上的起义濒临失败，拿破仑决定放弃海地岛，也放弃自己设想的在新大陆建立帝国的计划，转而准备在欧洲入侵英国本土，与英国决一死战。前面篇章我们已经说过，拿破仑玩经济并不在行，因此手头上非常紧张，为了筹集到战争经费，他大口一张，准备把广阔的路易斯安那整体卖给美国。在拿破仑心目中，把路易斯安那卖给美国，总比留在那里最后让英国人抢走要强。

回过神来的利文斯顿随口还价 400 万美元。塔列朗说："太少了！想想看，明天见。"

天上掉下来块大馅饼，可是当时的美国政府财力有限，想一口吞下这块馅饼难度太大，需要通过融资搞到更多钱。唯利是图的英国银行家们对这桩交易很感兴趣，愿意提供资金，协助美国从法国手中购买路易斯安那，于是在 1803 年 4 月 30 日，这笔史无前例的土地转让交易竟然成交了！美法两国签订协议，美国以 1125 万美元现金，外加免除法国 375 万美元的对美债务，把整个路易斯安那收入囊中。

卖掉路易斯安那，让拿破仑获得了大笔军费，代价是永远放弃了法国在西半球的这块殖民地。而美国将自己的领土面积扩大了一倍，扩大的部分就是未来的阿肯色州、密苏里州、南达科他州、北达科他州、明尼苏达州、内布拉斯加州、蒙大拿州、艾奥瓦州、堪萨斯州、怀俄明州和俄克拉何马州。

这不是美国唯一购买到的国土，除了路易斯安那，美国于 1819 年还从西班牙手中购得佛罗里达州，于 1867 年从俄罗斯手中购得阿拉斯加州。

在国家主权意识浓厚的现代人看来，国家土地是非卖品，一个国家出售大片土地给另一个国家，实在是不可思议。但我们应该从当时的国际形势和各个国家的经济状况来理解这类交易。

就拿路易斯安那来说，法国早在 1718 年就在密西西比河口建立了新奥尔良，1722 年建立广阔的路易斯安那省，但是这块殖民地的经济收益一直不佳，根本原因就是人口太少。先到此地的法国殖民者阻挠更多移民渡海而来，因为更多的移民意味着更多人和他们争夺毛皮，影响他们的收入。此外，英国允许本国的宗教异端移民北美，但法国禁止本国的胡格诺派教徒移民北美。

人口过少而土地广大，法国殖民地的防卫和管理成本非常高，可收益并不大，法国因此承受了额外的财政压力而不是获得了财政收益。这也是约翰·劳搞出来的密西西比公司的肥皂泡破灭的根本原因。

对路易斯安那的命运产生关键影响的另一个因素是，在那个时代，欧洲列强的国家重心在欧陆上，散布于全球各处的殖民地只是欧陆争霸的一些筹码而已。对拿破仑来说，欧洲是其政治、军事的核心目标，如果欧陆争霸失利，那些遥远大陆上的殖民地也会一并丢掉，不再属于自己。因此，为了能够在欧陆竞争中胜出，必要的时候，确切地说是财政紧张的时候，卖掉路易斯安那也在所不惜。

但是对于那个时期的美国来说，欧陆争霸不关自己的事，北美才是自己的家门口。所以为了自己的长远经济利益，节衣缩食加举债，多买些北美的土地是很合算的。这就是路易斯安那交易背后双方的经济账。

除了购买土地外，1845 年，因为反抗墨西哥而建立的得克萨斯共和国要求并入美国，导致美国与墨西哥爆发战争，美国在获胜后获得了亚利桑那州、新墨西哥州、犹他州、科罗拉多州、内华达州和加利福尼亚州等广袤的土地。

美国一路向西，狂飙突进，直奔宽广的太平洋而去。然而就在此时，美国的南方和北方之间出现了深深的裂痕，差一点让这个新生的国家分崩离析。

第十二章｜
让华尔街再飞一会儿

发动战争有两个理由：一个是对外宣称的理由，另一个是不对外宣称的理由。

对于为什么打仗，美国南北战争中交战的两方各执一词。北军高调宣布，他们是为了全人类的解放事业而奋斗的，特别是要解放南方广大的黑人奴隶。1852年，斯托夫人著名的《汤姆叔叔的小屋》出版，揭露了美国南方种植园中黑人奴隶的悲惨命运，激起了北方民众废除奴隶制的正义呼声。

不过南军则针锋相对地提出，美国宪法并无废除奴隶制相关条款，甚至南方脱离联邦独立，也并不违反宪法，而北方用道德理由污蔑南方，本身就是不道德的；北方为了所谓的“国家统一”不惜一战，才是违背宪法的恶劣行径，其罪罄竹难书。

以上都是对外宣称的理由，并一直流传到今天。但如今，历史学家越来越关注表面理由背后的理由——关税，一个让美国陷入4年内战的真正原因。

关税闯大祸

关税，说白了就是把国门关上，什么东西进来都得交税。美国在建国之初，是一个典型的农业国，制造业很不发达。当英军的外部威胁消除后，美国国内的制造业开始起步。在一部分人看来，美国涌现出来的工厂的生产能力和竞争能力同欧洲各国相比，还很低，是应该重点保护的“民族产业”。而且，由于当时美国劳动力不足，工厂必须支付给工人比欧洲工厂更高的工资，才能招到工人，这也使得美国工厂生产的产品成本高、价格高、竞争力不强。

怎么扶持北美大陆上这些不景气的民族产业呢？

征收保护性关税！对于从欧洲进口的工业品，征收高额的关税，使得进口工业品在本国的售价抬高，在本国市场上的竞争力下降。在当时的美国，新兴的制造业主要集中在北方，而国会主要由北方人掌控着，于是美国关税税率不断提高。到了1828年，更加严格的关税法案在美国国会通过了，欧洲工业品要交的税更多了。

北方人弹冠相庆，因为他们自己生产的工业品更有价格优势，能赚更多的钱了。可是南方人不干了，因为关税战从来不会只有一方出招，而另一方无动于衷。美国提高关税的做法，会激怒欧洲各国，迫使欧洲各国也同样提高关税，来惩罚美国对自由贸易的阻碍。

这会带来什么后果呢？那就是美国出口的产品将被欧洲各国征更多的税，美国出口产品的竞争力下降。那么，当时美国出口的主要是什么产品呢？欧洲人才不稀罕美国那些粗制滥造的工业品，英国的绅士们购买美国的烟草，全欧洲的工厂采购美国的棉花，这些经济作物和农产品都是美国南方种植园生产的。

关税战的结果是北方人赚钱，南方人赔钱，这样的关税显然非常不公平。南方的南卡罗来纳州反应最激烈，在州代表大会上，这个州甚至宣布关税法案在该州无效。不仅如此，南卡罗来纳州还通过了一些法令，准备组织军队和购置武器。

美国政府（主要由北方人控制）感觉事态严重了，南方这种做法哪里是对关税不满，分明是要“另立中央”啊！1832年，当时的杰克逊总统派遣

8艘军舰封锁了南卡罗来纳州，动用武力迫使南方各州接受关税法案。

在武力面前，南方暂时屈服了，他们只能眼睁睁地看着自己生产的棉花、烟草在欧洲失去竞争力，销量下降，利润减少。关税战让南方人要么购买北方生产的成本高、价格高的工业品，要么购买附加了高关税的欧洲进口工业品，总之都不是便宜货。简单地从钱的角度看，南方人的损失就是北方人的收益。

南方人也不是没想过通过正当的议会斗争来为自己争取权利，他们甚至在1844年还获得了短暂的胜利，支持南方的总统在1846年通过了新的关税制度，开始降低关税。从1845年的关税高点24%左右，经过数次调低，到1857年，美国关税税率降低到了15%左右。这个税率已经在南方人可以接受的范围内了。

而且，降低关税税率并不意味着美国政府从关税中获得的收入减少了。南北战争前税率最高的1845年，美国关税收入是2750万美元；10年之后，关税税率下降到了20%左右，美国关税收入是5300万美元；到1860年，关税税率为15%，美国关税收入是5320万美元。关税税率下降而关税收入还在上升，这得益于税率下降激发了美国和欧洲各国之间贸易量的大幅增长。所以美国关税下降的这段时间，不论对于南方农场主还是美国政府来说，都是美好的。对于购买欧洲工业品的美国人，以及购买美国烟草、棉花的欧洲人来说，也是美好的。

但对于生产工业品的北方人来说，生活不美好了，轮到他们感到不公平了。关税税率下降，就意味着欧洲工业品在美国市场更有竞争力了，北方人再也不能用自己粗制滥造的工业品“坑蒙拐骗”本国人，就算是他们巧舌如簧地号召大家热爱祖国、支持国货，他们的产品还是卖不动。

什么是公平？以保护不景气的民族产业的名义提高关税，让自己的父老乡亲购买粗制滥造的产品，这算是公平吗？北方人习惯了高关税时候的好日子，并把那段日子视作公平。当那段日子随风而逝，他们就不习惯了，感到不公平了。

北方人纯粹是被当年的美国政府惯坏的。现在，他们试图让往日美好的时光重现，重新执掌美国政府，制定高关税。可怕的是，他们居然成功了。1860年，北方人控制的国会通过了新的关税法，提高了关税税率。这个新的关税法的关税税率定在了多少呢？

这个新的法案叫作《莫里尔法案》，目的就是换掉1857年通过的那个关税税率15%的法案。新法案的税率定在了令人瞠目结舌的37.5%。这还不算，国会还打算扩大应征收关税的进口项目。

这哪里是要征税，分明是想打劫，北方人要借新法案打劫南方人的财富。南方人搬出了美国宪法，找到了第一条第八款：联邦政府通过立法征得的各类税收用于偿付国债，支付国防开支，以及提供大众福利。

保护北方民族工业免受欧洲工业品的冲击，这算是提供大众福利吗？显然不是。因此，大幅提高关税，就是违背了宪法。既然北方人连宪法都不遵守了，南方人还有必要和他们在一口锅里吃饭吗？

局势日趋紧张。1860年11月，公开主张废除奴隶制和支持高关税的林肯当选为美国总统。一个月后，上次带头闹事的南卡罗来纳州率先发难，正式宣布退出联邦。随后，南方其他六州先后独立。林肯就职前两天，《莫里尔法案》通过并执行。惨烈的南北战争随即爆发了。

林肯是南方人恨之入骨的人物，并在南北战争结束时遭到了暗杀。他虽然支持高关税，但《莫里尔法案》并不是出自他手，他只是在矛盾激化的时刻刚好站在了火山口上。

李将军在华尔街的左路军

战争是人打的，但打的都是钱。南北战争一爆发，不论北方人还是南方人，立刻面临了财政危机。

早在战争爆发前的 1857 年，美国就爆发了严重的经济危机，欧洲资本大量撤离，美国经济一片萧条。财政税收锐减的联邦政府只能靠发行短期贷款来度日，这也是《莫里尔法案》能够通过的重要原因之一，联邦政府病急乱投医，希望靠高关税来弥补财政亏空。当南方各州纷纷开始独立时，南方农场主欠北方银行家的贷款全都作废，导致北方银行纷纷破产。联邦政府的国库彻底空了，就连支付给国会议员的薪水都发不出来。

南方人的钱袋子也好不到哪里去。南方的经济是靠卖棉花和烟草维持的，战事一起，国际贸易没法做了，南方的棉花和烟草都卖不出去，没钱入账，这仗也不好打。

大规模的战争，需要大规模的融资，两边政府首先想到的方式，自然是征税。为了打赢这场战争，北方联邦政府征税的手段不断翻新，任何可以征税的商品都征了，还创造性地开始向富人征收“个人所得税”，收入在 600 美元到 1 万美元的富人，收入的 3% 上缴；收入超过 1 万美元者，收入的 5% 上缴。

这个税种想必读者们并不陌生，对于今天的工薪阶层来说，当月收入超过免征额的时候，就要缴纳个人所得税。在南北战争时期，这个税种只面向富人征收。就像物理学里有个自由落体运动一样，当物体从高处落下时，一开始速度很慢，越向下落，速度越快。个人所得税也在自由落体，一开始只向富人征收，当政府缺钱的时候，个人所得税落到了中产阶级头上，当政府继续缺钱的时候，个人所得税就落到了普通工薪阶层头上。

除了收税，另一个能够想到的筹钱渠道就是印刷钞票了。南北战争之前，美国人的货币体系还是以黄金和白银为基础的贵金属本位制。当战争开始的时候，北方银行纷纷倒闭，停止用黄金支付他们发出去的那些票据，北方联邦政府也没有足够的黄金来收拾残局，于是北方放弃了贵金属本位制，开动了印钞机。在整个战争期间，北方联邦政府一共印刷了面值高达

4.5 亿美元的“绿背纸币”。没有贵金属压箱底，这些绿背纸币当然会引发通货膨胀，北方的物价水平在战争期间上涨了 80%。

作为战败方的南方，情况更加糟糕。南方经济本来就落后于北方，融资渠道又少得可怜，只能不断开印钞票，导致南方经济爆发了恶性通货膨胀，到战争结束时，南方的通货膨胀率高达战前的 9000%。

是金子总会发光的。虽然纸钞横行无忌，但老百姓明白那东西贬值很快，黄金和白银才是乱世中的硬通货。由于当时华尔街的股票交易所里允许进行黄金交易，于是就发生了有趣的一幕：当北方军队获胜的时候，人们预感战争要结束，绿背纸币要赢了，于是黄金的价格就会下跌；而当南方军队获胜时，黄金的价格就会上涨。在著名的葛底斯堡战役爆发前，由于北军节节败退，287 美元纸钞才能兑换官方宣称的 100 美元的黄金，创下了绿背纸币的价格新低。

这些黄金交易商们为了在黄金投机中获利，经常毫无情感地把赌注压在北军失利的一边，动摇北方军队和大众的心。北方媒体怒斥这帮唯利是图的家伙为“李将军在华尔街的左路军”，意思是这些人帮南军的统帅李将军在北方捣乱。林肯也曾经愤怒地说：“所有这些罪恶的脑袋都该被砍掉！”

然而，真正给北方联邦政府筹措到大笔军费的渠道，恰恰是他们诅咒的华尔街。

在一次战场惨败之后，北方联邦政府的财政部长萨尔蒙·切斯亲自到华尔街，以 7.3% 的年利率发行 5000 万美元的债券，以筹措战争经费。经过一番哀求，切斯勉强筹措到了这笔钱。但是他清楚，即使是过去富得流油的华尔街，现在也不太可能再拿出钱来支持战争了。怎么办?

一个陪同财政部长去华尔街筹款的小人物此时站了出来，他就是杰伊·库克。库克是一位年轻的银行家，他的父亲和切斯是老朋友，于是切斯希望他能够作为代理人，发行一些 5 ~ 20 年期的新债券，年利率 6%，用黄金偿付。

库克没有像过去发行债券那样，把债券卖给财大气粗的银行家和经纪商，而是说服财政部把新债券的面额缩小到 50 美元一张，这样即使是美国当时的工薪阶层也可以买得起一张债券了。然后，库克通过报纸和传单大肆做广告，告诉普通大众，购买这种新债券不仅是爱国精神的体现，更是一笔很好的投资，能够给债券持有者带来丰厚的回报。

库克的“爱心国债大派送”活动圆满成功。在南北战争前，美国只有不到 1% 的富人持有证券类资产，普通人习惯于把自己的那点现金藏到床底下或地板下面。在库克的鼓吹下，北方有 5% 的人购买了他发行的新债券。库克是如此成功，以至于当南北战争结束的那一刻，他卖出新债券的速度竟然超过了联邦政府战争部门的花钱速度。这些新债券也流入了华尔街的交易所，并催生了华尔街一次繁荣的大牛市。

“行了库克，你可以歇会儿了，钱已经足够多了，你是支持联邦政府打赢战争的大功臣。”

战争结束了，但库克并没有回家歇着。他的银行不仅在政府债券市场拥有很大的份额，还涉足了当时方兴未艾的美国铁路大建设的事业，拥有了几家兴建中的铁路的股权。然而，正是铁路让库克折戟沉沙。

为了完成一条名叫北太平洋铁路的建设，库克发行了高达 1 亿美元的债券，但这笔钱在铁路远未完工时就花光了。不得已，库克只能继续发行债券，他试图把那些欧洲人的钱圈到自己的铁路项目上，他用当年推销战争债券的方式来推销自己的铁路债券，甚至把铁路沿途的一座城市起名叫“俾斯麦”——当时欧洲最有影响力的德国政治家的名字，以吸引欧洲投资者购买债券。

可惜的是，精明的欧洲人并不像南北战争时期的美国人那么冲动，库克的铁路债券销售举步维艰。1873 年，库克终于撑不住了，他的银行宣布暂停营业，这直接触发了华尔街的大震荡，南北战争后的大牛市就此终结。

我们谈论库克，并不是要给他写传记，而是要谈谈南北战争后美国为什么能在几十年间就快速崛起，一跃成为世界第一经济强国。

在内战结束后的和平年代，美国的高关税政策得到了延续，一直“高空飞行”到了1910年，关税税率才重新下落到15%。正是在这段时间，美国实现了工业化，经济也突飞猛进。因此一些学者认为，正是高关税保护了美国的民族工业，让他们积累了自己的第一桶金，然后通过技术改造，最终战胜了欧洲老牌强国的工业。

心理学中有一个名词叫作“归因偏差”，说的是我们经常会在解释一件事情时找错原因。比如说，晚上7点钟天黑了，刚好这时候电视里开始播新闻。如果你说是播新闻导致天黑了，或者天黑了导致电视开始播新闻，这就是归因偏差。

美国民族工业获得第一桶金，是不是因为高关税的保护呢？高关税的确对民族工业免受欧洲工业冲击，起到了一定的作用。但关税直接进入了联邦政府的口袋，而不是进入了各行各业中。南北战争后，美国每年的关税收入不过1亿多美元，还没落到企业家的手里，主要用于维持联邦政府运转。考虑还要和别国打关税战，灭敌三千也要自损八百，那笔关税收入还得打折扣。

与之相比，当时华尔街的股票市值已经有几十亿美金了，而且还在突飞猛进，迅速追赶着伦敦的证券市场，那里是当时世界的金融中心，但不久之后就将让位给纽约和华尔街。真正让美国民族工业获得初始资本的人，是库克和华尔街的那帮家伙。

华尔街证券交易所几乎是伴随着美国的诞生而出现的。这种新型的金融形式和古老的银行有着本质的不同。传统的银行是厌恶风险的，银行家在投资某个项目的时候，总是尽可能地回避那些风险较大的项目，选择那些尽管回报不高，但风险很低的项目。华尔街这样的证券市场则欢迎风险，古语云“风险越大，收益越大”，通过公开发行债券、股票的形式，华尔街把一个高风险的项目卖给了许多投资者，风险被这些投资者分摊了，因此投资者可以承受投资失败的损失，从而激励了他们去追求高风险、高回报的项目。

美国立国前100年里能够从一个昔日的帝国边疆殖民地，一举超越所有的竞争国家——昔日的宗主国大英帝国、欧洲大陆上的普鲁士和法兰西、东方的中国，这些国家都被美国甩在了身后，一个重要的原因就是华尔街对美国经济的强力推动。当时的大英帝国由于受到“南海投资泡沫”破灭的负面影响，投资人心有余悸，宁愿发展传统银行，四平八稳地赚点利息，也不愿发展高风险的证券市场。而新生的美国“年轻没有失败”，继承了牛仔冒险血液的美国人毫不畏惧地发展证券市场，使华尔街一步步做大，筹措了大笔的资金。

华尔街的投资者们在美国支持了许多超大型、高风险的项目。就拿铁路建设来说，在1865年南北战争刚刚结束的时候，美国只有3.5万英里的铁路。到了1890年，这个数字飙升到16.4万英里，占全世界铁路总里程的1/3。欧洲投资者嗅到了赚钱的机会，为美国铁路业的繁荣贡献了1/3的资金。

没错，许多购买华尔街股票的资金来自欧洲的投资人。这些人通过购买股票的方式，出资帮助美国兴建铁路和其他设施。欧洲人持有的这些铁路股票，本来是可以靠股票红利来获利的。但是在那场把库克打翻在地的股市大崩盘中，欧洲人纷纷抛售持有的美国股票，1873 ~ 1879年，欧洲人手中的美国各种证券的价值下降了6亿美元，而美国人以很低的价格接盘，把这些股票又买到了手。

结果是，美国人利用欧洲人的钱修成了铁路，然后还拥有了铁路的股票。不论是在大牛市还是在大熊市里，华尔街都让美国人赚大了。至于关税那点钱，对美国来说真的不算什么。

镀金时代谁铸就

有一种似是而非的说法，即美国是一个只有200多年历史的国家。如果从独立政权建立来讲，这句话倒也没有错。但是，如果认为美国是一个历史短暂、文化积淀薄弱的国家，那就错得离谱了。美国的建立者和建设者来自欧洲乃至世界各地，他们继承了全世界的知识、技术和奋斗意识，这是美国在19世纪这一个世纪中，即使经历了惨烈的南北战争，仍然以火箭般的速度在经济上超越了其他所有国家的根本原因。是的，它超过了所有国家，包括日不落帝国——英国。

美国的经济狂飙是如何发生的?

首先，在经济活动中，人是最宝贵的因素。19世纪，地球上出现了有史以来最大规模的海上移民浪潮。这首先要拜蒸汽船的发明和普及所赐，蒸汽船把欧洲和美洲紧密地联系起来，整个大西洋变成了“移民之海”。据统计，1820 ~ 1920年的这100年间，欧洲有3600万人移民北美洲，360万人移民南美洲，200万人移民澳大利亚和新西兰，也有少数移民非洲和亚洲。可以说，整个世界经历了一次欧洲化的过程。

美国是这次移民浪潮的最大受益者。南北战争后，美国经济的迅速上升，吸引了大量的欧洲移民。在当时的北大西洋海域，大型客船鱼贯往来，很多人怀揣着在美洲大陆的新天地获得成功的梦想而来到这里。19世纪60年代之后，多家航运公司共同在北大西洋海域举办了一项活动，授予以最快的平均速度横跨大西洋的船只一条细长的蓝丝带，允许其系在桅杆的最高处。这就是“蓝丝带奖”。对于拥有最快速度船只的公司来说，这是最好的宣传。

这种奖项的出现，说明了客运服务业的繁荣和移民规模的庞大。南北战争结束后的 1865 ~ 1894 年，每年从欧洲移民到美国纽约的人中，大约有 12 万英国人、11 万德国人。1895 ~ 1914 年，每年有 16 万意大利人移民纽约。

相比同时代美国吸引了大批移民，西班牙和葡萄牙在拉丁美洲的殖民地吸引的移民数量根本不值得一提。因此，美国这片热土一定是有更好的机遇，才抓住了移民的心。

美国给了移民十分优厚的政策支持，特别是在土地上。尚在南北战争激战正酣之际，林肯总统为了获得西部那些急需移民的各州的支持，于 1862 年签署了《宅地法》，“只要交付 10 美元，即可在西部得到 160 英亩的土地，连续耕种 5 年，就可成为其主人”。按照 1 英亩约等于 6 亩算，160 英亩大概是接近 1000 亩的土地面积。只要交 10 美元，再干 5 年活，这么一大片土地就都是你的了。

怎么样，你动心了没有？

独立战争后，美国联邦政府获得了阿巴拉契亚山以西的大部分领土，路易斯安那购地案发生后，密西西比河流域的广大土地也被收入囊中，美国领土仍然继续向西扩张，直到太平洋东岸。大片的领土地广人稀，需要劳动力进行开发。以《宅地法》为代表的各种优惠政策，顺应了西进时代的人口和人才要求，激发了大批移民前往美国奋斗的万丈豪情。

让移民振奋的是，相比欧洲那些开发了几千年的土地，美国的土地储存着千万年来积累下来的肥力，只需要付出一点点劳动和照料，就能有可喜的收成。所以，18 世纪时美国农民的生产力很高，1830 年，美国农业的生产力比英国农业高 50%，比欧洲大陆农业高 1 倍以上。

但是，只有人和肥沃的土地是不够的。当时的拉丁美洲，巴西、阿根廷甚至墨西哥也不缺这两个要素，但是农业发展很缓慢。差别在哪里？

理论上说，巨大的农耕地的开发，除了人力和土地要素之外，需要巨额投资打造交通运输网络，需要提供生产工具和日用品的有效贸易网络，还需要能给农民提供贷款的金融网络，以及把农产品卖掉的市场网络。简单地说，向西开拓边疆的农民到达哪里，所有这些网络必须及时扩展到哪里。

这不是容易的事情，在那个时代，只有美国做到了。美国的优势是，在经济上它其实是“大欧洲”的新增部分，而不是“另立山头”的孤岛。

早在美国独立之前，费城、波士顿、纽约和查尔斯顿等港口城市就十分发达，与欧洲的那些繁忙的港口没有区别。美国独立后，美国和英国乃至欧洲的经济联系不仅没有中断，反而越来越密切。打不打仗是政治家、军事家的事情，在欧美商人眼中，生意就是生意，有钱赚干吗不做？

1860 年，纽约已经崛起为美国的第一大港，占据了本国 2/3 的进口量和 1/3 的出口量，成为一个繁荣的海港，也创造出了一个商业精英云集的市场中心和金融精英云集的金融中心，人口已经增长到 80 多万，甚至开始挑战伦敦的规模。以纽约等沿海城市为纽带，运输网络、贸易网络、金融网络、市场网络等向北美大陆的西部不断蔓延开来。

如果把美国的西部农民比喻成开疆拓土的战士的话，那么这些网络就是后勤补给线。战场上的军队需要一支庞大的后勤部队输送补给、情报和命令，那么西部的农民们也需要一个个临近的城镇作为后勤基地，提供农耕工具、市场信息以及吃喝玩乐等服务设施。

如果我们回到 19 世纪 20 ~ 30 年代的美国西部走一走，会发现涌现出很多新兴城镇，城镇里可以找到铸造厂、精炼厂、杂货店、磨坊、邮局，甚至还有银行，这些设施是为周边的农民们提供服务的。当时的美国西部甚至可以在本地组装蒸汽机，用于各类加工厂里，或者往返于河湖中的蒸汽船上。

所以，美国西部农民绝对不是刀耕火种、白手起家的，他们的背后有那个时代工业文明的强力支持。

1850 年，美国国民生产总值的 22% 来自制造业和采矿业，当时世界霸主大英帝国的相关数据也不过是 34% 而已。1851 年，芝加哥的一家工厂每年能够生产 1000 台收割机，卖给本国的农民使用。由于劳动力缺乏，劳动报酬很高，美国农场主更加青睐能够节约劳动力的各种农用机械，使得美国农民的人均生产力明显高于欧洲农民，更不用说那些还停留在传统农业的亚洲农民、非洲农民了。毫不夸张地说，美国向西扩张也是农业机械化推进的过程。

美国的农业机械化是如此成功，到了 19 世纪末期，美国农场对于劳动力的需求急剧减少，新一代的农村人口大量涌入城市寻找工作机会，给城市提供了劳动力。19 世纪初，美国还是世界上较大的农业国之一；到 1880 年，美国的城市人口已经占全国的 1/4；到了 1900 年，美国城市人口已经占总人口的 40%。

从南北战争结束到 20 世纪初叶，被称为美国的“镀金时代”，这个名词来自美国著名作家马克·吐温的讽刺小说《镀金时代》。虽然大作家对于那个时期的美国充满了嘲讽，认为那是一个政商勾结、拜金主义盛行的堕落社会。但事情要从两面来看，也正是在这个时期，美国政府扶持企业和个人发展、减少政府干预，整个美国从上到下，几乎所有人都怀着开发土地、办工厂、做生意的发财梦，美国经济才迎来了突飞猛进的时代。

随着美国的富商开始积累私人资本，他们在寻找投资机会的过程中，开始出资组建联合有限公司，并不断地要求各州立法机构，颁布更宽松的法律法规，使有限公司脱离州政府的束缚。有钱人能够合伙组建大规模的企业，并且通过华尔街等金融市场向公众出售股票，筹集资金建设过去私人企业和合资企业无法负担的巨型项目，比如横跨整个大陆的铁路线。脱胎于荷兰海上贸易的股份公司制度，终于在铁路时代的北美大陆上大显神威。

从铁路开始，这种融资方式开始进入美国蓬勃发展的钢铁制造、肉类包装、原油和其他产业。于是，企业家得以建立起以往无法想象的巨大型企业。这些有限公司的发展分为两种主要形式：其一是横向联合的公司，通过合并或收购竞争对手的形式获得巨大的市场份额，一部分公司甚至成为垄断企业；其二是纵向联合公司，不仅掌握原材料的来源，同时也力求控制产品的分销渠道。

当时最成功的纵向联合企业家就是后来闻名天下的安德鲁·卡内基。卡内基原本是一个贫穷的苏格兰移民，长期从事铁路工作，最后把所有的资产用于钢铁制造。1873 年，他在匹兹堡城外开设工厂，生产优质廉价的钢材。利用炼钢带来的利润和从股票市场筹集到的资金，他开始投资一系列辅助行业。例如，他除了购买附近的煤矿用于熔炉之外，还在明尼苏达州富含铁矿的山脉购买了大量土地。为了把矿石运到工厂，卡内基购买了一支能够在五大湖区航行的船队。与此同时，他购买铁路，不仅仅是为了运输产品，同时也保证了铁路的桥梁和铁轨建筑能够用自己的钢铁产品。

卡内基相信，哪怕不能为自己的钢铁创造一个国际市场，至少也可以创造一个国内市场。最终，他的钢铁企业统治了 19 世纪末的美国钢铁市场。

横向联合企业家的标志性人物则非约翰·洛克菲勒莫属。从 1863 年建立第一家炼油厂开始，洛克菲勒一直致力于控制石油工业，稳定该行业极端不稳定的价格变化。他的策略是尽量控制石油供给，因此利用自己的俄亥俄标准石油公司尽量收购所有的炼油厂。到 1880 年，他已经拥有全国 90% 的炼油厂。由于能够控制市场价格，公司利润大幅增长。虽然此后洛克菲勒的公司受到《谢尔曼反托拉斯法》的影响，但他通过把总部迁到新泽西，成立了控股公司规避法律问题，因此仍然可以控制石油行业。洛克菲勒曾写道："大型有限公司的发展就是适者生存，这是自然和上帝的法则。"

华尔街的证券市场以及美国牛仔们的冒险精神，缔造了镀金时代。卡内基、洛克菲勒、摩根……这些或于实业领域，或于金融市场上呼风唤雨的大鳄们，是美国辉煌的镀金时代的大明星。

1860 年，美国的制造业在全世界排名第四，到 1900 年便跃居首位，其产品总量达到欧洲三强英国、法国、德国的总和。如此高速的增长，通过以前老派的家族企业一点一滴地积累，是不可能实现的。

然而，也正是在镀金时代美国如此无所顾忌地肆意生长，酿成了日后美国乃至全球的一场经济大灾难。

附记：墨西哥湾时代

美国辽阔国土中埋藏的丰富资源是美国经济腾飞的基础，尤其是作为能源和化工原料的石油。

1876 年，美国从木头中获取的能量仍是从煤中获取能量的 2 倍，但木头的使用量正在急速减少。而在 1850 ~ 1890 年，每过 10 年，美国煤炭的消耗量就翻一番。19 世纪 90 年代晚期，美国终于超过了英国，煤产量跃居世界第一。但美国经济要想真正地称霸全球，还需要煤炭之外的资源助力。

今天我们谈石油，言必称中东，因为那里是现在世界石油的主要储藏地。其实在 20 世纪上半叶，美国的墨西哥湾才是世界的油库。

早在 1859 年，美国人就在宾夕法尼亚州打出了第一口油井，这是石油商业性开发的开端。其后，世界石油产量从 1859 年近乎空白的水平猛增到 1930 年的几乎每天 400 万桶，其中美国的原油产量达 250 万桶，占世界总产量的 64%。一直到 20 世纪 50 年代，美国都在世界石油市场上占据统治地位，出产了石油总量的 60%。美国是这一历史阶段当之无愧的世界能源中心，由于美国的石油业集中在得克萨斯州等墨西哥湾沿岸，所以有人把这一历史阶段称之为“墨西哥湾时代”。

墨西哥湾时代也正是美国走向世界第一经济强国的时代。论单位质量及体积所含的能量，石油大约是煤炭的 2 倍。考虑到液态石油在开采、运输等方面比固体的煤炭更容易，石油的能量效率就更高了。从理论上讲，以石油为能量基础的国家，必然比以煤炭为能量基础的国家要更有“动力”。高能量效率、多用途的石油，成为美国经济腾飞的强大推动力。

顺便说一句，美国儿童文学名著《绿野仙踪》的作者弗兰克·鲍姆的父亲原本是个桶匠，后来到宾夕法尼亚州开采石油发了大财，因此鲍姆的童年是在父亲的大庄园里幸福地度过的，衣食无忧的他从小就踏上了写作的道路。

感谢石油给我们带来了多萝茜、稻草人、铁皮人和胆小的狮子！

第十三章｜黄金与白银之战

曾经，牛顿爵士一声令下，英伦三岛建立了金本位制。当时的天下大势是，虽然西班牙的“无敌舰队”已经被英国皇家海军打沉到了大西洋底，在深深的大西洋底深深伤心，但在金融市场上，还没轮到英国人号令天下。

建立金本位制，不过是揭开了黄金与白银数百年大战的序幕，这场大战让世界主要大国几家欢喜几家愁……

黄金 VS 白银，英吉利 VS 西班牙

18 世纪之前，世界贸易的中心其实并不是欧洲，而是亚洲，特别是印度和中国，欧洲各国都梦想和印度、中国做生意。然而在工业革命之前，欧洲人真拿不出什么像样的东西，能与中国人交换精美的丝绸、瓷器和茶叶，与印度人交换香料和棉布。欧洲人手里的东西，只有一样是中国人感兴趣的，那就是白银。而且我们不要忘了，这白银可不是欧洲出产的，而是西班牙人和葡萄牙人从美洲掠夺的。

西班牙人把美洲白银铸造成钱币，这就是风行世界几百年的白银材质的货币——比索。

西班牙人携白银比索而令诸侯，让全欧洲人都为自己打工。1675 年，一位自豪的西班牙官员阿方索·卡斯特罗夸口，整个世界在为西班牙工作，他说：“让伦敦生产纤维吧，让荷兰生产条纹布吧，让佛罗伦萨生产衣服吧，让西印度群岛生产海狸皮和驮马吧，让米兰生产织棉吧……我们的资本会满足他们的……所有的国家都在为马德里训练熟练工人，而马德里是所有议会的女王，整个世界服侍她，而她无须为任何人服务。”

汹涌的白银浪潮在 16 世纪、17 世纪席卷全球，比索成为世界各国都愿意接受的国际通用货币。17 世纪，西班牙人在自己美洲的殖民地墨西哥，用当地的白银直接铸造比索，史称墨西哥比索，然后用船把墨西哥比索运回欧洲。如此巨额的财富自然会招惹强盗前来，海盗们蜂拥而至，组成了一拨又一拨加勒比海盗，瞅准机会就下手，洗劫运输银币的西班牙船只。为了对付加勒比海盗，西班牙人组建了全世界最庞大的海军，保护运输船的安全。

即使“无敌舰队”已经覆灭，即使美洲殖民地墨西哥宣布了独立，只要全世界都接受白银比索作为货币，整个世界的金融体系依然是以白银和比索为中心，西班牙人就依然可以过着舒服的日子。这种世界金融格局令崛起的英国很不爽，白银和黄金必须分出高下。

当时的局面是，大部分欧洲国家都选择了银本位制，因为大家要和亚洲特别是中国做生意，不用白银怎么行？法国则实行金银复本位制，既有用白银铸造的里弗尔，也有用黄金铸造的金路易；而在大西洋对岸的新兴国家美国，金融体系很乱，各种铸币都流通，而且大小银行林立，各自都发行自己的银行券充当货币，有些银行没有什么铸币本金，也胡乱发行银行券，以至当时有人还出版过类似《银行券鉴别指南》的小册子，帮助人们鉴别哪些银行券有价值，哪些一文不值。

总之，只有英国坚持金本位制，而且凭借自己强大的商业实力，拒不向其他欧洲国家妥协。

不同本位或者说金属货币的竞争，本质上和商品的竞争是一样的，都受到供需关系的影响。人们对一种货币的需求量增加了，这种货币就会变得强势，相对于其他货币出现升值。反之，弱势货币会相对于其他货币出现贬值。当英国一脚踢开白银，建立了金本位制的时候，白银的需求量就下降了，白银比索不值钱了，这对西班牙的比索无疑是一种打击。

另一个影响金属货币战争的因素是供应量。日常生活中如果一种商品物美价廉，人们就会乐于购买，货币也是一样。当白银价格便宜量又足的时候，人们就乐于使用白银货币；当黄金供应充足，相对便宜时，人们就乐于使用黄金货币。

人们开采金矿和银矿，铸造钱币，说穿了也是为了能够盈利。人们选择某种货币而放弃另一种货币，说白了也是从自己的利益考虑，希望选择的这种货币能够实现自己利益的最大化。欧洲列强固然有国家政权强权来维护本国的货币，但如果不能顺应货币供求的市场规律，恐怕也难以如愿。

英国在金融领域里若要单挑世界诸强，不仅需要实力，还得有点儿运气。

加州黄金普照全球

1848 年 1 月 24 日清晨，木匠出身的詹姆斯·马歇尔正在北美加利福尼亚的一条河流旁检查他建造的水渠，水渠从河流里引水，推动磨坊的水轮。马歇尔用水冲洗设备里的碎石，突然，他发现有什么东西在水里闪闪发光。

西部拓荒者都是全才，即使不是全才，艰苦的西部生活也把他们打磨成了全才，马歇尔也不例外，他对矿物知识是略知一二的。看上去碎片里的金属矿物有很好的光泽，马歇尔用石块敲打这种矿物，发现它的延展性非常好。他的心脏立刻怦怦地跳了起来，确信自己找到的是金子。

轰动世界的加利福尼亚淘金潮就此拉开了大幕。但其实，马歇尔发现金子的时候，那个地方还不属于美国，几天之后，美国和墨西哥的停战协议才达成，星条旗才真正飘扬在这片土地上。马歇尔和他热衷于农业的老板萨特想保守发现金子的秘密，但“是金子，早晚会闪光的”，这个消息从加州开始，以光速向外传播。

有趣的是，首先抵达加州的淘金大军不是美国人，而是其他国家的人。当时还没有横贯北美大陆的铁路，即使是最勇敢的旅行家，也需要三个月的时间横穿美洲大陆，把发现金子的消息从加州带到美国东海岸。加州原本是墨西哥的土地，因此墨西哥淘金大军最早抵达，约 5000 人徒步穿越了沙漠，赶了过来。加州毗邻太平洋，便捷的船只让太平洋沿岸的人们比美国东海岸的人更早知道消息。于是，几千名生活在南美洲的智利人、秘鲁人也紧接着抵达了，夏威夷、大溪地各个岛屿上的人们也怀揣发财梦赶来。远在澳大利亚的几十名被判流放的英国犯人，得到消息后也逃出了澳大利亚，抵达加州，组成了矿区令人闻风丧胆的黑帮。太平洋彼岸的中国人同样激动万分，人们采取先赊账的形式，乘坐快速帆船到达加州，靠在美国的收入偿还船票欠款。

直到 1848 年年底，当时的美国总统才在国会上宣布，发现金子的传闻是真实可靠的，为了更有说服力，他还带上了一块 20 磅重的金块，这块拳头大小的金块当时价值 5000 美元，够一大家子人舒服地生活 2 年。眼见为实，东海岸的美国人组成了浩浩荡荡的淘金大军，赶赴加州。

加州的黄金没有辜负淘金者的期望。在发现金子的前一年，美国的黄金产量只有 4.3 万盎司，而且大多数还是开采其他矿产时的副产品。但就在发现金子的那一年，黄金年产量激增了 10 倍之多。此后黄金产量节节攀升，年产量突破了 300 万盎司。

1848 ~ 1860 年，加州出产的黄金，比此前 150 年间人们开采的黄金总量还多。加州黄金很快销往世界各地，金币的光辉普照大地。

英国人和金本位制的机会来了。加州黄金加上此后在澳大利亚发现的黄金，使得世界上黄金供应充足，于是大英帝国把金本位制推广到自己的势力范围，比如澳大利亚、南非、加拿大等地。此时西班牙国力已经衰落，无力对抗英国在金融领域的改朝换代，真正令英国头疼的对手，一个是英吉利海峡对岸的法国，另一个就是加州黄金的产出国——美国。

让我们先来看看法国的情况。当时法国是拿破仑三世掌权，希望能够维持金银复本位制，最好国际上能以法国法郎作为基准，与黄金和白银按照一定比率兑换。拿破仑三世虽然是曾经威震全欧洲的军事天才拿破仑·波拿巴的侄子，但他除了继承了叔叔的野心之外，战略和视野就逊色多了。以法郎作为世界货币，不要说英国和西班牙不答应，就是正在完成德国统一大业的普鲁士也不会答应。

野心勃勃的拿破仑三世意图先拿普鲁士开刀，模仿自己的叔叔称霸欧洲，于是在 1870 年发动了普法战争，在前面的篇章我们已经提及此战。打仗只有野心是不够的，还得有实力和韬略，后面这两样拿破仑三世都没有。普法战争中法国惨败，普鲁士席卷了法国国库中的黄金作为战争赔偿。对普鲁士这个本国没太多金银产出的国家来说，采用金本位制还是银本位制，并没有太大的历史负担。既然洗劫了法国的黄金，手头上金子充足，那就实行金本位制好了。统一后的德国就此采用了新的记账货币——金马克。

每个美元都该如黄金般神圣

说起来有些奇怪，坐拥加州和其他一些大金矿的美利坚合众国竟然迟迟不加入金本位制。其实这并不奇怪，因为 19 世纪下半叶，美国人不仅在加州发现了黄金，他们在内华达州和落基山脉里也发现了大银矿。到底实行金本位制还是银本位制，让美国从民间到国会，几十年里吵得不可开交。

事情得从南北战争说起。战争期间，北方为了打赢南方，发行了大量的纸币，也就是俗称的绿背纸币，这自然会引发通货膨胀，因此政府的想法是，等到仗打完了，天下太平了，再把多余的纸币收回来，美国人民还是尽量用金币和银币。

美国立国之初其实是个农业国,农场主是国家经济和政治的重要支柱，开国元勋华盛顿就是一个大庄园主，以农业为生。即使在独立战争打得昏天黑地之时，华盛顿都不忘写信告诉家里的弟弟们，今年种什么作物收益会更好。

美国早期的农场主基本上是自给自足的经济，只不过他们土地广大，每年的作物产量也大，因此不能算“小农经济”，得称其为“大农经济”。这些农场主对纸币是嗤之以鼻的，在他们看来，地里产出的矿产和粮食才是真正的财富，是人们需要的财富。印刷出来的纸币，也还是纸而已，怎么能算是财富呢?

这种淳朴的观点是没错的，纸币如果算财富，那么印刷纸币就是创造财富，今天贫穷的国家只要开动印钞机，就脱贫致富了，还需要国际援助干什么?

不过随着美国经济和世界经济融为一体，美国农场主的农作物大量出口国外，他们对纸币的态度来了一个 180 度的大转变。

原因是，他们要更多地购买机械设备、良种和肥料，来耕种广阔的农田，提高农作物收成，这就必然要和外界打交道，要和钱打交道。农业的一个基本特点是春种秋收，春天是播种的季节，农民需要往农田里大量投入，却不会立刻得到回报；到了秋天收获的季节，农民开始从农田中获得收入。对于美国这些从事大农经济的农场主来说，春天缺钱，往往就会去贷款，然后等到秋天把粮食卖掉后还贷款。

对于欠别人钱的人来说，通货膨胀是好事，多印刷纸币是好事。就拿这些美国农场主来说，假如春天借了钱，到了秋天，由于通货膨胀，粮食价格比年初上升了，这些农场主能够轻松还款。南北战争前后的美国，绿背纸币、白银、黄金都可以当钱花，农场主当然更青睐能制造更大通货膨胀效果的绿背纸币了。

1870 年前后，美国的白银产量大增，导致银价下跌，从货币供应的角度看，我们可以说，白银货币也引发了通货膨胀。因此，农场主对于银本位也持欢迎的态度。农场主最痛恨的是金本位，因为加州淘金潮之后，美国经济一度陷入了长期的通货紧缩，就在这个农场主的艰难时期，1871 年，美国财政部竟然停止使用白银铸造钱币，农场主们立刻怨声沸腾。

和农场主们一起沸腾的，还有银矿矿主和矿工们。白银当然是有许多用途的，但一个主要的用途是铸造银币，现在白银不能铸造银币了，银矿产出的白银就销不出去，直接断了矿主和矿工的生计。两股势力合兵一处，强烈要求美国国会给予白银和黄金相同的待遇，那就是也应用于货币铸造。

善于和稀泥的国会为了平息民怨，通过了一些法规，要求财政部每个月购买不少于 450 万盎司的白银，铸造成钱币。这个数量大概相当于全美国的白银产量。国会还规定，同等质量的白银与黄金的比价是 1∶16。这意味着美国将继续维持金银复本位制。

农场、矿山的广大人民群众满意了，然而，金银复本位制的顽疾很快爆发了。由于国家大量收购白银，而且白银还与黄金固定比价，真是天上掉馅饼，美国西部银矿区开始以前所未有的速度开采白银。毫无疑问，市场上的白银大增，银价开始下跌，到 1890 年，银价与金价的比率已经下跌到 1∶20。劣币驱逐良币的定律又发威了，白银是劣币，黄金是良币，人们纷纷把黄金储存起来使用白银和绿背纸币做交易。由于美国白银和绿背纸币的信誉远比不上黄金，于是欧洲各国在与美国做生意的时候，支出的时候用纸币，收入的时候用黄金，美国的黄金储备迅速地从国库中流出。

此情此景与当年牛顿接手英国铸币局时英国市场上的局面何其类似，只不过当时牛顿面对的是白银大量外流，国家无银可铸币，现在美国国会面对的是黄金大量外流，黄金储备严重不足，牵连着绿背纸币的信用也大大降低。一旦美国财政部的黄金流光，人们对绿背纸币的信心就会崩盘。

1894 年 2 月的第一周，形势已经到了千钧一发的时刻。当时美国总统格罗弗·克利夫兰正在和内阁开会，财政部长接到一个电话，得知国库的黄金储备只有 900 万美元了。只要有一张面额大一点儿的汇票寄来，要求美国用黄金支付，财政部就面临无法偿付的局面了。迫于无奈，总统向华尔街的投资银行家摩根请教：“您有什么建议？”

关键时刻，还是华尔街拯救了美国。从年轻时就在华尔街金融战场上饱经风霜的摩根告诉总统，此刻在国内市场发行债券，来收集黄金已经毫无意义，因为民众不可能愿意交出手中的黄金，解决之道应该在国外。他承诺去国外推销美国的政府债券，兑换黄金回来补充国库。

由于摩根在金融界有着非常卓越的信誉，因此由他出马承销的债券在英国伦敦大受欢迎，美国国库中的黄金储备开始回升，并在 1895 年 6 月稳稳地停在了 1.05 亿美元。

但用债券套取黄金，基本上属于空手套白狼，拆东墙补西墙，用美国未来的收益来填补今天的国库。而且更严重的是，白银劣币驱逐黄金良币的趋势并未改变，国库里的黄金仍然有可能会全军覆灭，覆水难收。

白银与黄金注定要在美国做个了断。1896 年美国大选，这将是两种金属货币的最后决战。

共和党候选人威廉·麦金莱来自华尔街，他高呼“神圣的货币决不能成为赌局，每一个美元都应该和黄金一样神圣”。而他的对手，民主党候选人詹宁斯·布赖恩则一生都在为提高农产品价格而战，高呼“我们不应当把带刺的王冠压在劳动者的眼眉上，更不能将人类钉死在黄金十字架上”。

两人的竞选风格迥异，麦金莱扮演着“宅男”的角色，整天坐在家里，等着选民上门来和他谈，每天他都会问选民们一个问题：“如果今天白银可以成为货币，那么，明天您手中的美元又会是什么？”布赖恩则奔跑在全国各地，到处演讲，反复说农民们在债务的压榨下是多么痛苦，而银币将会解决整个国家缺钱的问题，解放劳苦大众。

看上去亲民的布赖恩很可能会获胜，并维持白银的货币地位。然而，就在选举前几周，美国经济突然之间变好了，农产品价格在连续30年低迷后开始上涨。在人们看来，这是以摩根为首的财团稳定黄金储备的结果。至于是不是摩根的功劳，短期经济上的波动，原因太复杂了，谁能说得清呢?

能说得清的是，这个消息对于麦金莱非常有利，他以270票对163票的较大优势，击败了劳心劳力又命苦的布赖恩，当选美国总统。经此一役，美国黄金与白银的战局日趋明朗，黄金的胜局已定。美元币值与黄金挂钩，美元如黄金一样“神圣”了。虽然美国这个时候还会铸造一些银币，但主要用于和东方的中国做贸易，以及在自己的殖民地菲律宾使用。

银价大跌，清朝的赔款怎么算

银本位的最后堡垒，正是东亚的中国和制造白银比索的墨西哥。1873年，世界上还有一半的国家把白银比索作为法定货币，但到了1900年，只有中国和墨西哥还坚持以银币作为货币。由于大部分国家，特别是英国、美国这样的政治和经济大国放弃以白银作为货币，白银的使用量大幅下降，1873 ~ 1900年，白银的价格下跌了一半。

当时的清朝已近末年，国力衰微，而墨西哥虽然是个独立国家，但经济命脉已经被北方邻居美国的财阀所控制。指望中国和墨西哥这对难兄难弟维护银本位，显然是不现实的。美国此时的经济实力已经隐隐超越老牌强国英国，身边的墨西哥要是和自己的货币不对路，显然有损面子，更有损经济。于是美国向墨西哥承诺，只要墨西哥同意把比索和美元挂钩，美国就援助墨西哥，支撑起白银作为商品的国际价格。与美元挂钩，实际上就是让比索与黄金挂钩。

墨西哥作为一个离上帝太远，离美国太近的国家，当然无力对抗北方强大的“山姆大叔”，于是屈服了，以银本位为基础的比索就此完结。

银本位最后的岁月是在中国度过的。自从明朝的张居正在全国推广“一条鞭法”以来，几百年的时间里，中国以白银作为基本流通货币。由于人口众多，长期以来经济规模大，中国成为世界上最大的银窖，全球约一半的白银在中国作为货币流通着。清朝末年，清军连吃败仗，从第一次鸦片战争、第二次鸦片战争直到八国联军侵华，赔款条约签了一堆，用什么赔就成为谈判双方争论的焦点。

《南京条约》签订的时候，清朝人手里有银子，当时白银比索还是世界上的硬通货，所以英国人虽然已经实行了金本位，但仍允许清朝以银圆的形式赔款。这个惯例一直持续到了中日甲午战争的时候，情况才有了变化。根据中日《马关条约》的规定，清朝要赔给日本2亿两白银，分8次交清，第一次于签订之日6个月之内交清，第二次于12个月之内交清，其余6次从第二年起每年交一次。

《马关条约》是1895年签署的，当时的国际大背景是银本位日薄西山，白银正在退出国际货币体系，白银的价格一路下跌。如果仍然以白银作为赔偿款，由于赔款时限拉长到了7年，清朝交给日本人的白银如果按照英镑来计算价值，实际上是逐渐减少的，这就是所谓的“镑亏”。日本人很不满，于是要求清朝在支付赔款的时候，把白银折算为英镑，在伦敦的银行支付赔款。后世有人计算，改为英镑支付赔款后，清朝等于多掏近1500万两白银的赔款给日本。

把白银赔款转换成英镑赔款，日本人赚了吗？首先，我们要明确，这笔赔款是日本与清朝签订的不平等条约，这笔钱本身是掠夺中国的财富，是不义之财。其次，从货币角度看，日本人要求用英镑支付倒是没有太多可指责的，我们说劣币驱逐良币，是在市场上人们都把良币留在自己兜里，用劣币做交易。对于赔偿款来说，日本人要把钱拿到自己兜里，自然希望获得良币，也就是当时以黄金为价值基准的英镑。清朝要把钱赔出去，自然希望用劣币即不断下跌的白银来支付，只可惜战败之国，没什么讨价还价的余地，也只能是接受日本的要求。用英镑结算，日本人只是避免了损失，而清朝则是没有享受到白银价格下跌带来的益处。

值得一提的是，日本自从明治维新之后，一直希望脱亚入欧，参与到全球的竞争中。在金本位逐渐一统天下的大背景下，日本虽然自古以来是白银产地，却也想建立起金本位制，与欧美列强平等地做贸易。无奈日本崛起得太晚，家底薄，黄金储备又很少，想实行金本位制，却没有本钱。《马关条约》的赔款让日本发了一笔横财，利用清朝赔来的英镑，日本终于建立起金本位制，融入国际贸易的主流之中。

只有清朝还在银本位的末路上狂奔。对于清朝来说，更大的货币乱局是在几年之后，八国联军攻入北京城，强迫清朝签订了丧权辱国的《辛丑条约》。根据这个条约，每个中国人要赔款 1 两银子，总计 4.5 亿两，从 1902 年开始交款，一直要交到 1940 年。之所以把赔款时限拉长到几十年，是因为列强怕清朝财政吃不消这笔巨款，所以让清朝慢慢还。不过，利息是不能少的，连本带利，清朝一共要赔 9.8 亿两！

这笔赔款一开始是用白银偿付的，但很快列强就发现，白银在不断地贬值，自己吃亏了，于是向清朝施加压力，要求以金本位的货币赔偿。1905 年，清朝被迫让步，答应向列强支付英镑等金本位货币作为赔款，同时对于 1905 年之前白银支付的部分，也要进行一定的补偿。

列强们终于满意了，没想到天有不测风云，清朝几年之后竟然“倒闭”了，辛亥革命推翻了清朝政权，“中华民国”建立。列强们当然不愿放弃巨额的赔款利益，他们要求孱弱的民国政府继续偿还清朝政府的“债务”。民国政府则虚虚实实地敷衍，列强得到的赔款聊胜于无。此后在两次世界大战中，中国政府都站在了胜利者一边，同一个战壕的兄弟，大家好说好商量，最终，清朝的剩余赔款都被列强逐渐免除了。

更为搞笑的是，段祺瑞执政的北洋政府时期，还曾从日本那里大肆借款，总计1.45亿日元，史称“西原大借款”，贷款的抵押物包括中国山东和东北地区的铁路、矿产、森林等。段祺瑞在借款的时候，其实就没打算要还。后来时局动荡，军阀更迭频繁，日本借出的这笔款基本上打了水漂，日本政府竟然吃不消了，不得不发行公债，填补这笔亏空。只是日本在中国山东加强了自身势力，算是捞回一点儿政治账。

银价大涨，银本位归天

民国初期，中国依然逆金本位的大势而动，坚持银本位，1914年，袁世凯就曾经铸造银币。1928年，国民党北伐胜利后，依样画葫芦地发行银币，重量、成色、规格都一样。

1929年，从美国开始的经济危机爆发，迅速蔓延到了世界各国，逼得各国接二连三地让货币贬值，短期内放弃了与黄金的固定汇率，金本位体系一度动摇。而此时东方的中国却没有受到太大的影响，成为世界经济大萧条中的一处避风港，正是因为中国实行银本位，和世界各国不走一条道。

而且在白银不断贬值的背景下，中国的货币相对于其他各国的货币出现贬值，这就使中国货在国际市场上变得相对便宜了，中国货更加具有竞争力。在1930年和1931年西方世界一片萧条的时期，中国竟然出现了国际收支盈余，在世界主要国家遭受严重通货紧缩困扰的时候，中国国内居然出现了温和的通货膨胀。

好日子总是很短暂。等到美国等国家从经济危机中恢复元气，中国银本位的灭顶之灾就来临了。对银本位的最后一击，居然是来自美国。

前面我们已经谈到，1896年美国大选，让金本位制拥护者彻底战胜了银本位制拥护者。但广大农场主和矿工们依然手握选票，不是那么容易屈服的。在后来的经济大萧条时期，美国的白银不断贬值，从1928年每盎司白银58美分，下降到1930年的38美分，到了1932年下半年，更是下降到了25美分。白银拥护者掀起了声势浩大的游说活动，要求美国政府拯救白银的价格，比如让政府高于市场价格购买白银，让白银作为国库储备，发行白银货币。这些措施如果真的施行，银本位在美国就死灰复燃了。

白银拥护者控制了美国西部几个州的选票，大概可以占到选票总数的1/7，这个比例当然不足以让银本位在美国咸鱼翻身，却完全有实力对谁当美国总统产生影响，并进而影响美国的政策。1934年，罗斯福总统签署了《白银收购法案》，要求美国财政部在国内外市场上收购白银，直到白银价格达到每盎司1.29美元，或者财政部白银储备达到了黄金储备的1/3。这个法案的通过，让白银虽然没有把黄金从货币体系的王座中掀翻，却等于是短暂地实行了金银复本位制。

一只南美洲亚马孙河流域热带雨林中的蝴蝶，偶尔扇动几下翅膀，可以在两周以后引起美国得克萨斯州的一场龙卷风，这是气象学里的蝴蝶效应。同理，美国通过了《白银收购法案》，一举粉碎了中国短暂的经济繁荣和银本位，美国蝴蝶扇动翅膀，在中国引发了一场货币灾难。

此话怎讲？美国干预白银市场价格，让白银价格急升，以白银计价的中国货在国际市场上的价格上升、竞争力下降，严重打击了中国货的出口。例如1934年，中国主要的出口商品生丝全年的出口量只有1930年出口量的22%。更为糟糕的是，国际市场上白银价格迅速飙升，到1935年春天，国际银价超过中国国内银价，达到50%，使得从中国向国外倒卖白银成为有利可图的营生。

此时，侵略中国北方的日本也趁火打劫，利用两边的银价差大肆倒卖白银，甚至直接掠夺中国的白银，并攻击中国的金融体系，使中国的外汇储备几近弹尽粮绝。中国境内出现了严重的通货紧缩，加上国际贸易环境恶化，国民党政府撑不住了，于1935年正式宣布放弃银本位制，实行法币，规定法币 1 元等于英镑 1 先令 2.5 便士，在英镑与黄金挂钩的前提下，法币等于也采取了金本位制。

随着国民党政府转向了金本位制，黄金与白银的几百年大战终于落下了帷幕，金本位制一统江湖，可惜，它不能千秋万代地统治下去。

第十四章 | 运河上驶来世界霸主

一提到运河，中国人心中就充满了自豪感。中国古代的京杭大运河北起通州，南至余杭，全长约 1800 千米，其长度傲视古往今来所有运河。论单条运河长度，全世界没有任何一条运河能够与京杭大运河相提并论。

当工业革命兴起后，西欧各国才开始了大量修建运河的历史。那么，你知道工业革命时代英国的运河总长度是多少吗？

在那个不大的大不列颠岛（南北长 900 千米）上，英国修建的运河总长度，竟是京杭大运河的 3 倍！英国和美国能够先后称雄世界，很重要的一个原因是他们依靠修建运河，突破了阻碍经济发展的运输“瓶颈”，打通了自己的“任督二脉”，功力大进。

运河，英国工业革命的血脉

弗朗西斯·埃杰顿是一位年轻的英国贵族，世袭了家族的布里奇沃特公爵爵位。他生于英国棉纺织业的重镇兰开夏郡，不过他的生意并不是生产棉布，而是经营家族所拥有的沃斯利煤矿。虽然这个煤矿距离附近的大城市曼彻斯特只有十几千米，但是陆地运输煤炭的成本依然很高，推高了煤炭的价格，也限制了煤炭的销售量。埃杰顿为此十分苦恼。看着煤矿与曼彻斯特之间的丘陵苦思良久，埃杰顿突然灵机一动，为什么不修建一条运河，靠便宜的水路来运输煤炭呢？

这位公爵曾经在欧洲大陆旅游，参观过法国一项神奇的工程——米迪运河。米迪运河修建于1666 ~ 1681年，与太阳王路易十四的霸业有关。当时，路易十四正在雄心勃勃地增强法国的海军力量，他下令修建一条穿过法国南部、连接大西洋和地中海的运河，这就是全长240多千米的米迪运河，它使得法国舰队不必再绕道欧洲大陆西南角的直布罗陀海峡，就可以在大西洋和地中海间自由穿梭。虽然米迪运河的最初开凿是为了军事目的，但它一样可以服务于经济领域，通航后，运河流经地区的经济立刻活跃起来。米迪运河在工程上极具创新，这条运河上修建了上百个水闸、给运河供水的水坝、跨越水系的桥梁，甚至还修了一条运河隧道。

米迪运河只是此前西欧低地国家长期开凿运河实践的一个里程碑成果。西欧各国地势低洼，河流、湖泊、泥沼密布，因此很早就尝试着改善水网、提高运输能力。比如荷兰地区为了让船只从河流的一个水位通航到另一个水位，就广泛修建船闸，到了16世纪早期，还修建了许多小运河，来补充天然河道的水量。在德意志地区，人们也开工了连接易北河与西里西亚河的运河。这些沟通和改善天然水系的运河，大大改善了西欧国家的贸易运输状况。

米迪运河的工程成就鼓舞了埃杰顿，他相信自己也可以在煤矿和曼彻斯特间复制这一工程奇迹。说干就干，1759年，400个劳工开始辛勤地开挖运河。当时，几乎没有人相信年轻公爵的这个幻想能够实现，因为这段距离里充满了技术难题。大家都觉得这位公爵一定是疯了，离破产不远了，曼彻斯特和利物浦的银行甚至拒绝给公爵开具500英镑的支票。

仅仅两年后，等着看笑话的人们就经历了见证奇迹的时刻，布里奇沃特运河全程通航，一条巨大的三孔运河桥矗立在河道上，12吨重的货船在离河面182米高的运河桥下轻松驶过。

其实，这条短短的运河还有公众看不到的经济奇迹。通过运河把煤炭运送到曼彻斯特所花费的成本，比埃杰顿此前计算的数据还要低，他甚至可以把过去的煤价砍掉一半，来和其他燃料商进行竞争。埃杰顿的煤炭销售量大增，这位布里奇沃特公爵一举成为英国最富的人，虽然此前他已经很富有了。钱对他来说很重要，但运河带来的成就感可能对他更重要，埃杰顿被世人誉为“英国内河航行之父”。1762 年，政府又批准他开挖从曼彻斯特到利物浦的运河，这段运河全长 48 千米，于 1767 年竣工，不仅可以把煤炭运送到利物浦，运河上还开展了客运业务。

布里奇沃特运河开凿成功，掀起了大不列颠岛上的运河建设热潮。埃杰顿再接再厉，带着工程师又投资修建了从特伦特河到默西河的运河，一举横穿英国中部地区，把岛屿两边的北海和爱尔兰海联结起来。

必须强调的一点是，英国运河的开凿与京杭大运河的开凿有着一个本质的不同，那就是英国运河是政府授权、民间投资的工程，运河的所有权和收益是属于投资者的，而京杭大运河则是古代朝廷的政府工程，运河的所有权和收益是属于朝廷的。从 17 世纪中叶到 18 世纪后期，英国议会通过了几百项改善河道、海港和修建马路的各类法案，鼓励和支持民间改善本国的交通运输设施。运河公司获得议会法案的许可后，利用民间投资来开凿运河，通过向使用运河的来往船只收取通行费，或是自备船只出租给有运输需要的人来收回投资成本，并获取利润。

在几十年间，蓬勃发展的私人运河给英国创造出了一个规模巨大的内陆水路网络，在大不列颠岛原有的约 1600 千米的内陆河道基础上，增添了 5000 多千米的运河河道。就像人体由血管网供给营养物质那样，通过这个运河网络，煤炭可以廉价且方便地运抵英国中部、北部，泰晤士河沿岸和各个海港，为工业革命期间的各类工厂添加燃料、输送原料。人员往来也可以方便地乘坐船只惬意地航行，不用像过去那样在英国泥泞的道路上艰苦跋涉。

就这样，大英帝国的运河上万船竞渡，载着整个国家冲上了历史的峰尖。

伊利运河：美国翻山越岭，奔向太平洋

1783年，美国与英国签署《巴黎和约》，英国正式承认美国为独立国家。一位胜利返乡的美国老兵开始考察波托马克河。

这位老兵在独立战争前是弗吉尼亚州的大地主，拥有波托马克河沿岸的大片土地。由于这条河流是从阿巴拉契亚山脉西部向东流淌，注入大西洋的，因此老兵设想，把这条河流改造成可以通航的水路，这样就把山脉西面密西西比河流域的定居点和东部沿海沟通起来了，美国西部的定居者可以沿着波托马克河直接向东，与沿海各州做贸易，不必绕道北方英国控制的加拿大，或绕道南方西班牙控制的新奥尔良出海，他在波托马克河沿岸的土地也会因此而升值。

1785年，在考察了波托马克河，寻找该河与密西西比河最大支流——俄亥俄河联结起来的可能性后，他争取到了弗吉尼亚州名流们的支持，从私人投资者那里筹集了一笔资金，由他出任波托马克运河公司的董事长，开始改造波托马克河水道。几年的努力却未见成效，河道中巨石林立，不同河段瀑布散落，有的地方河床又太浅，开发波托马克河的技术难度太大了。

1788年，这位老兵心灰意冷地从公司高管职位上退下来，前去担任人们提供给他的另一个工作岗位——美利坚合众国第一任总统。

他，就是乔治·华盛顿，一位被总统职务耽误了的董事长。虽然未能驯服波托马克河，但他还是给这条河流打上了自己的烙印——该河流经一座名叫华盛顿的都市，并为这座城市提供饮用水，城市河岸边还矗立着华盛顿纪念碑。

华盛顿的这个故事告诉我们，北美各州与英国在科技交流上十分紧密，

在英国兴起运河建设的时候，北美的有识之士几乎在同一时间启动了本国的水路网络建设工程，后者显然非常了解英国的潮流动向。

就在乔治·华盛顿试图改造波托马克河的时候，另一群纽约人也在试图改造莫霍克河，这也是一条穿越了阿巴拉契亚山脉的河流，在山中切出了深深的峡谷。虽然这条河流也有许多浅滩、瀑布和急流，但它的坡度比波托马克河更平缓。这群纽约人的计划是，改造河道，把莫霍克河延伸到尼亚加拉瀑布以南的伊利湖，这样就能够与密西西比河沟通起来。遗憾的是，他们的项目与华盛顿的项目一样失败了。

就在那时，一位伟大的工程师出现了，他将在美国运河历史上留下重要的一笔，这位工程师就是罗伯特·富尔顿。

1765 年，富尔顿出生于宾夕法尼亚州，当时美国独立战争尚未打响，他算是一位殖民地居民。青少年时期的富尔顿学习绘画，并前往欧洲拜师学艺。当时英国已经掀起了运河建设热潮，受此影响，他开始对机械设计进行研究。他在乘船航行时突发奇想，写出了一篇有关利用小运河提高内河交通效率和发明潜艇的论文，然后前往法国，在那里竟然真的制造出了一艘铁壳的潜艇。

1801 年，在法国巴黎发展事业的富尔顿遇到了美国财政部长罗伯特·利文斯顿，后者就是参与美国与法国谈判购买路易斯安那的大使。虽说富尔顿漂泊欧陆多年，真不好说他算是美国人、英国人还是法国人，但利文斯顿一见到富尔顿，就老乡见老乡，两眼放光芒。因为利文斯顿在担任美国财政部长之前，就获得了垄断纽约汽船航行 20 年的权利，他需要优秀的工程师为自己设计汽船，在机械设计上天纵奇才的富尔顿简直是上帝赐予利文斯顿发大财的不二人选。

两人立刻结成合伙人，富尔顿从博尔顿和瓦特那里弄到了一台 24 马力的蒸汽机，然后带回美国研究。1807 年 8 月，富尔顿设计制造的“克莱蒙特号”汽船在纽约港下水，完成了从纽约到奥尔巴尼的 240 多千米的航程，耗时32小时。此前人们使用帆船完成这段旅程需要4天时间。

让我们回到运河的话题。就在1807年，富尔顿给美国联邦政府提交了一份报告，关于如何改善美国内河交通。在报告中，富尔顿精细地计算，沿着莫霍克河修建一条运河到达伊利湖的成本和收益。他充满激情地写道："运河，便宜和便利地从所有方向通往市场，从相互交往的和混合在一起的商业中产生出来利益，通过这些因素把美国约束在一起，到那时，就不可能把各个州分成若干独立的和分离的政府了。"

虽然有富尔顿这样的天才工程师进行了论证，但私人资本显然被一次次的失败吓怕了，没有人有胆量投入巨额资本，来修建一条长达五六百千米的现代航运运河——伊利运河。看到运河将带来的巨大经济效益和政治价值，纽约政治家德威特·克林顿站了出来，他争取到了纽约州议会的支持，由州政府投资建设伊利运河。

1817年7月4日，伊利运河破土动工。这是一个巨大的工程，克林顿给州政府提交的工程预算是600万美元，当时美国联邦政府一年的财政支出还不到2200万美元，何况一个州政府了，更是财力有限。在一些反对者眼中，这笔预算超出了纽约州的财政承受能力，他们讥讽这条运河是"克林顿沟"，意思是纽约州要被克林顿"带到沟里去了"。而大部分普通民众觉得，这条运河即使能够建成，可能也要花费几十年的时间。但克林顿高调宣称："我们将在10年内看到伊利湖的水流进哈德逊河。"

恰好在1819年，美国金融市场出现了一次萧条，起因正是从法国那里购买路易斯安那，美国联邦政府急需一大笔资金，使得市场出现了恐慌和波动。幸亏纽约州政府稳定地给运河项目拨款，才保证了工程顺利推进。有趣的是，由于金融市场动荡，没有其他具有吸引力的项目，于是大家为了保险起见，纷纷购入伊利运河工程的债券，甚至引来了英国投机家们前来抢购，使工程借款变得容易了。伊利运河建设因祸得福，1819年秋天，伊利运河中段工程竣工，开始注水。第二年，已通航的运河段开始征收运河使用费，大大减轻了工程支出的压力。

1825 年，伊利运河全线修建成功，比克林顿宣称的截止时间提前了两年。在当时，这条运河堪称美国的工程奇迹，它全长 584 千米，从伊利湖到哈德逊河要经过 83 道水闸，18 座渡槽，落差达 170 米。10 月 26 日，州长克林顿乘坐一艘马拉豪华驳船，从纽约州布法罗启程，随船携带了两桶伊利湖的湖水。在抵达纽约湾时，克林顿表演了具有象征意义的“水婚”，把两桶伊利湖水倒入了大西洋。同时，被邀请来的社会名流把从世界上 13 条大江大河中取来的水也注入大西洋，那些河流包括了恒河、印度河、尼罗河、泰晤士河、塞纳河、莱茵河、多瑙河、密西西比河、亚马孙河等。

伊利运河的使用费设定在了每英里 4 美分，等于是一夜之间把相同距离的货运成本减少了 90%。运河开通的第一年，就向在伊利运河里航行的 7000 条船征收了使用费，仅仅 12 年的时间，整个运河的欠债就全部还清。当时一位运河上的旅客抒情地写道：“站在运河无数大桥上的任何一个地方，你会看到令人难以忘怀的景象，在运河上下两个方向，目光所及的范围内，都可以看到长长的船队。到了晚上，船头闪烁的灯光就像是一大群萤火虫在飞舞。”

千万别忘了那个天才工程师富尔顿和他的汽船，美国运河开凿的时代也是汽船横行的时代。1815 年，第一艘汽船逆密西西比河而上，仅用 4 周时间，就从新奥尔良赶到了北部伊利湖畔的俄亥俄州；此后 5 年，有 60 条汽船在美国西部河流中穿梭；到了 1840 年，在美国河流、运河中航行的汽船已不计其数，那时美国西部河流中汽船的运载量已经赶上了整个大英帝国的汽船运载量。

伊利运河廉价的运输费用，激发了美国中西部地区出产的小麦、玉米和燕麦汹涌地冲出当地，冲向美国东海岸，再漂洋过海冲向欧洲乃至全世界。同时，全世界的先进技术和产品，以及大量的移民方便迅捷地涌向了美国中西部。在伊利运河盈利的激励下，1825 年，这条运河全线开通的时候，美国同时有上百个运河项目开工。到了 19 世纪 40 年代后期，美国境内已经修建了总计近 5000 千米的运河，大概 3/4 的建设资金是私人投资的。以伊利运河通航为分界点，19 世纪的前 25 年，美国每年的经济增速平均为 2.8%；而在 1825 ~ 1850 年，美国每年的经济增速平均为 4.8%，这段时期是美国历史上经济增长最快的时期。

南北走向的阿巴拉契亚山脉再也不是美国人家门口的障碍了。我们知道，曾经，古代中国的南方与北方地理阻隔很严重，但隋唐大运河以及后来的京杭大运河的修建，把南北方更紧密地沟通起来，提升了国家的政治凝聚力和经济效率。同样，以伊利运河为代表的美国各运河，把被山脉阻隔的美国东部沿海和中西部原野有效地沟通起来，也提升了美国的政治凝聚力和经济效率，并为美国扩张到太平洋沿岸谱写了序曲，意义十分重大。

一个区域性的大国正在美洲大陆拔地而起，它与运河的故事还将续写新篇章。此时让我们暂且离开美国，到非洲去，见证另一条伟大运河的诞生，它将给全世界带来翻天覆地的变化。

苏伊士运河：维持大英帝国的世界霸权

地球表面的七大洲中，亚洲是面积最大、人口最多的大洲，非洲是面积第二、人口第二的大洲。有趣的是，这两大洲竟然只有短短 100 多千米的陆地界线，即亚洲西南方、非洲东北角的西奈半岛处。那里曾是古代人类走出非洲故乡的必经之地。

注重陆地的人会把那个角落视作“陆桥”，通过狭窄的陆桥，人们可以在两个大洲间迁徙。注重海洋的人则会看到那个角落在海洋贸易中的意义，假如有一条运河穿过狭窄的陆地，北面的地中海和南面的红海将连接起来。地球表面 70% 以上是被水覆盖的，一条运河将沟通起比两个大洲面积更大的海洋世界。

早在 4000 年前，古埃及人就具有超前的海洋意识。他们开凿出了一条沟通尼罗河支流与红海的古运河，由于尼罗河向北注入地中海，因此这条古运河相当于沟通了地中海和红海。可惜的是，公元前 7 世纪，古运河由于泥沙淤积而失去了通航价值，被废弃了。

3000 年过去了，埃及地区迎来了新的运河建设者。1789 年，法国将领拿破仑率军攻占埃及，当时埃及名义上是奥斯曼土耳其的领地。雄心勃勃的拿破仑带来了很多工程师，他让工程师去寻找古运河旧址，研究重新开凿一条沟通红海和地中海的新运河。然而，浪漫的法国工程师的计算水平实在糟糕，他们把红海和地中海的水位计算错了，他们认为红海水位比地中海水位高 10 米。如果开凿运河，红海海水奔涌向北，会把地势低洼的尼罗河三角洲淹没。

拿破仑得到了错误的信息后，打消了开凿运河的念头，返回法国忙于政坛事务去了，几年之后，他就登上了法国权力的顶峰，成为法国皇帝。实际上，红海与地中海的水位基本相同，以当时的工程技术开凿运河，是完全可行的。

拿破仑壮志未酬，他开凿一条新运河的梦想，仍将由一位法国人来实现，那个人就是法国外交官斐迪南·德·雷赛布。雷赛布长年从事外交工作，在埃及担任外交官期间，与时任埃及总督的关系非常密切。这位外交官拥有一颗改造世界的心脏，他向埃及总督提出了修建运河的计划。不过老总督对此并不感兴趣，他认为，如果埃及修建了这条运河，就会引来欧洲列强控制埃及，老总督希望埃及最终从奥斯曼土耳其独立出来的梦想将成为泡影。雷赛布没能说服老总督，但利用自己家庭教师的身份，影响了老总督的儿子，即未来的总督。

1854 年，新总督热情邀请雷赛布回到埃及，启动修建运河的计划。雷赛布抓住机会，成立了一家私人公司，准备修建运河。正如我们前面屡次看到的，修建运河需要巨额的资金。雷赛布回到欧洲寻找投资者，而当时世界上最财大气粗的人群应该是英国人，很多英国投资者也很有兴趣购买运河的股权。然而英国政府此时跳了出来，不同意本国投资者投资修建这条运河。英国政府考虑的是自己殖民地的安全，特别是印度的安全。英国政府始终对法国人的举动充满戒备之心，觉得一条打通地中海和红海的运河，会让以法国为首的欧陆列强威胁英国的印度殖民地，因此阻挠本国投资者去投资。

最后，数以万计的法国人购买了运河的股权，支持雷赛布的事业。而这条新运河最大的股东是埃及政府，占 44% 的股权。

雷赛布预计运河的工期是 5 年，实际上，这条运河花了 10 年的时间才建成，期间经历了霍乱流行、劳工暴动。当地劳工使用传统工具进行挖掘，在炎热的埃及沙漠地带，工程进展慢得像蜗牛爬。直到公司从欧洲引进了蒸汽动力的大型挖掘机和推土机，同时从欧洲引进了训练有素的技术工人，工程才得到有效的推进。

1869 年 11 月，伟大的工程——苏伊士运河竣工，全长 190 千米，主河道供蒸汽轮专用，旁边另有一条小型的淡水渠，用于传统的帆船航行。

苏伊士运河的开通，使欧洲船只可以通过该运河前往亚洲，比绕道非洲南端的好望角前往亚洲，足足缩短了 8000 ~ 10000 千米的距离，不仅大幅减少了航行距离和时间，新的航线穿行于陆地之间，还更加安全。

波兰裔英国作家约瑟夫·康拉德曾经漂泊海上 20 余年，他评价说：“打穿苏伊士地峡，就像打掉水坝，让大量的新船、新人、新贸易方式，滚滚涌进东方世界。”

曾经冷眼旁观苏伊士运河修建的英国人终于幡然醒悟了。英国人发现，在苏伊士运河上航行的英国蒸汽轮，仅需 3 周时间就可以到达印度，而绕过非洲之角航行到印度，需要 3 个月的时间。因此，苏伊士运河开放一年内，大量的印度小麦装船出口到英国。无数英国船只经过苏伊士运河被收取了“过路费”，一想到这件事，英国人就一阵阵地肉疼。

“假如苏伊士运河归我们大英帝国所有……”

英国人的机会说来就来了，说到底，这个机会的产生，竟然与世界棉花大战有关！

运河修建前后，正值美国南北战争期间，而埃及是世界上重要的棉花产地，埃及长绒棉质地优良，工业革命时期的欧洲各国对长绒棉有着巨大的需求。为了扩大耕地面积，埃及甚至排干开罗下游的尼罗河三角洲的沼泽地，开垦新的耕地种棉花和粮食。美国南北战争刺激了世界棉花价格暴涨，埃及总督一夜之间暴富，花钱大手大脚。

在苏伊士运河落成典礼时，埃及总督花费巨款，邀请几千个世界名流莅临，包括奥地利皇帝和其他皇室成员，以及诸多文学艺术家如法国小说家埃米尔·左拉和挪威剧作家亨利克·易卜生等。开罗还修建了一座歌剧院，意大利作曲家朱塞佩·威尔第受邀，为苏伊士运河落成写一部歌剧，这就是著名歌剧《阿依达》的由来。《阿依达》虚构了古埃及与古埃塞俄比亚的纷争，讲的是古埃及大将拉达梅斯爱上了沦为奴隶的埃塞俄比亚公主阿依达，最终双双殉情的悲剧故事。

歌剧《阿依达》如鬼魅一般，似乎预言了现实。当时野心膨胀的埃及总督为了争夺尼罗河的控制权，与上游的埃塞俄比亚兵戎相见。打仗是需要钱的，本来棉花价格飙升，埃及总督不缺钱。没想到美国南北战争结束后不久，美国棉花生产迅速恢复，全球棉花价格又暴跌了。穷兵黩武的埃及总督立刻陷入了债务的深渊，国家债务高达 1 亿英镑。1875 年，走投无路的埃及总督把持有的苏伊士运河 44% 的股权拿出来，以 400 万英镑的价格向英国出售。天赐良机，时任英国首相立刻采取行动，从欧洲财团那里借贷资金，购买这份股权。

与此同时，为了让埃及偿还欠下的巨额债务，英、法两国开始监管埃及的财政。欧洲列强对埃及主权的威胁，激起了一部分埃及军人的强烈不满。1881 年，埃及军人发动政变，架空了埃及总督，并取缔英、法两国对埃及的财政监管。

英、法两国面临着埃及欠款无法收回的麻烦。而真正的麻烦则是苏伊士运河可能会脱离英、法两国的控制，这条运河的经济价值和战略价值太巨大了，不论是从每年收取的巨额过路费角度，还是从全球霸权的角度，英、法两国都不想放弃苏伊士运河。于是，“炮舰外交”又一次左右了历史。1882 年 9 月，英军轰炸了埃及亚历山大港，然后派骑兵突袭埃及军队，迅速结束了战斗，英军占领了苏伊士运河。

英国宣称自己出兵苏伊士运河只是暂时的，但是这个“暂时”没有设定结束的时间，于是英国“暂时”地占领运河长达 70 多年！埃及老总督的担心变成了现实，苏伊士运河造福了全世界，提升并维持了英国的世界霸权，但是对于当时的埃及，却并不是福音。

巴拿马运河：美利坚号驶向世界巅峰

苏伊士运河通航后的风云变幻，已经不是雷赛布能够控制的了。作为苏伊士运河的修建者，雷赛布被法国人视作民族英雄。这位外交官改造世界的心脏依然剧烈地跳动着。在苏伊士运河竣工 10 年后，已经 74 岁的雷赛布再次登高一呼，向全世界宣布，他要把美洲大陆从中间劈开，开凿巴拿马运河，沟通太平洋和大西洋。

当然，巴拿马运河的设想并非雷赛布首创。1811 年，德国博物学家、自然地理学家亚历山大・冯・洪堡就提出，应在巴拿马地峡开凿一条运河，运河的开通将连接太平洋和大西洋，能够大大加强太平洋沿岸与美洲的联系。

烈士暮年，壮心不已。雷赛布发现，从当时隶属于哥伦比亚的巴拿马省切穿中美洲地峡，只需要修建长 80 千米的运河就实现了，这个长度差不多只有苏伊士运河的一半。更为美妙的是，地峡两边的太平洋和大西洋的水位差也很理想，不需要另外修建水闸就可以实现通航。这不就是苏伊士运河的缩小版本吗？只要如法炮制上一次的成功案例，巴拿马运河就会出现在世人眼前。整个法国被雷赛布的新计划点燃了，他的运河公司股票价格一路飙升。

豪情万丈的雷赛布有些盲目乐观了，他忽视了一个非常要命的问题——气候。

苏伊士运河穿过的区域，气候干燥炎热，属于缺水的环境。而图纸上的巴拿马运河穿过的区域属于热带雨林气候，雨水倾盆、河流泛滥、山洪汹涌，想在这样的泽国里挖一条有固定河岸的通航河道，太困难了。更加麻烦的是，中美洲丛林中蚊蝇如箭雨，疯狂地传播着疟疾和黄热病。工人施工没多久，就纷纷中招，成千上万的管理人员和工人倒在运河施工现场，再也没能爬起来。

雷赛布与热带雨林环境绝望地搏斗了 10 年时间，耗资 2.87 亿美元，超出苏伊士运河建设总价的 3 倍还多，工程依旧步履维艰。历史没有再给年迈的雷赛布翻盘的机会，法国政府开始调查他的失职问题，并宣判这位曾经的民族英雄有罪。1894 年，雷赛布怀着满满的不甘之心离开了这个被他改变了的世界。

雷赛布出师未捷身先死，似乎在冥冥之中预示着，美洲的这条运河注定将由美洲人而非欧洲人来开通，世界霸主的宝座将从欧洲流转到美洲。

阿尔弗雷德・塞耶・马汉，美国职业海军军官，曾担任一所海军战争学院院长，长期研究与海洋有关的历史。1890 年，马汉发表了自己的名著《海权对历史的影响》，正式提出了自己的“海权论”思想。

通过对欧洲 17 世纪中叶到 18 世纪末叶这段历史的研究，马汉提出，海上霸权是国际商业成功和国家富裕强大的关键。有利的海上地理优势只要利用得当，就能成为便宜、容易和安全的交通通道，从而在关键商业竞争中，让获得航海优势的国家，控制世界海上运输航线和海上战略通道。“一个国家的沿海地区是这个国家的边疆阵地之一。许多海湾和深水海湾都是国家富强的来源，如果这些港湾处在可航行河流的节点上，那么这些港湾更是国家富强的来源，它们是国际贸易的集散地。”

这位海权论之父当然会关注到正在开凿中的中美洲的运河。他认为，如果这条运河建成，“加勒比海将会从终点站，转变成世界级的公路之一。美国与这个通道的关系，类似于英国与英吉利海峡的关系、地中海国家与苏伊士运河的关系”。马汉的海权论影响了当时的很多世界名流，甚至国家领导人，比如美国总统西奥多·罗斯福。

1901 年，西奥多·罗斯福走马上任，立刻把在中美洲建造一条运河作为美国政府工作的重点之一，当时很多美国公司倾向于在尼加拉瓜境内修建运河。而工程停滞的法国人则急于把修了一部分的巴拿马运河卖给美国，挽回一点经济损失。美国国会内部就此展开了激烈的斗争，最终巴拿马运河方案战胜了尼加拉瓜运河方案。

当时的巴拿马属于哥伦比亚，美国国会通过了方案，哥伦比亚同意了吗？

并没有。作为对巴拿马拥有主权的国家，哥伦比亚拒绝了美国租借巴拿马修建运河的提议。于是，在埃及的苏伊士运河上发生的一幕又在巴拿马重演了。罗斯福总统“霸王硬上弓”，鼓动巴拿马从哥伦比亚独立出去，并派出三艘美国军舰前往巴拿马助阵。有了美国的支持，巴拿马分离力量发动叛乱，占据了巴拿马城。一艘哥伦比亚军舰在美国军舰的注视下向城内开炮，打死了一个华裔商店老板和一头驴子，然后就望风而逃了。第二天，巴拿马宣布独立；又过了两天，美国正式承认巴拿马共和国。“炮舰外交”又得逞了。

1904 年，美国国会批准支付给法国公司 4000 万美元，收购巴拿马运河烂尾工程的议案。这是美国人与法国人的又一次“大宗交易”，上一次是百年前的路易斯安那购地案。

现在，美国人接手了法国人的烂摊子，他们要直面热带雨林环境里的各种困难了。

令全世界特别是失利的法国人震惊万分的是，美国公司展示了无与伦比的工程技术能力，那些折磨法国公司的各种难题，在美国公司那里都不算个事儿。

美国另起炉灶开工建设巴拿马运河，一年之内，就调集了超过 2 万名各国劳工、美国军队以及技术工程人员来到巴拿马，几乎相当于当时巴拿马人口的 1/8，此后人员不断增加，最高峰时有 4.4 万人在施工现场，99% 的人员都是外来者，本地劳工人数微不足道。沿着运河两岸，绵延着庞大的工程宿营区，其中包括 5000 座简易建筑和 4 座旅馆，以及警察局、监狱、餐厅、洗衣房、杂货铺、学校……为了给这座雨林中凭空诞生的“城市”提供维持运转的物资，这里每日进口 2.5 万条面包，以及超过 10 吨的冻肉与腌制肉类，洗衣房每天需要清洗熨烫超过 3000 件的衣物……宿营区耗费的电量，超过了当地巴拿马与科隆两个大城市用电的总和。

为了把挖出来的庞大土方及时运走，美国人扩建了当地年久失修的巴拿马地峡铁路，将其改造成双轨道铁路。最繁忙时，每天有超过 800 列火车呼啸着穿过地峡铁路，每月运送的土石方超过 300 万立方米。

美国人用现代医学方法扫荡了肆虐运河工地的蚊蝇，有效控制了黄热病的流行；创造性采用了船闸运河方案，使工程更容易展开；至于阻碍工程脚步的大片热带雨林和沼泽地，美国人用机器设备将其全部砍掉、排干，直接把它们从地图上抹去了。

想想看，以上这一切都发生在 100 多年前的热带雨林里，距离美国本土最南端的佛罗里达半岛 2000 千米，距离美国首都华盛顿，则还要加上 1000 多千米。

英国驻美大使詹姆斯·布莱斯于 1910 年参观运河区后，大为叹服，他向英国汇报说：“美国人依赖的并非筋肉与汗水，而是机械无穷的力量，美国机械制造大亨们把这项工程看成了他们新产品的最佳试验场，挖掘机、拖拉机、最新式的渣土扬撒机、液压千斤顶和打桩机，以及延绵成串的卡车，都和法国人痛苦而缓慢的开掘形成了鲜明对比。”

的确如此。1906 年，罗斯福总统亲临巴拿马运河工地，他登上一辆蒸汽载重挖掘机，并操纵机器干活。这台挖掘机一次可以铲起 8 吨土，比法国人使用的机器功率大 3 倍多。

顺便说一句，罗斯福的这次出访，是美国建国以来历任总统的第一次海外出访，此举具有重要的象征意义，它表示，强大的美利坚合众国正在“冲出美洲，走向世界”！

1914 年 8 月 15 日，一艘邮轮缓缓驶过巴拿马地峡，巴拿马运河正式通航。美国人以雄厚的人力资源和先进的工程技术，使巴拿马运河工程的总造价仅为 3.52 亿美元，并先于预计工期完成。

建造这条运河的钱是谁出的？答案是，美国联邦政府。

正如伊利运河的工程费用由纽约州政府承担那样，巴拿马运河的工程费用由美国联邦政府支出，而英国的布里奇沃特运河、法国人主导的苏伊士运河则是私人投资开通的。从运河的资金来源，我们可以看出美国与老牌欧洲列强在经济体制上的差别。

具体来说，到了 19 世纪，英国自由放任的市场经济体制已经比较成熟了，政府负责自己的事情——收税和打仗，并不介入国家的经济领域，民众努力生产和赚钱，修运河这种大型基础设施建设，在英国由私人资本推动，政府只是履行一个批准的手续。法国在经历了拿破仑时代之后，经济体制也逐渐向英国靠拢。

美国则有所不同，美国的联邦政府和州政府在经济领域更加积极，帮助私人资本开发国家的资源。除了为大型运河的修建提供资金外，美国联邦政府还给铁路建设公司提供奖励，给愿意去西部开发土地的农场主提供奖励。到了20世纪，美国政府资助私人资本的现象更加明显，比如修建大型水坝等。这种“政府+民间”的混合经济模式，可能更为适合美国早期地广人稀的情况，一些大型项目需要政府出手，帮助民间来完成建设，使民间资本获利，政府也最终获利。

混合经济模式给美国联邦政府带来多大的利益呢？看看巴拿马运河就知道了。在运河通航后，以美国东海岸为起点，到达美国西海岸的航程减少了1万千米，到达南美洲西海岸的航程减少了9000千米，到达亚洲的航程减少了1.8万多千米。借助运河，美国富裕的大西洋沿岸与太平洋地区紧密地联系起来了。在通航的前10年，每年大约有5000艘舰船通过巴拿马运河，规模与苏伊士运河相当。

仅仅用经济效益来衡量巴拿马运河的价值，就太狭隘了。1897年，罗斯福总统还只是美国海军助理部长。当时美国与西班牙激战，美国主力战舰“俄勒冈号”从东海岸的西雅图出发，绕过南美洲最南端的合恩角，前往佛罗里达参战，全程1.5万千米，足足走了68天。这件事让罗斯福印象深刻，他坚定了要在中美洲地峡修建运河的决心。虽然美西战争以美国的胜利告终，但头脑冷静的罗斯福在报纸上发表文章警告说，下一次如果敌人入侵美国西海岸，美国海军主力仍然要绕过南美洲去迎战的话，最后的结果将是，疲惫不堪的美国海军只能望着旧金山和洛杉矶的废墟悲痛万分，而敌人已经撤离到夏威夷附近海域，在欢庆胜利。

罗斯福的警告是正确的。巴拿马运河开通几十年后，敌军舰队突然偷袭了美国夏威夷的珍珠港。有了方便的巴拿马运河调集兵力，美国海军如怒涛般席卷整个太平洋，一路追杀敌人，攻打到位于东亚的敌人本土。在两颗原子弹爆炸后，敌人无条件投降了。这个敌人，就是我们接下来要了解的日本。

巴拿马运河，就是世界新霸主——美利坚合众国的“登基宣言”。

第十五章 | 日本凭啥能“脱亚入欧”

1853 年 7 月，四艘黑色的巨大军舰驶入了江户湾（今东京湾），并对江户湾海岸线展开测量活动。统治日本的幕府惊恐地看着美国军舰在本国海岸自由驰骋，却无能为力，在国内耀武扬威的日本武士阶层弥漫着深深的屈辱感。这就是历史上的黑船事件。

1875 年 9 月，日本三艘军舰驶入朝鲜江华湾，炮击汉城（今首尔）的门户——江华岛。在日本的武力威胁下，朝鲜被迫签署条约，打开国门。这次江华岛事件，距离黑船事件只有 20 多年。

1894 年 7 月，日本海军在朝鲜海域不宣而战，袭击清朝水师，中日甲午战争爆发，第二年 4 月，战败的清朝被迫接受了《马关条约》，割地赔款。此时，距离黑船事件不过 40 多年。

在 19 世纪后半叶，位于东亚的日本从一个闭关锁国的落后岛国迅速跻身世界强国之列，日本的“脱亚入欧”之路如此迅猛，几乎是近代非欧美国家崛起的孤例。在欧美列强的威胁下，为什么日本做到了富国强兵，而同时代其他国家却没能做到呢？

江户时代的欧陆风范

日本近代有一位经济学家叫作福田德三，年轻时曾经留学德国，师从德国经济史教授弗朗茨·布伦坦诺。布伦坦诺在讲解《欧洲经济史论》时，发现班上有一位非常聪明的日本人叫福田德三，听课时目光炯炯，不时面露微笑。一天，好奇的布伦坦诺问福田德三，为什么他经常在自己的课上微笑。

福田德三回答说：“我听先生所讲的《欧洲经济史论》，都和日本的历史一样。”

布伦坦诺感到很诧异，于是嘱咐福田德三把日本的经济史介绍给欧洲的读者。1900 年，福田德三出版《日本经济史论》，布伦坦诺为这本书写了序言。

我们习惯上以为，古代日本是东亚国家，在各方面学习古代中国的制度和文化，因此应该与中国更为相似。其实不然，正如福田德三感受的那样，古代日本其实与中世纪的欧洲更为相似，而与古代中国不太一样。

这一切要从幕府建立的幕藩体制说起。在日本的战国时代临近尾声的时候，丰臣秀吉曾经挥师入侵朝鲜半岛，与明朝和朝鲜的联军厮杀。丰臣秀吉病死后，日本侵略军撤军，国内经过激战，德川家康胜出，建立了德川幕府，由于其统治中心位于江户，因此那个时期又被称为江户时代。

当时的日本社会，幕府和各藩组成了统治力量，这就是幕藩体制。虽然天皇是名义上的国家最高统治者，但基本上处于权力架空状态，幕府将军才是实际统治者，在其下是分布在全国的 200 多个藩国，由各藩大名管理。其中，亲藩大名地位最高，除了辅佐幕府外，如果德川宗家没有子嗣，将军的继承人就会从亲藩中选出。其次是谱代大名，他们的藩国很早就追随德川家康。再次就是外样大名，虽然听从幕府将军，但关系较远，是幕府一直想牵制和削弱的地方势力。

幕府将军在经济和军事上都占有绝对的优势。在经济上，幕府拥有全国 1/4 的土地，比下面任何一个藩国大名所拥有的土地都要多很多；幕府土地产量多达 700 万石。幕府还控制了全国的森林以及大阪、长崎、京都、奈良和骏府等主要城市，并占有佐渡、石见和伊豆等地的金银矿山，垄断了铸造金银货币的经济大权。

但是，外样大名仍然是幕府不可忽视的力量。在江户时代中期，23 家亲藩大名拥有封地 260 万石，145 家谱代大名拥有封地 670 万石，97 家外样大名拥有封地 980 万石。更重要的是，各藩的统治有很大的自主权。各级大名仿效幕府将军的政权机关，建立起一整套独立的藩政机关。比如，藩国内有总理藩政的“家老”，管理农村司法行政的“郡奉行”，掌管城下町司法行政的“町奉行”，负责藩财政的“勘定奉行”。

各藩大名在履行了将军规定的义务和职责外，在自己的领地享有独立的行政、司法、征税和指挥军队的大权，可以在藩内制定和推行各项政策，各藩实际上相当于有一定限制的割据政权。

把日本的幕藩体制与中世纪的欧洲对比，会发现许多相似点。两者都由军事贵族统治，士兵与农民有截然的职业分工；贵族们拥有自己级别的封地，各自对上级领主效忠，而在自己封地拥有自主权。日本有武士阶层，欧洲有骑士阶层。甚至于，日本社会有神一样的天皇，对应于中世纪欧洲的教皇……

英国人很早就发现了这种跨越时空的相似性。清朝乾隆时期，英国曾经派出马戛尔尼使团来到中国，希望与中国做贸易。马戛尔尼使团描述中国的制度是：“在中央帝国各地，地方官吏代表皇帝，同时施行行政权、立法权和司法权。他们贯彻皇帝的旨意，而且往往容易做过头，因为做过头是不受惩罚的，而违抗谕旨则会受到严惩。”在他们眼中，清朝是一个与欧洲封建社会不同的中央集权的社会。

几十年后，另一位英国外交官阿礼国曾经先后在中国和日本旅居，他在中国生活了近 20 年，却从未谈到清朝与欧洲政体有什么相同的地方。相反，他根据自己三年的日本生活经历，认为日本的幕府政治与欧洲中世纪的政治相近——主权者（将军）以下是分立的封建诸侯（大名），封土与名号受赐于主权者，大名在自己的领地享有一些独立于将军的权力，对自己的家臣有生杀予夺的权力，家臣对大名的命令绝对服从。

不论是欧洲人，还是日本人自己，都发现相距万里的中世纪欧洲与江户时代的日本有着大量的相同点，这真是世界历史上有趣的现象。这个现象并不是日本打开国门后向西方列强学习而产生的，而是古代日本自己形成的体制。我们有理由猜测，古代日本与中世纪欧洲在政权体制上如此相似，日本通过改革“脱亚入欧”，在难度上应该比其他亚洲国家小得多。

其实，江户时代的日本还与近代欧洲有一个重要的相似之处，人们很少注意到，那就是：幕府将军控制各藩大名的制度，不经意间推动了日本的城市化和手工业的繁荣，让日本在经济面貌上很像近代欧洲。

幕府用“石高分封制”来管理全国的土地，大名及武士阶层拥有地租征收权，依靠收租子生活；农民承包土地使用权，通过劳动生产粮食，上缴作为地租的粮食。大名不能分割、转让和买卖土地；老大名死后，新大名继位，也须经过将军批准才能继承本藩的地租征收权。将军有权对各藩大名进行转封和削封土地，甚至没收地租征收权，但将军不会肆意妄为，他要避免激起强有力的大名的造反，毕竟后者拥有本藩忠于自己的军队。

幕府将军对大名的控制通过“参觐交代制”来强力实施。这个制度要求各藩大名的妻子和孩子要留住在江户，大名也要每隔一年到江户来居住一段时间，每月定期朝觐将军大人，并协助将军从事一些行政管理工作。江户是幕府将军的大本营，这种制度保证了将军对于大名人身自由的限制。大名手下的那些高级武士们也要聚居在各自领地的城下町里，比如姬路、名古屋等地，或者作为侍从跟随大名去江户居住。

大诗人白居易初到长安城时，曾经用他的名字开玩笑说：“长安米贵，居之不易。”对于身处“参觐交代制”下的大名、大名家眷和高级武士来说，如何在江户等大城市生活，是个严肃的问题。在江户时代，大名、武士加上他们的家眷奴仆，总人数大约200万，都属于不事农耕的阶层。大名和武士阶层从自己的藩里只收缴了农民上贡的实物地租，基本上也就是大米，而要在城市生活，需要其他生活必需品和奢侈品。

江户物贵，居之也不易啊！

大名和武士们的生存方式是，把手中多余的大米拿到城市的市场上去卖掉，用换来的钱购买其他产品，满足自己的各种需求。“参觐交代制”在把各藩的上层人士集中到江户来的同时，也把各地的大米集中到江户来了。当时日本的大米总产量中，大概有一半都投放到市场上进行交易了，换句话说，大米的商品化率高达50%。以大米为核心的商品经济，也刺激了其他手工业的繁荣，社会上又涌现了大量的工匠，他们通过制造手工业品，出售给上层人士来谋生。

所以早在日本打开国门之前，国内的手工业就已经非常兴盛了。朝鲜半岛的陶瓷制造业曾经领先日本，在丰臣秀吉入侵朝鲜后，很多朝鲜手工业者被带回日本，提升了日本的陶瓷制造水平。日本各岛的气候和土地条件多样，非常有利于各种作物比如棉花、丝、烟草和蔗糖的本土化生产，虽然产量未必很高，但质量令人称赞。

18世纪末到19世纪初，日本的一些乡村就形成了手工业带，比如越后地区形成了著名的丝织品“小千谷丝绸”的集中产区，村民把自己的耕地出租给附近的农民，自己专门生产和经营丝绸。1842年，宇多大津村有18家织布行，工人有137人，其中87人是雇工。当时美国的军舰还没敲开日本国门，日本国内的手工业已经有一点英国兰开夏纺织工厂的苗头了。

上层人士、粮食、手工业品向江户集中，一座巨大的东方城市出现在日本本州岛上。1700 年，江户的百万人中有一半是大名家眷和武士仆从，他们居住在本藩设在江户城内的藩所里，他们的居所几乎形成了城市 3/4 的建筑群。他们庞大的消费能力需要各藩的地租收入来支撑，反过来刺激了日本农村提高生产力；他们频繁往来于江户与自己的藩地之间，刺激了沿途客栈的兴起，形成了日本较为发达的海陆交通网络；他们在江户等大城市的消费，支撑起庞大的商人阶层和金融阶层。比如早在 17 世纪末，商家鸿池善右卫门的收入就相当于 10 个藩的财政收入；比如大阪巨商淀屋，他以经营木材起家，不仅拥有房宅、地产，而且拥有大量珍贵的财宝，由于财力雄厚，向他借款的大名就有 30 多个。

1800年,世界上仅有6个城市的总人口在50万以上,它们包括英国伦敦、奥斯曼帝国伊斯坦布尔、中国的北京和广州，以及日本江户。

闭关锁国瓦解了幕府经济

看到江户时代的日本有如此多的经济亮点，人们都差点以为，日本马上就要独立开启自己的工业革命了。但是……

幕府统治下的日本是闭关锁国的,导致日本国内的科学技术不进反退，离工业革命的大门越来越远。

在德川幕府之前的战国时代，日本原本是一个开放的国度，彼此征战的各藩国想方设法从外界获取技术和财富。当丰臣秀吉一度统一日本，挥师入侵朝鲜半岛时,日本军队手中竟然有数万支仿制西班牙设计的“山寨版”火枪，打得朝鲜溃不成军，打得来增援的明朝军队损失惨重。当时的日本城市里，能够生产并出口海外高质量的纸制品、棉纺织品和武器。当时的日本乡村里，农民饲养着数量庞大的绵羊、山羊，很多的猪，一定数量的牛和马，畜力的犁已经被普遍用于耕作，靠牛拉或者马拉。正如前面章节透露的，在西方人来到东方，在东亚、东南亚广泛开展海洋贸易时，日本商人和海盗（倭寇）也热衷于在日本、中国和东南亚岛屿之间做海洋贸易。

然而，欣欣向荣的对外经济活动随着德川幕府上台后，逐渐萎缩了。德川幕府逐渐关闭国门，减少了与外界的接触。

幕府执行闭关锁国的政策，很大的原因是担心外国的渗透和入侵。熟悉中国历史的朋友都知道，元朝曾经两次跨海征日本，日本在自然力量（神风）的协助下勉强守住了江山，这样的经历让日本人心有余悸。丰臣秀吉入侵朝鲜，又与几个邻国特别是强大的明朝结了梁子，日本生怕明朝和之后的清朝打过来。此外，在战国时代，西方宗教也在日本广泛传播，吸收信众，德川幕府是知道西洋人火器的厉害的，生怕本国信众与西方列强里应外合，推翻自己的统治。

闭关锁国的确给日本带来了一段时间的安全感，可是代价很大。日本是一个不算很大的岛国，人口密度大使环境压力变大，如果断绝了与外界的交往，仅靠自身发展，弊病很多。

伊莎贝拉·伯德是一位活跃在19世纪末20世纪初的女探险家，她尤其喜欢到亚洲旅行并记录所见所闻。1880年，她描述了自己看到的日本："因为没有用于挤奶、运货或食用的牲口，当地没有牧场，乡村和农场呈现出一种沉默又了无生机的奇异样子。"她发现，当时的日本连马车和手推车都很稀少，运输基本上靠人来完成，用肩膀挑担子，背上扛架子；水车很少使用；水稻脱粒和碾磨用的是人推磨盘或是双脚踩踏的石头碾子。就算是在东京这样的大城市，也经常能听到舂米工人裹着一条兜裆布，卖力苦干的声音；灌溉稻田所需的水泵，往往是苦力们用脚踩来驱动的。整个国家几乎没人知晓犁是什么。耕田靠男人、女人拿着锄头刨。总之，当时欧洲采用牲畜、水力和风力的生产领域，日本几乎全靠人力来完成。

看上去，100多年的闭关锁国，让日本的技术水平大幅退步了。日本国内的养殖牲畜基本上消失了。绵羊和山羊几乎没人认识，牛和马极为罕见，连猪也不多。日本的工匠们甚至忘记了怎么制作威力巨大的火枪，他们又捡起来古老的制作刀具的技艺，通过不断地击打钢铁坯子，使刀身的钢质柔软有韧性，刀锋又尖利无比。这样制造出来的日本刀的确享誉世界，但是在大炮、巨舰、火枪横行的时代，精良的日本刀除了被当成收藏品把玩，还能有什么军事用处吗？

100多年里，日本唯一的重要进步，可能只有耕地面积扩大和粮食产量提高。日本全国的耕地面积在17世纪初大概有164万町步（1町步约等于1公顷），到18世纪初增加到297万町步，到1874年已增加到305万町步。从数字趋势可以看出，日本大概在17世纪末期后，耕地面积几乎已经达到极限，很难再增加了。幸好日本农民擅长精耕细作，他们不辞辛劳地收集天然肥料和人类粪便，为田地施肥，提高了单位面积田地的水稻产量，在不到100年中，使单位面积产量增加了20%之多。

再来看看那个时期日本人口的变化。1600年日本全国人口约为1000万人，1720年增加到2600万人，1840年约为3000万人。简单计算可知，1600～1720年的120年间，日本人口增加了1.6倍，而1720～1840年的120年间，人口仅增加了15.4%。

基本上，进入18世纪后，日本的耕地面积和人口数量就保持稳定了。这意味着什么呢？

日本落入了马尔萨斯陷阱！

正如前面介绍英国的章节所说的，当古代国家的人们生育率很高，身体又比较健康时，高生育率将导致人口急剧膨胀，然而耕地有限、粮食产量提升有限，社会落入马尔萨斯陷阱，之后发生战争、饥荒、疾病等周期性危机，导致人口下降。在这样的人类社会中，人们的生活水平长期徘徊在生存线附近。

在德川幕府的统治下，日本国内粮食产量先是大幅增加，使人口迅速膨胀。日本人又讲究卫生，健康状况好，人口增长到了导致田地稀缺的程度。

劳动力越来越廉价。与其空出宝贵的田地放牧牛马来拉犁拉车，还不如用人力耕田成本更低。于是，日本人逐渐放弃了先进的技术，退回了人力劳作的时代。

进入19世纪后，日本农民中没有土地的农户已经达到总农户数量的50%。幕府在制造了江户这样繁华的商业城市的同时，也制造了挣扎在生存线上的落后乡村，城市里涌现了手握财富敢于和大名叫板的富豪，乡村里则有大量农民挣扎在生存线上，再也无力供养幕府将军和他的武士阶层了。

闭关锁国给德川幕府带来了安全感，也让德川幕府的经济基础越来越薄弱，幕府的力量越来越虚弱，最终那一丝丝安全感也不复存在了。

幕府将军掌握着全国的最高军事指挥权，拥有强大的军队。在18世纪早期，将军的直属部队有5000多人；嫡系的“御家人”兵力有1.7万人，还有家臣拥有的几万大军，总兵力达到了8万人，远胜任何一个强力大名的军力。这是幕府将军能够统治日本的军事根基。只是，当幕府的经济出现了大问题后，那些大军也就只是无水之萍了，倒戈的倒戈，看戏的看戏，散伙的散伙。

当幕府将军的统治力下降时，全国的强力大名就看到了翻盘的希望，尤其是九州岛上的两大强藩——萨摩藩和长州藩，他们敢于和将军叫板的资本也很简单，那就是——在下有钱有枪！

1863年，身处京都萨摩藩官邸的西乡隆盛给留守萨摩藩鹿儿岛大本营的大久保利通写了一封信，西乡告诉大久保说，为了买下市场上的全部生丝，他已经将官邸的内用金2.2万两全部作为定金了，希望大久保再寄来8万两（购买生丝），这是成败在此一举的大事，务必要实现。

西乡代表萨摩藩大肆购买生丝做什么呢？日本的生丝质量优良，是外国商人苛求的货物，萨摩藩地处日本西南，与外界做生意很方便，购买生丝就是为了卖给外国商人赚大钱。当时的幕府严密监视此类交易，萨摩藩的举动显然是破坏了闭关锁国的政策，是要“割据”，即从幕府的统治下独立出来。

有买家还要有卖家，福井藩是重要的生丝来源地，所以萨摩藩从福井藩大量购买生丝。根据萨摩藩的记录，1865 年，福井藩为了收购生丝和茶叶曾经融资 16 万两，这个金额相当于该藩全年财政收入的两倍，可谓数额巨大。福井藩其实和幕府的关系很近，并非要背叛幕府，但是有钱赚为什么不赚呢？何况卖给萨摩藩生丝又不违反幕府的政策，虽然福井藩明知萨摩藩要干什么，仍然愿意与小伙伴们快乐地倒卖生丝。萨摩藩收购了生丝后，会在九州岛西南大海里奄美诸岛的港口交付给外国商人，交易当然要秘密进行，以躲避幕府的监视。

同在九州岛的长州藩对于割据更加积极，早在 1862 年，长州藩的木户孝允就在书信中提出了这个主张。长州藩犯上作乱的行为甚至招致了幕府将军两次召集大军征讨之，但两次都没有实质性地打击长州藩的实力。各藩早就对幕府将军抵御西方列强的软弱表现十分不满了，现在幕府执意要打击本国的长州藩，大家自然都是出工不出力的态度。

1866 年爆发的第二次长州征伐战中，萨摩藩终于和长州藩走到了一起，组成了萨长同盟。长州藩通过萨摩藩迅速购买了西式步枪 4300 挺、滑膛枪 3000 挺，又购入汽船。原本势单力孤的长州藩曾经悲观地与萨摩藩约定，自己争取顶住幕府大军一年到一年半，请萨摩藩帮助在朝廷运作外交事宜。有了大批武器的长州藩立刻气焰暴涨，转守为攻，竟然连战连捷，不仅把攻入九州岛的幕府军队赶下大海，甚至还连续攻克幕府阵营中几个藩的城池。

面对有钱有枪的萨长同盟，衰弱的德川幕府大势已去。幕府的闭关锁国政策既没有能够挡住洋人进来，也没能压制住本国人的反叛。如浮世绘画作一般古典甚至颓废的江户时代渐行渐远，日本迎来了激昂如进行曲一般的明治维新。

明治维新：全盘改造，脱胎换骨

1872 年 1 月 23 日，美国旧金山，伊藤博文登上讲台，用英文向美国人发表演说：

“……我国的诸侯们，自发地放弃了领地和领主权。在没有放一枪、没有流一滴血的情况下，废弃了日本的封建制度。然后，开始推进象征着近代文明的铁路和电信设施……”

伊藤博文介绍的事件，正是明治维新的“废藩置县”。在幕府倒台后，日本的政局主要由各藩的实力派家臣控制，他们推动萨摩、长州、土佐、佐贺等四藩的藩主向以天皇为代表的新政府“版籍奉还”。“版”就是土地，“籍”就是人民，在名义上，土地和人民原本属于天皇，由幕府和大名们代管。现在，各藩把这些东西归还给天皇。然后，天皇重新任命原来的大名为“藩知事”，继续治理原来的领地。不过由于版籍经过了奉还，就不再像过去那样世袭了，各藩逐渐过渡为受中央政府管理的各县，行政长官也由中央政府委任。

与英国革命砍掉了查理一世的脑袋、法国革命砍掉了路易十六的脑袋相比，日本的演变可谓是“和平革命”了。伊藤博文在演讲中强调和平的一面，是为了博取欧美各国的好感，支持日本的明治维新。

但很遗憾，伊藤博文的谋略被现实击得粉碎。

这次演讲实际上是日本向西方列强派出使团途中的一个安排。这个使团由右大臣岩仓具视担任特命全权大使，由“明治三杰”之一的木户孝允（另外两杰是西乡隆盛和大久保利通）为副使，带领了包括未来成为日本首相的伊藤博文、大久保利通在内的维新派精英。岩仓使团出行的目的有两个，其一是希望与西方列强修订强加给日本的一些不平等条约，其二是考察西方列强的长处，回来推动日本追赶西方列强。

西方列强对修订不平等条约毫无兴趣，美国人耍花招敷衍，英国人干脆一口回绝，还提出更苛刻的条件，德国、法国、比利时都和英国穿一条裤子。没有人真心希望东方的日本强盛起来，也没有人觉得日本能强盛起来。岩仓使团在各国一路碰壁，终于明白，只有自己强大起来，才会让对方修改条约。

于是，岩仓使团把精力集中在了第二个目的上，积极考察和学习西方的长处。西方列强的繁荣强大让使团成员震惊，看到美国大地上蒸汽滚滚的场面，岩仓认定，其崛起的原因在于铁路，日本也应当以铺设连接东西的铁路为急务。在大英帝国，以蒸汽和水力为动力、通过车床和齿轮运转器械的工业技术令使团成员极为震撼，“口舌与笔墨难以形容”。他们先后考察了利物浦的造船厂、曼彻斯特的棉花工厂、格拉斯哥和纽卡斯尔的炼铁厂、布拉德福德的纺织工厂，“无比巨大，机械精巧至极”。他们还注意到生产和销售系统——工厂用煤做燃料，蒸汽机轰鸣着提供动力，生产出钢铁，再通过铺好的铁路和道路运送成品，最后用巨大的船舶送到世界各地……使团成员明白，是这个庞大而高效的系统支撑起大英帝国的富强。

更卓越的见解来自沉默寡言且善于思考的大久保利通，他认为，英国令人惊异的发展，是建立在政治、经济、产业、文化的综合性基础之上的。单凭导入知识和技术，模仿其中一二，不可能在日本实现英国式的进步。

带着遗憾和收获的岩仓使团回国后，立刻着手全面改造日本。在使团出发之前的 1868 年，天皇就颁布五条誓文，答应组建“万机决于公论”的政府以及“广求知识于世界”。在 1870 ~ 1873 年暴风骤雨般的改革中，法律平等、职业自由、土地买卖自由甚至使用西方日历都确立了，一举改变了德川幕府时代的社会模样。1885 年，政府层面的内阁成立了，类似于西方列强的议会。长州藩出身的伊藤博文就任第一任内阁总理大臣。当时内阁的 10 名成员中，长州藩与萨摩藩各占 4 个名额，另一个来自土佐藩，还有一个竟然是幕府旧臣。这 10 位大臣中，当时年龄最大者才 51 岁，都是年富力强的干才。

“全面”加“快速”，是日本能够成功“脱亚入欧”的重要因素之一。

惊险与惊奇的自强奇迹

说起来容易，做起来难。日本的维新之路充满了危险，德川幕府遗留下来的庞大的武士阶层就是可怕的拦路虎。1873 年，新政府实行了类似于西方列强的政府正规军制度，用服兵役的军队取代过去的武士阶层及藩兵，并用现金而不是大米来支付武士们的退休金。原本世袭的职位被取消了，很多武士颇为不满。

日本近代著名启蒙思想家、教育家福泽谕吉在日本国内长期传授西洋的知识和思想，因此被落魄的武士阶层视为眼中钉。在很多年中，福泽谕吉在夜间都不敢出门，怕自己被别人暗杀。

武士阶层对日本新政府最大的一次威胁，竟然是明治三杰之一——西乡隆盛发动的西南战争。西乡隆盛因为与大久保利通等人政见不合，于是辞职返回萨摩藩，兴办军事学校积蓄力量。1877 年，他在武士阶层的支持下发动叛乱，竟然集合了 3 万人的武装，政府的新军最终击败了萨摩藩叛军，西乡隆盛兵败身死，维新政府渡过了一次大危机。

维新政府能够克服武士阶层的抵触，在于它相对顺利地“转化”了很多武士。很多武士被新政府吸纳，成为军人、官僚、警察和各级职员，这些工作原本也是幕府时期武士的日常任务，因此角色转换很顺利，他们成为维持社会秩序和稳定的重要力量。

另外的一些武士，原本在幕府末期就已经落魄了，为了谋生而从事手工业和商业。在 18 世纪中叶，一些下级武士就为生活所迫，从事一些“贱业”，比如雕刻，制作扇子、提灯、漆器、伞，生产砂糖、茶、陶瓷，养蚕，纺织，等等。一些下级武士甚至联合起来，经营一些批发商行。明治维新后，社会鼓励手工业和经商，一些头脑灵活又勤劳的武士摆脱了武士的阶层限制，在各行各业大显身手，成长为武士企业家。一些统计数字表明，在明治维新时期，经营者中有接近一半的人出身于武士家庭，他们既有魄力，又遵守规则，把过去的“武士道”精神转化为企业家精神，变成了“商人道”，这类知名人物有岩崎弥太郎、五代友厚、涩泽荣一……

驯服了武士阶层这只拦路虎，维新政府还要面对另一个重大难题——经济自强。如果国家的经济，特别是工业不能得到脱胎换骨般的升级，那么日本“脱亚入欧”就是一句空谈。

当时的日本经济有一个十分有利的条件，那就是日本自古以来就盛产金银贵金属，这就使得日本几乎不需要向外借款，就可以依托自己的金银储备，来发行有公信力的货币。1872 年，维新政府就发行了全国统一的货币，并在商业财阀和有财力的贵族（士族、华族）注资下，成立了多家国有银行，初步建立起了现代风格的国家金融体系。很多亚洲传统国家在迈向现代国家的过程中，都因为缺少资本而向列强举债，于是很多经济命脉操纵在国际资本家的手中，使国家的经济发展充满波折。日本较为顺利地躲过了这个发展中的“大坑”。

具体到经济产业领域，幕府时代打下的手工业和商业基础发挥了价值，维新政府很快就实现了经济独立。像历史上许多现代经济刚刚起步的国家一样，日本一开始也要走出口原材料来赚钱的发展道路。日本很早就广泛种植棉花，明治维新后，棉花种植面积迅速扩大。根据统计，1883 ~ 1887 年，日本的棉花种植面积达到了 9.8 万町步，皮棉产量 4000 万斤。同时，养蚕业和茶叶种植业也快速发展，生丝和茶叶成为重要的出口产品，在十几年中，生丝出口量和茶叶生产量都增长了2倍还多。棉花、生丝、茶叶这些初级产品的出口，给日本的工业起步提供了宝贵的资本。

日本维新政府建立之初，就高呼要“殖产兴业”。那么，工业该如何发展呢？具体来说，是该由政府来“集中力量办大事”呢，还是由民间来个“百花齐放”呢？

其实对于这个问题，日本维新政府一开始的思路不清晰。就拿轮船航运业来说，当时的日本既成立了国有轮船运输公司，也鼓励民间资本购买新式轮船从事航运。1874年，日本悍然入侵中国台湾岛，需要轮船来运输军队和军备。而靠政府投资的国有轮船运输公司竟然难堪大用，日本政府只好再斥资购买轮船，委托民间公司三菱会社来协助运输。战争结束后，大久保利通立刻向天皇上表，促使维新政府明确以扶植和资助民间企业发展航运的政策，并解散了国有轮船运输公司，把该公司的船只交给了三菱会社。

在明治维新时期，虽然政府也兴建矿山、模范工厂以及其他现代化设施，但一般来说，只要在这些企业步入正常运转后，政府就把它们出售给民间公司来继续运营。这种鼓励民间公司的风气虽然可能会让政府亏本，却使日本国内的民间企业得以快速发展，政府最终从繁荣的企业那里得到更多的税收。此举类似于美国联邦政府和各州政府积极投资兴建运河再逐渐退出的策略，都属于政府与民间通力协作发展经济的典型案例。这又是让日本能够“脱亚入欧”的一步好棋。

如果说1894年日本通过甲午战争掀翻东亚霸主清朝，只是让全亚洲国家感受到东瀛维新威力的话，那么在10年后的日俄战争中，日本挑战欧洲列强之一沙皇俄国并战而胜之，则让欧美列强不情愿地承认，日本已经“脱亚入欧”了。

只是，明治维新给日本留下了一个致命的缺陷，与英国、法国的贵族光荣革命或国民革命不同，明治维新本质上是军人革命，各藩的少壮派武士们掀翻了旧体制，导致军队具有超然的地位，在名义上并不属于国民，而是属于天皇，那时的日本军界如同没有缰绳的战马，随时可能狂奔向未知世界。

明治时代有一位著名小说家名叫夏目漱石，1908 年，他发表了一部叫作《三四郎》的小说，描绘了三四郎这个农村青年进入光怪陆离的现代城市东京后的各种不适。在小说中，三四郎与一位广田老师相遇，询问日本在日俄战争获胜后，未来会怎样。夏目漱石通过广田老师的口回答:“毁灭吧。”

在战胜欧洲列强之一俄国的举国欢庆气氛中，小说家凭着自己敏锐的直觉，预言了 40 年后日本在第二次世界大战中的结局。

在“二战”后的那次“毁灭”之后，日本再次凤凰涅槃般创造了战后经济奇迹，那是一个与明治维新前后“脱亚入欧”并不一样的故事。但是请相信，两次经济奇迹一定有着相似的“基因”，奇迹并不是偶然的。

附记：富士山竟是私有地

去日本旅游，游客可以不去看东京的时尚繁华，却绝对不愿意错过富士山的风采，因为富士山自古以来就是日本民族的象征。在日本人心中，富士山是最美、最有气质和最神圣的山，是能够代表日本这个国家的“镇国”神山。

富士山是日本的第一高峰，它位于本州岛中南部，跨静冈、山梨两县，东距东京约 80 千米，海拔 3776 米，山底周长为 125 千米，山体呈优美的圆锥形，山顶终年积雪。

富士山的名字经常在日本的传统诗歌“和歌”中出现。其名字的由来众说纷纭，其中流传最广的是文学作品《竹取物语》中的说法：许多武士将长生不老的灵药在最接近天的地方烧掉。但奇怪的是，这些药总是烧不尽，一直冒着烟。这座高耸入云的山名为“不死山”或“不尽山”，而在日语中，

“不死”“不尽”与“富士”的发音相近，富士山便由此得名。

这样一个具有国家标志性的名胜归谁所有呢？

说出来很多人不会相信，虽然富士山是大自然的山水，但实际上自从它被广为人知开始，大部分时间都属于私有地。

那么，富士山究竟是谁的地盘呢？答案是：富士山本宫浅间大社。

浅间大社是全日本1300多家浅间神社的总社，位于富士山的山麓，它是人们到富士山朝圣的信仰中心，历史悠久，至今建社已有1200多年。据说，最早是人们为了镇住富士山不再喷发而修建的神社。这里供奉着用来消灾解难、顺产、兴业及航海等的守护神。所以，富士山一直被日本人看作“富岳”“灵峰”，这与浅间大社镇守在此有很大关联。

富士山的归属有一段很精彩的故事，与德川幕府有关。

据说，这座山曾经属于江户时代的第一代将军德川家康。1606年，德川家康在一次战役中大获全胜，高兴之余便将富士山八合目（海拔3250千米）以上的领地捐赠给浅间神社。不过明治维新后，规定神社寺院必须将自己的土地上交给政府，富士山也于1871～1945年期间一度被国有化。

“二战”之后，日本新宪法推行政教分离，政府决定对神社寺院无偿让与部分土地，一些曾被国有化的土地又纷纷归还给民间，其中也包括富士山，不过山顶的那部分并不包含在内。为此，1948年，浅间大社向政府申请无偿让与山顶，但当时只获得16万平方千米的土地，于是浅间大社和日本政府打起了官司，并在一审、二审时都成功胜诉。日本政府不服判决并上诉，最终在1974年4月，日本最高法院宣判“富士山对浅间大社而言是宗教典礼及仪式上必需的土地”，驳回了日本政府的上诉。

虽然根据最高法院的判决，浅间大社又重新得到了山顶的所有权，但实际上判决结果一直没有兑现。这主要是由于山顶附近是在静冈、山梨两县境内，尚未划定明确县界，为此两县都在为富士山是属于哪一个县而争执不休，因此也一直无法办理土地登记。直至2004年，日本政府的财务省东海财务局将富士山海拔在 2700 ~ 3776 米的山顶都划归为浅间大社的“社地”，让它既不属于静冈县，又不属于山梨县，而是完全归富士山本宫浅间大社所有。

兜兜转转，富士山终于又回归民间私有。这段漫长的归属故事，反映了日本在迈向现代国家中逐渐建立起法治社会的过程。

第十六章｜“双头鹰”的荣耀与苦难

今日俄罗斯的国徽是金色的双头鹰，头顶皇冠，鹰爪握着权杖和金球，胸前是骑着白马的银铠骑士，身覆蓝色披风。

俄罗斯以双头鹰作为徽章图案，揭示了历史上俄国的一段皇家姻缘。双头鹰本是拜占庭帝国君主的徽记。本书开头已经谈到，拜占庭帝国横跨欧亚，因此双头鹰一头望着东方，一头望向西方，象征横跨了两个大陆。1453 年，拜占庭帝国被奥斯曼土耳其攻陷后，最后一任皇帝君士坦丁十一世战死，他的一个女儿索菲亚辗转嫁给了莫斯科大公伊凡三世。于是，血统高贵的索菲亚把双头鹰徽记带到了俄罗斯的土地上。

冥冥之中似有天意，莫斯科公国此后东征西讨，扩张成为横跨欧亚的庞大帝国，双头鹰成为沙皇俄国荣耀的标志。然而，几百年来，俄罗斯人民深刻地知晓，他们表面荣耀的背后，承受了多么巨大的苦难。俄罗斯“双头鹰”在经济发展和欧陆争霸中屡战屡败、屡败屡战。

陆上毛皮之路

近代西欧各国开启大航海时代，首先追求的商品是东方的香料。当葡萄牙人、西班牙人以及后来的荷兰人、英格兰人从海洋上向东探索，开辟香料之路的时候，俄罗斯“双头鹰”也在陆地上不断向东挺进，他们扩张的目的很单纯，那就是寻找毛皮。毛皮就是那个时代俄罗斯人的“香料”。

1547 年，伊凡四世加冕成为整个俄罗斯的沙皇，并宣称自己是拜占庭帝国皇帝的合法继承者。他有资格这么说，因为他是伊凡三世和索菲亚的孙子，也就是拜占庭帝国末代皇帝君士坦丁十一世的重外孙。

伊凡四世自认为是“第三罗马帝国”的君主，他加强军事力量，热衷对外扩张，于 1552 年在伏尔加河中游地区击败喀山汗国，此后又征服了伏尔加河下游、里海沿岸的阿斯特拉罕汗国，打通了前往广阔的西伯利亚的道路。

不能带来利益的军事征服是毫无意义的。伊凡四世向东扩张的主要目标，就是获取广袤森林资源与草原上的动物毛皮。在工业革命之前，毛皮是奢侈品，是珍贵的服装服饰材料。伊凡四世立刻指示听命于自己的斯特罗加诺夫家族，令其越过喀山边境线拓展殖民地、收集毛皮。

随着哥萨克特遣队于 1582 年击败了西伯利亚汗国，猎人、军队、殖民者纷纷前往西伯利亚，俄罗斯的城堡和贸易站也从欧洲向亚洲腹地推进建设。当时俄罗斯政府是最大的毛皮商，通过各种手段获取毛皮，比如向土著居民收取毛皮作为税收，向捕猎者和商人征收 10% 以最好的毛皮缴纳的税收。另外，政府还购买民众所获得的最上乘毛皮。仅仅到 1586 年，俄罗斯国库就通过上述各种渠道获取了 20 万张黑貂皮、1 万张黑狐皮、50 万张松鼠皮以及大量海狸皮和貂皮。

整个 17 世纪，毛皮贸易是俄罗斯西伯利亚地区最重要的经济支柱。在 17 世纪和 18 世纪，西伯利亚的毛皮是俄罗斯帝国的主要财政来源之一。实话实说，当时的俄罗斯农业落后，工业就更不用谈了，想和其他各国做贸易，除了毛皮之外，真没有什么拿得出手的东西。

俄罗斯在对外贸易上的被动局面，一方面是没什么拿得出手的好货，另一方面是没有便捷的出海口，当时波罗的海沿岸都被控制在瑞典、波兰等国手中。1553 年，英国航海家理查德 · 钱塞勒在北冰洋海域白海的一个海湾抛锚上岸，开辟出一条北极航线。伊凡四世大喜过望，亲自接见了理查德 · 钱塞勒。通过白海的阿尔汉格尔港，俄罗斯出口绳索、蜡、油脂、毛皮、桅杆木材之类的商品，谷物在价格特别高的时候才会在此出口，因为北极路线运输费用昂贵。进口品则是布料和棉纺织品、金属产品、武器和战争物资、酒、食盐等。

从北冰洋进行贸易，成本太高了！看着距离自己很近、距离西欧富国也很近的波罗的海，伊凡四世双眼放光。

俄罗斯必须获得波罗的海的出海口！“双头鹰”不能只面向东方，更应该面向西方！

1558 年，伊凡四世挥军西伐，目标是波罗的海沿岸势力相对较弱的立窝尼亚骑士团。当年俄军就攻下了海边重镇纳尔瓦。一拿下这个出海口，伊凡四世立刻招徕穿梭于波罗的海的各国商船，吸引它们涌入纳尔瓦港口，与本国做生意。这里很快成为俄罗斯毛皮的出口地，也是外国武器和其他军需品的进口地。在俄军的控制下，纳尔瓦每年有数百艘商船往来贸易，规模足以与当时波罗的海东岸最大的港口里加相匹敌。

然而，伊凡四世的军事行动招来了波罗的海沿岸各国的敌视。这段史称“立窝尼亚战争”的厮杀持续了 20 多年，到了 1581 年，纳尔瓦落入瑞典之手，而俄罗斯也无力再战，不得不屈膝求和，波罗的海出海口得而复失，俄罗斯向西的海洋大门就此关闭，下一次开启几乎要等到一个半世纪以后。

农奴制：沙皇与贵族的妥协

惨痛的失败给俄罗斯国内带来巨大的冲击，深刻地影响了俄罗斯的政治结构和经济结构。

谈到近代俄罗斯的经济结构，就无法回避农奴制，这一长期存在于俄罗斯的经济制度，把农民牢牢地束缚在土地和庄园上。毫不夸张地说，近代俄罗斯政治、经济变革的历史，就是一部与农奴制不断搏斗的历史。

从气候上看，俄罗斯的农业确实有先天不足的特点。由于地处内陆，而且纬度上更靠北，因此夏季短暂而冬季漫长，近代俄罗斯土地虽然挺广阔，但是每年的农耕期只有 5 个月左右，从 5 月初到 10 月初。相比之下，西欧低纬度地区只有冬季最寒冷的两个月不适合农业生产。因此在农业机械化和化肥等现代科技在俄罗斯普及之前，俄罗斯的农业生产率是比较低的。

在这样的农业条件下，“村社”这种组织形式应运而生，农民们抱团取暖、一起耕种、相互扶持，过着一种小范围内的集体生产生活。这种农奴制的前身形式并非俄罗斯独有，而是在整个欧洲东部都曾广泛存在。

但气候带来的农业先天不足，并不是农奴制产生并不断强化的根本原因。欧洲有很多靠北的地区，那些地方的农业气候条件和俄罗斯其实差不多，比如北欧的瑞典、芬兰、丹麦，中欧的德国北部，西欧的英国北部和爱尔兰。这些地方在艰苦的农业条件下，在近代依然能够提高农业生产效率，允许农民更加自由地流动，从而给整个国家带来活力和发展。为什么以俄罗斯为代表的欧洲东部和以英格兰为代表的欧洲西部的农民、农业踏上了完全不同的道路呢?

原因很复杂，其中之一可能与黑死病肆虐欧洲后对不同地区产生的不同后果有关。本书开篇谈到，14 世纪时欧亚大陆暴发了十分严重的黑死病，欧洲人口数量大幅度下降。可以想见，劳动力数量的减少，使得欧洲在疾病流行期间和之后的恢复期里，土地荒芜、人力缺乏，因此有利于劳动者的实际收入上升和财富的增长。

从经济原理上看，缺少人手、不缺土地的欧洲生产的产品中，那些劳动密集型产品的相对价格会上涨，而土地密集型产品的相对价格会下跌。

于是，依赖贸易和技术的奢侈品、高端手工品市场走向繁荣，而那些依赖土地的基本产品比如粮食的市场则走向衰落。而且人口少了，粮食消费自然也就减少了。

欧洲的历史证明了经济原理的正确性。自 14 世纪中叶开始，“小店主的国度”英格兰地区的劳动者的实际工资急剧上升，因为这个地区的劳动者更多依赖手工技术和贸易来赚钱。之后，他们的实际工资持续增长了大约一个世纪。因而到 15 世纪中叶时，劳动者所赚得的实际工资已经比他们在黑死病暴发前夕的所得高出 2 倍多。

当我们把目光从英格兰转移到俄罗斯，悲惨的景象出现了。由于当时的俄罗斯基本上以农业为生，粮食市场的衰落极大地打击了俄罗斯的农村经济。收入下降使得农民生活陷入困难，一些农民开始离开村社，逃亡到欧洲西部那些劳动收入高的地区，村社面临解体的境地。俄罗斯的贵族们为了维持岌岌可危的农村经济，不得不出台严酷的法律，限制农民的自由迁徙，将农民越来越禁锢在土地上。

以上就是俄罗斯为什么会陷入农奴制的一种经济学视角的解释。

曾有观点认为，近代俄罗斯出现农奴制，与此前这里受到蒙古人的统治有关。但其实蒙古人对于俄罗斯的统治往往是间接进行的，主要是利用俄罗斯各地的大公作为代理者，帮助自己收集贡品。如果说蒙古人对于俄罗斯有什么重要的经济方面的影响，只能说征服战争使得过去形成的一些俄罗斯城镇被摧毁，给俄罗斯的商业贸易带来了破坏，让俄罗斯的经济更加依赖于本就先天不足的农业。

而且农奴制逐渐确立和强化的时间点，是在蒙古人统治结束之后。虽然以莫斯科公国为代表的大公们的权力变得强大起来，但是由于村社经济的存在，担任封建主、庄园主的贵族阶层实力也已非常雄厚，让大公们不敢对他们轻举妄动。

即使是强悍的伊凡四世，在打击贵族势力、集中权力的过程中也阻力重重。甚至于在1564年冬天，他自导自演了一出“退位”闹剧，带着家眷离开莫斯科，跑到村子里居住，对外宣布：“由于周围有人背叛我，所以这个国家我不管了，我去跟随上帝的指引了”。这出闹剧让莫斯科出现了恐慌，最后在大主教许诺支持伊凡四世打击敌对力量之后，他才重新回到莫斯科。

伊凡四世对俄罗斯的改革中重要的部分是推行“特辖制”，把国土分成两部分，一部分是特辖区，主要由俄罗斯的心脏地带构成，归国家或者说沙皇直接管理；另一部分是普通区，由贵族们分别管理。伊凡四世组建了国家军队——特辖军，这成为他削弱贵族势力和对外征战的主力。

如果伊凡四世这条加强国家集权、削弱地方贵族势力的道路能够顺利走下去，农奴制最终可能会被瓦解，俄罗斯说不定就会走上与西欧列强类似的经济发展道路。

可惜，天不遂人愿！持续了25年的立窝尼亚战争，以波罗的海出海口得而复失、俄罗斯被牢牢地封锁在内陆而结束。

战争让俄罗斯付出了巨大的代价，农村经济完全失控，生产遭到严重破坏，大量农民开始逃亡。危急关头，伊凡四世只能向农奴制和贵族们妥协，颁布禁止一切农奴流动的法令，加强对农奴的人身控制。即便如此，伊凡四世统治的最后阶段仍然是在一片混乱中度过的。伊凡四世死后，俄罗斯差不多又经历了20年的混乱，直到1613年，米哈伊尔·罗曼诺夫成为沙皇，罗曼诺夫王朝开启，政局才稳定下来。必须强调的是，罗曼诺夫是经过贵族们的选举而成为沙皇的，这充分说明了贵族势力的强大。

1649年，俄罗斯的《法律大全》出台了，它规定：国有农民、宫廷农民归村社管理；封地贵族的农奴和家奴归当地贵族管理，农奴与家奴的区别在于农奴是纳税民，而家奴则不纳税。村社负责监督国有农民和宫廷农民纳税，封地贵族则负责监督自己管理的农奴纳税。这个法案让许多农民被国家强制转化成了农奴，逃亡的农奴将被抓捕归案。

《法律大全》的出台，表明了沙皇用维护农奴制交换贵族们的政治效忠，而底层的农民则成为最大的牺牲品，他们变成了农奴，不仅要受到贵族的管理和剥削，还要给国家和沙皇纳税，受到双重剥削。原本他们的农业生产就先天不足，在沉重的压迫下，农民的日子更加苦不堪言。

当时各种农民、农奴在俄罗斯人口中的比例是什么情况呢？1678 年，俄罗斯做了一次统计，全体国民中纳税户口、工商户和国有农户占 10.4%，宫廷农户占 9.3%；教会、高级僧侣、修道院占 13.3%，世袭大贵族的农户占 10%，封地贵族农户最多，占 57%。从数据上看，沙皇俄国可以直接说了算的臣民，大概只有全体国民的 1/5。

这就是当时俄罗斯政治和经济结构的现实，俄罗斯确实是一个国土和人口都举足轻重的欧洲大国，但并不是一个强国，沙皇自己能够调动的资源是有限的，想干点事儿挺难的。

用野蛮征服野蛮

一支 250 人的庞大使团从俄罗斯出发，向西前往荷兰、丹麦、英国、普鲁士等国。那是在 1697 年，前往国外的道路很糟糕，使团不得不使用雪橇、马车以及帆船前行。使团中有一位身材高大的年轻人叫作彼得·米哈伊洛夫，这是一个十分勤快的小伙子，他在荷兰造船厂和工人们一起劳动，还在英国学习造船理论，并参观了科学院、牛津大学、兵工厂、造币厂、天文台。

当庞大的使团回到俄罗斯，在祝贺胜利归来的欢迎会上，这个小伙子终于变回了自己的本来面目，他就是当时俄罗斯的君主——彼得一世，他手持剪刀，动手剪掉了亲信大臣的大胡子，并颁布命令，除了神职人员外，禁止男人留大胡子，否则就要交税！

彼得率领使团出访欧洲列强，最初的目的是找到盟友，结成“反土同盟”。在此之前的1695年和1696年，彼得曾两次率军南下，击败土耳其，抢夺了黑海北岸的亚速，算是为俄罗斯取得了黑海的出海口。但是土耳其仅仅是暂时失利，而黑海与地中海之间的土耳其海峡仍在土耳其手中，俄罗斯根本无法通过海峡与外界联系，因此获得黑海的出海口不过是聊胜于无。为了巩固和扩大对土耳其的军事胜利，彼得决定向西方列强寻求支持。

俄罗斯有一个浓厚的传统，即非战事期间君王出国，几乎被认为是对国家的背叛。在彼得之前，只有一位君王即基辅大公伊兹雅斯拉夫曾经跑到了波兰去，那是因为农民起义迫使其不得不出走。因此，彼得以君王之尊，敢于率领使团走出国门，甚至乔装打扮“微服私访”，足见他的勇气和决心。

当时西欧各国繁荣的社会面貌让彼得震惊，深感坐井观天的俄罗斯已经远远落在西欧列强的后面。荷兰、英国在海上的庞大舰队让他自惭形秽，“俄罗斯需要的是水域”！1697年11月，彼得亲自参与建造的战舰下水，这是第一艘插有俄罗斯国旗的船只出现在大洋里。

彼得使团在各国雇用水手、水兵、船长，招聘专家、工程师，购买大炮、枪支以及各种工具。由于荷兰不愿意帮助俄罗斯争夺波罗的海的贸易权（这是显而易见的事情），因此，使团招募到的人才以英国人居多。彼得不惜重金，礼贤下士，用平易近人、和蔼可亲的态度赢得了各国专家的心。

考察归来，在彼得的心中，土耳其与黑海在他的扩张计划中已经被放置一边，他的新目标已然确立——瑞典与波罗的海。彼得一世重新拾起了100多年前伊凡四世未竟的事业——为俄罗斯打开通向波罗的海的大门。

从1699年开始，彼得一世首先启动了军事领域的改革，他解散了落后且经常和自己作对的射击军，实行义务征兵制，扩大兵源。几乎是马不停蹄，彼得统治下的俄罗斯和波兰、丹麦签订结盟协议，建立了反瑞联盟，意图干掉地区霸主瑞典，开创一个三国联合称霸波罗的海的新局面。1700年，反瑞联盟对瑞典宣战，“大北方战争”拉开序幕。

1703年，彼得刚刚抢占波罗的海的出海口，就大兴土木，在涅瓦河的沼泽湿地上建起了圣彼得堡，以巩固俄罗斯对波罗的海地区的控制。1705年，他又启动了一次普遍征兵，要求每20个纳税户出一名壮丁从军，这样就保证了每年有3万新兵可用。几年后，面对反扑过来的瑞典大军，彼得实施战略退却，诱敌深入，然后给予疲惫的敌军致命一击。这样的战术将在此后俄罗斯的历史上重复上演。到1709年军事改革基本完成时，俄罗斯已经拥有了27万正规军，一举成为欧洲陆上强国。

大北方战争打了21年，瑞典终于被彻底打倒。1721年，俄罗斯与瑞典签订《尼斯塔特和约》，原属瑞典的波罗的海南岸和东岸大部分土地划归俄国，条约还规定瑞典退出其霸占的丹麦领土。

辉煌的胜利让彼得被国内尊奉为“大帝”，他统治的这个国家也改国号为“俄罗斯帝国”。

也正是对外战争的节节胜利，给了彼得大帝改革国内各项制度的底气。在彼得之前，贵族势力强大，他们组成的“杜马”掌握着国家权力，对君主形成了很大的压力。彼得通过向自己的敌人瑞典学习，用枢密院取代杜马，使其成为国家最高权力机构，最初下设9个院，后增至12个院，各院要员由彼得亲自任命。同时，他还设立了监察机构，监督各院的工作情况。彼得时期，全国分成50个以省长为首脑的省，他可以直接监督省长，这是对当年伊凡四世“特辖制”的扩大和改良。

面对居心叵测的贵族势力，1722年，彼得颁布了《官秩表》，用论功取仕原则取代了传统的贵族门第和血统原则。根据这份法律，非贵族出身的文职官员凡升至14级，赐终身贵族称号；升至8级，赐世袭贵族称号；非贵族出身的军官凡升至14级，赐世袭贵族称号……这个法令为其他阶层打开了通往贵族等级的大门，在很大程度上吸引了非贵族出身者进入国家机构。彼得大帝通过《官秩表》构建了正式的俄国贵族等级框架，将贵族控制在军队和各级行政机关之中。

任人唯贤的体制，使一位马夫被提升为陆军院院长；农奴出身者后来担任了副省长；放猪出身者当上了第一任总监察长……这些都是彼得大帝在任时的真实案例。

接下来，我们再来看看彼得大帝在经济方面的表现。彼得大帝用对外军事的胜利打压了国内贵族势力，改变了俄罗斯的政治制度，使俄罗斯迈入了欧洲强国之列。但是俄罗斯的强大更多体现在军事方面，即使经历了彼得大帝的时代，俄罗斯在经济方面依然乏善可陈。

公平地说，夺取波罗的海出海口、兴建圣彼得堡，使俄罗斯与西欧各国之间的贸易通路打通了。在大北方战争结束后不久的1725年，俄罗斯几个大的港口共停靠了900多艘外国船舶，对外贸易兴旺起来。当时俄罗斯也兴建了许多大工场，包括各种不同的产业，比如冶炼业、纺织业、锯木业和其他一些制造业等。

但是，俄罗斯的这些工场与西欧特别是英格兰的工场在性质上是截然不同的。彼得大帝虽然支持兴建各种官营的手工工场，并鼓励私人开办公司，但是这些工场和公司只不过是国家军用物资和贵族所需奢侈品的承包商，它们开工的目的一个是为国家军事服务，另一个是为贵族享乐服务，并没有形成西欧繁荣的商品经济社会。

在官办手工工场和贵族手工工场里，干活的也不是人身自由的工人，而是农奴，他们既没有什么高级技能，又被强制劳动，生产效率和生产质量的低下可想而知。

虽然贸易有所发展，但是彼得大帝对商业进行严格管制，商人要为国家负担巨额的军费开支，甚至商人做生意的地点、方式、商品种类都要听从政府的规定。彼得大帝就曾把全国不同城市的商人强行迁到圣彼得堡，还禁止从其他港口比如阿尔汉格斯克港出口食品，所有食品必须运送到当时还没有什么商业设施的圣彼得堡去。这种完全违背市场经济的做法，使得很多商人破产，国内商品经济一片萧条。军事强大的俄罗斯在经济上仍然是虚弱不堪的。

在彼得大帝的统治下，严重阻碍俄罗斯经济发展的农奴制不仅毫发无损，使得原本较为自由的贵族阶层也成为“国家的农奴”，他们必须依附在国家体制上才能生存。彼得大帝强制推行“一子继承制”，大量失去继承权的贵族次子们被迫为国家服役，形成了没有土地的新的中小贵族，这些人成为彼得大帝的“鹰犬”，被用来打击旧的贵族势力。彼得大帝打压了旧贵族，却也培育了新的官僚阶层，而且在专制的体制下，由于权力没有受到制衡，这个新的官僚阶层不可避免地腐败、再腐败、更腐败。

有人将俄罗斯的国徽双头鹰理解为，俄罗斯吸收了东方和西方的不同制度，既有野蛮的元素，又有文明的元素。其实不然，以彼得大帝时代的俄罗斯来说，它的野蛮也好，文明也罢，都是自己鼓捣出来的，有些技术的确来自其他国家，但也仅此而已。

所以学者们曾一针见血地评价说：“彼得大帝用野蛮制服了俄罗斯的野蛮。”彼得大帝仅仅是学习了西欧的军事制度和军事技术，并没有真正学到西欧的政治制度和经济制度，他可能也没想要学习那些东西。所以，俄罗斯想以彼得大帝指引的道路追赶繁荣的西欧，那是在缘木求鱼。外强中干的俄罗斯帝国很快就将被现实残酷地打击。

两次败仗，两次改革

军事强国俄罗斯的另一位大帝——叶卡捷琳娜二世在位期间大肆扩张领土，瓜分了波兰，从奥斯曼土耳其手中抢夺大量土地，向中亚疯狂扩张。1796 年，叶卡捷琳娜二世临死前感叹：“假如我能活到 200 岁，欧洲就会全部落到我的脚下。我要建立一个包括 6 个都城的大帝国，它包括彼得堡、柏林、维也纳、巴黎、君士坦丁堡、阿拉斯特罕。把我的孙子取名为亚历山大吧，我希望他像古希腊马其顿的亚历山大大帝一样，建立一个横跨欧亚的大帝国——大俄罗斯帝国。”

1853 年，自恃军力强大的尼古拉一世宣布，要解放奥斯曼土耳其统治下的巴尔干半岛的 1400 万东正教教徒，命令俄军南下，进攻土耳其控制的多瑙河沿岸地区，意图用武力来维护黑海出海口，以此来报复土耳其对俄罗斯封闭土耳其海峡的决定，这个海峡对于俄罗斯的黑海舰队以及贸易来说至关重要。英国和法国不愿坐视俄罗斯向南扩大势力，因为这威胁到了两国在地中海的利益，于是他们加入土耳其一方，派出数量庞大的远征军，协助土耳其共同对抗俄罗斯，并进攻俄罗斯黑海沿岸的克里米亚。于是，克里米亚战争爆发了。

虽然战争初期俄罗斯的黑海舰队大胜土耳其舰队，但不过是捏了一个软柿子而已，那是历史上最后一次大规模的风帆木制战船的海战。当拥有蒸汽驱动军舰的英法联军舰队赶赴黑海后，俄罗斯的黑海舰队完全不是其对手。

俄罗斯引以为傲的陆军也没能挽回点面子。虽然陆地战争在靠近俄罗斯的区域甚至在俄罗斯国境内展开，但由于本国铁路不足，南部基本上没有铁路，英法联军从海路赶来，三周就可以绕过整个欧洲抵达战场，俄军靠双腿需要三个月才能到达本国南部战场。俄军的军用物资只能依靠落后的公路运输，弹药、粮食供给困难。由于本国军事工业的落后，俄军的滑膛枪射程远逊于英法联军的来复枪。由于农奴制盛行，大部分人口都是被压迫的农奴，学历低、无技术、无训练，无法被有效转化为军事力量，帝国庞大的人口大概只有 1/10 的人有可能服兵役。虽然俄军人数不算少，但缺乏有战斗力的后备力量。

劣势之下，俄罗斯军队依然打得非常顽强。俄罗斯文豪托尔斯泰当时刚刚晋升中尉，被调往前线的军港塞瓦斯托波尔。在海军被英法海军消灭后，俄罗斯士兵把军舰上的大炮拆下来，在海港构建了复杂的炮台和壕垒进行防御。年轻的托尔斯泰一度非常乐观，“1500 门大炮对准塞瓦斯托波尔的轰击，不但没有使它投降，也没有使我们二百分之一的炮队沉默”。他被官兵们的勇武感染了，给哥哥写信说，他自愿来到被围的塞瓦斯托波尔要塞，一方面是为了摆脱在高加索的生活，另一方面是为了目睹这次战争。他说：“我承认，当时这种爱国心曾经强烈地抓紧了我。”

塞瓦斯托波尔要塞奇迹般地坚守了 11 个月，然后，要塞和托尔斯泰的乐观就都被敌人的炮火轰塌了。“可以用肉眼看见像黑色的斑点似的东西(即炮弹）正在从山上下来，从法军的炮台那儿，经过峡谷，向我们的棱堡进逼……从我们的各个棱堡上面，冒出了一簇簇的白色硝烟，好像在互相竞赛一般……一切分散的声音合成了一种天崩地裂的雷鸣。”

这场大战沉重打击了四处扩张的俄罗斯的雄心，也促使托尔斯泰这样的贵族知识分子对于国家的意义和未来进行深刻反思。

1855 年，在败局基本已定的情况下，一辈子以军功为耀、以军人治国的尼古拉一世不堪此奇耻大辱，自我了断了生命。第二年，战争结束，俄罗斯失去了黑海舰队、黑海出海口、黑海海军基地，甚至在波罗的海的军事也受到了限制。俄罗斯帝国俨然沦为欧洲二流国家。

军事上的惨败折射出的是本国经济的孱弱，农奴制这一顽疾对国家发展的阻碍暴露无遗。不废除农奴制，俄罗斯就没有未来！

克里米亚战争刚一结束，接替尼古拉一世的亚历山大二世就发布敕令，明确宣布农奴制将被废除。这是一个对于俄罗斯来说伤筋动骨的决定，也是一个壮士断腕的决定。为了安抚那些寄生在农奴制上的贵族们，亚历山大二世解释说，这一“自上而下”的改革总比农奴们发动起来“自下而上”的革命要好得多。1861 年，他正式签署法令，开始执行废除农奴制的工作。其具体的内容是：农奴将获得人身自由，并且可以赎买一块土地；农民依附于村社之中，这种组织负责土地的集中分配。

农奴制的废除解放了过去毫无人身自由的农奴，为俄罗斯接下来工商业的发展提供了潜在的劳动力，也给农业本身的发展带来了一些活力。不过由于农奴转变为农民需要支付高额的赎金，所以大量农民又沦为无产的雇农。而村社这种组织的存在，使得当时俄罗斯的农业生产效率无法进一步提高，农业现代化依然难以开展。

虽然困难重重，亚历山大二世此举还是令俄罗斯有了脱胎换骨的变化。废除农奴制后，俄罗斯执行市场开放的政策，允许跨国商品和资本自由流通，俄罗斯的工业得到了前所未有的发展。通过引进外国资本，1864 ~ 1886 年，俄罗斯工业年均增长速度将近 4%，接下来的 1887 ~ 1913 年年均增长速度达 6% 以上。

19 世纪 80 年代，俄罗斯开始铁路网的建设，还筹划修建穿越西伯利亚的大铁路。为了筹集资金，俄罗斯在 1897 年实行金本位制，与西方列强的金融实现接轨。俄罗斯与西方列强间的经济差距正在迅速缩小。

一切似乎都在往好的方向发展，除了大量底层民众的生活。

废除农奴制制造了大量无产的农民，而快速的工业化制造了大批无产的工人。俄罗斯人口的主体从农奴变成了无产阶级，他们是俄罗斯农业和工业发展的主力军，却仍然被国家旧的体制所压迫，受到层层剥削，收入微薄，生活艰难，完全无法与西欧强国劳动者的生活相比。国家的经济确实在发展，但是底层民众却没有分享到什么经济成果，更谈不上有什么政治权利和福利保障了。而俄罗斯好不容易积累起来的一点国家财富，也消耗在与欧洲列强的争霸之中，使得国家的财政状况依然惨淡。

19 世纪末到 20 世纪初，俄罗斯社会略显平静的表面之下，似乎涌动着体积巨大的岩浆，随时可能会因为一次震动而冲破地层，喷涌而出。

震动总会出现的。1904 年 2 月，日本突袭俄罗斯舰队占据的中国旅顺港，以阻止俄罗斯在东亚的进一步扩张，日俄战争爆发。在接下来的一年半的时间里，两国在中国东北陆地上和东亚海面上持续激战。虽然日本只是东亚的后起之秀，但是占据天时地利；俄罗斯虽然是老牌强国，但是劳师袭远，加上长期迫害犹太人，欧洲大陆上的犹太银行家联合起来，拒绝给俄罗斯提供战争贷款，致使俄罗斯无法在东亚长期作战。

日俄战争以俄罗斯的战败而结束。这次战败给俄罗斯带来的震动，丝毫不亚于克里米亚战争。令人难堪的是，克里米亚战争毕竟是输给了欧洲两强英国和法国，不是俄军不努力，而是敌人太强大。可日俄战争中，俄罗斯却输给了一个亚洲国家，自从蒙古人的统治结束后，俄罗斯在亚洲一路扩张几无敌手，这次算是俄罗斯“双头鹰”在东方的第一次大败（如果不算清朝初年规模小很多的雅克萨之战的话）。这也算是近代以来白种人强国在重大战争中第一次输给了非白种人国家，俄罗斯大国颜面一夕扫地，以后还怎么在欧洲列强面前混？

更为可怕的是俄罗斯的国内局势。战争的巨大开销无法通过国外贷款解决，就只能从国内民众身上榨取了，民众需要交纳的苛捐杂税多如牛毛。战争失利的消息传来，地下的“岩浆”爆裂出来。1905 年，以士兵在冬宫外广场向示威人群开枪为导火线，革命的烈火在全国蔓延开来。沙皇尼古拉二世软硬兼施，费尽力气终于暂时平息了这场革命。他被迫做出让步，宣布成立国家杜马也就是议会，成年男性获得选举权，颁布基本法，允许言论自由、宗教信仰自由和语言自由；制定土地改革政策，让农民更容易取得土地，以提高农民收益。

从这些政策内容看，很多都是西欧列强实施了很多年的政治制度和经济制度。应该说，直到这次改革，俄罗斯才终于开始走到西欧的经验道路上，面向西欧学习一些深层次的治国之道，希望能够挽救内忧外困的国家。

可是我们知道，东方也有那么一个王朝，在内忧外困中试图通过立宪等方式，建立一个君主立宪制的国家，维持皇室对那个古老的东方国度的统治。可是一切都来不及了，一场革命要了这个东方王朝的命，这个王朝就是清朝。同样，在进入 20 世纪初叶的时候，尼古拉二世的改革也来得太晚了，统治俄罗斯长达 300 年之久的罗曼诺夫王朝被一场革命掀翻在地，俄罗斯帝国这座巨大的冰山迅速融化，从此无影无踪了。

而俄罗斯人民苦苦追寻了数百年的现代国家和现代社会之梦，只能留待后人来实现了。面包会有的，一切都会有的。

第十七章｜
普鲁士：感谢英法“神助攻”

据说德国音乐家贝多芬创作第三交响曲时，本来是要献给当时捍卫法国革命、引领民主和人权的拿破仑·波拿巴的。但当拿破仑称帝的消息传来，愤怒的贝多芬撕掉了标题页上拿破仑的名字，改为“纪念一位英雄”，该交响曲于是被称为《英雄交响曲》。

贝多芬的判断是正确的，穷兵黩武的拿破仑把贝多芬故乡的许多城镇夷为平地。但贝多芬不知道的是，德意志的崛起还真得感谢拿破仑，而法兰西和德意志彼此敌视的梁子一直到20世纪都还没有解开……

文艺范儿君主的开明专制

18世纪刚开始的时候，后来统一德国的普鲁士还不在强国之列，虽然国王的头衔很响亮，叫“勃兰登堡选帝侯”，但也就是个诸侯级别。当时德意志境内小国林立，普鲁士只是“矬子里拔大个儿”，和当时统一、强大的法国、英国等国完全没法比。

“选帝侯”这个名词值得多说几句，因为它涉及神圣罗马帝国的政治体系。在中世纪的欧洲，曾经出现过一个强大的查理曼帝国，国土涵盖了今天的法国、德国、意大利北部以及周边一些小国。查理曼帝国解体后，欧洲逐渐陷入邦国林立的局面。到了962年，控制德意志地区的奥托一世在罗马城被教皇加冕为“罗马皇帝”，神圣罗马帝国正式登上历史的舞台。但是这个帝国是由数百个公国、侯国、自由城市甚至更小的政权联合而成的，如同散沙一般，就好比我国历史上的西周时期。

1356年，当时的神圣罗马帝国皇帝查理四世为了让各大诸侯支持自己的儿子继位，制订了著名的“金玺诏书”，因为诏书上盖有黄金印玺而得名。这个诏书规定了皇帝的选举办法和诸侯的权限。

对的，您没有看错，神圣罗马帝国的皇帝需要通过选举产生。当时帝国境内权势最大的七股力量的代表——三个教区大主教和四个王侯选举产生皇帝，不再需要罗马教皇来加冕承认。七大选帝侯同时担任帝国的一些重要职务，并监督皇帝的行为。选帝侯在自己的辖区里拥有铸币、征税、开矿、执法等权力。也就是说，神圣罗马帝国虽然有个皇帝，但是权力分散。从经济的角度讲，同样也处于四分五裂的状态。

回到勃兰登堡选帝侯，原本这只是个侯一级的爵位。在1701年，勃兰登堡选帝侯腓特烈三世支持奥地利向法国宣战，借此换取国王的称号，从此，有了“王”的普鲁士才正式成为一个王国，同时也在建国之时就和法国结了梁子。

皇帝受到七大选帝侯的分权制约，选帝侯自己也同样受到辖区其他贵族的制约。其实从更为广大的范围看，在刚刚进入近代的时候，欧洲易北河以东的普鲁士、奥地利、匈牙利等地与我们刚刚介绍的俄罗斯一样，经济上基本还处于农耕社会，贸易和工业还很不发达。正如俄罗斯的经济发展曾经长期受到农奴制的困扰一样，神圣罗马帝国也与之类似，当时中欧大部分地区施行的也是类似农奴制的领主制。普鲁士的国王之下，有着大大小小的领主或者说贵族，领主拥有自己的村社和附属的农民，这些农民的人身自由受到领主的很大限制。

普鲁士若想崛起，迈入欧洲强国之列，必然要面临改变自身领主制的难题。而另一个更为现实的难题是残酷战争的影响，17 世纪上半叶，神圣罗马帝国境内爆发内战，欧洲各大国家纷纷卷入，战争从 1618 年一直打到 1648 年，史称“三十年战争”。残酷的战争主要发生在神圣罗马帝国境内，因此战争过后，这里的总人口减少了 60%，普鲁士也不例外。直到 18 世纪初期，普鲁士的人口也只有 250 万左右，国土四散在神圣罗马帝国北部，没有明确的国界，还只是一个欧洲范围内的弱小国家。

三十年战争也给普鲁士带来了一个有利条件，那就是原本凌驾于德意志各邦国的奥地利遭受重创，这个过程中，法国有意削弱奥地利的势力。奥地利的哈布斯堡王朝原本把持着神圣罗马帝国的皇位继承权，与罗马教廷相互支援。一场大战之后，信奉新教的国家兴起，奥地利在德意志地区内部一枝独秀的时代过去了，罗马教廷的权威也开始没落。普鲁士的机会来了。

1740 年，普鲁士迎来了一位文艺范儿的新君主——腓特烈二世。这位君主酷爱音乐，年轻时为了音乐梦甚至想从普鲁士出逃西欧。这是一位被国王职业耽误了的音乐家。然而谁也没有想到，他即位后竟然成为推动普鲁士崛起的伟大君主。

腓特烈二世对新思想乐于接受，他和当时著名的启蒙思想家伏尔泰是好朋友。在新思想的影响下，他给自己定下了一个新形象——国家第一仆佣，言下之意，作为君主，他应该把全部的精力奉献给这个国家。这个新形象与过去的君主形象还是有差别的，过去的君主就像是贵族中最大的那个贵族，除了对外作战之外，其他时候服务国家的意识并不强。

腓特烈二世则不然，他勤奋工作，尤其鼓励农业生产。在王室的国有土地上，他废除了农民的农奴地位，农民的人身自由得到了提高。通过向新开垦的土地上移民，允许农民租种土地，成千上万的农业移民被普鲁士肥沃的土地和政府给予的优厚待遇所吸引，纷纷到普鲁士耕耘播种。普鲁士的农业生产快速提高，国家的力量得到增强。虽然腓特烈二世时期，由于领主们的势力仍然很强，他还无法彻底消除农奴制，但此消彼长之下，普鲁士国王的权力得到了提高。

虽然腓特烈二世的父王是个“军曹国王”，却也向腓特烈二世灌输了重视手工业的理念，“国家没有手工工场就像人体没有生命，是个死气沉沉的国家，会一直穷下去，发展不起来，永无出头之日。所以我请你，亲爱的继承人，要保持手工工场，多加维护，不断扩展，在你的国家里加以推广”。

腓特烈二世完全遵从父王的旨意，他成立了专管工商业的国家部门，并对新任大臣作出指示：“要发展王国的羊毛和麻布工场，然后尽量多开办缺少的手工工场,因为现在所有的外国和几乎全世界都热衷于办手工工场。”

手工工场要发展，需要大批的技术工人。正当法国驱逐境内的胡格诺派教徒的时候，普鲁士向信仰各种宗教的人们张开了怀抱。很多到普鲁士避难的宗教人士有实力、有资本或者有技术，这些移民开办纺织手工工场、玻璃工场和各种奢侈品工场，生产铁、丝、纸等各种商品。在这些移民的资金和技术的哺育下，普鲁士的国家收入迅速增加，由一个神圣罗马帝国的落后边陲变成了发达的邦国之一。

腓特烈二世的施政措施,引领了当时欧洲君主圈子中的“开明专制君主”的风潮，除了他之外，同时代的神圣罗马帝国皇帝约瑟夫二世和俄罗斯帝国的叶卡捷琳娜二世也都积极推进本国的改革，保护和扩大底层民众的生产生活条件及人身权利，积极培植工商业发展，并打压寄生在农奴制上的大小贵族权势。

然而这并不是巧合，也不仅仅是因为受欧洲当时的启蒙主义思潮的影响，而是当时欧洲列强争霸的现实所迫。

不论大国还是小国，整个欧洲都卷入了错综复杂的利益冲突之中，一个国家必须努力提升自己的实力，才能在如此复杂的国际环境中生存下去。对于一国之君来说，他希望能够有效地集中起全国的人力、财力，但是君主之下的大小贵族也有各自的利益，很多时候与君主的目标并不一致。尤其是在欧洲东部农奴制盛行的地区，君主要对外扩张，提升国家的竞争力，但是贵族从自己的利益考虑，不愿意拿出自己的人力和财力去支持君主的行动。于是，如腓特烈二世这样的开明专制君主们，自然倾向于和更底层的民众站在一起，利用底层民众来反制贵族们。

在欧洲东部，谁能率先推翻农奴制和依托农奴制的贵族、领主们，谁就能够抢占先机，在大国的竞争中处于有利地位。前一篇我们已经提到，俄罗斯直到 19 世纪后期的克里米亚战争失利后，才逐渐废除了农奴制，可谓困难重重。在神圣罗马帝国内部，情况也类似。约瑟夫二世推出了激进的改革方案，农民和农奴们得到了解放，很感激他们的皇帝，但是贵族们却不惜发动叛乱，与皇帝相拼，让改革无法进行下去。在弥留之际，失望的约瑟夫二世评价自己说："这里躺下的王子纯净、天真，不幸的是，他却壮志未酬。"

"开明"的君主只是面对普通民众的时候拿出了自己的一点温情，他们在欧陆争霸的时候可一点都不宅心仁厚，相反却如狼似虎。腓特烈二世极力扩张普鲁士的势力范围，刚刚即位，他就趁机吞并了西里西亚。此后，他还联合奥地利、俄罗斯一起瓜分了波兰。当腓特烈二世去世的时候，普鲁士已经与英国、法国、俄罗斯和奥地利平起平坐，成为欧洲五强之一。

德意志与法兰西的相爱相杀

眼看着崛起的普鲁士大有占据德意志半壁江山的势头，却不承想被法国一棍子打晕了。普鲁士先是被大革命时期的法国革命军队击败，被迫割让了莱茵河以西的普鲁士领土；随后挥舞大棒而来的就是赫赫有名的战神拿破仑・波拿巴，并于 1806 年把普鲁士国王打得抱头鼠窜。一年后，普鲁士与法国言和，普鲁士又损失了大片领土，并赔款 1.3 亿法郎。

割地、赔款，听上去普鲁士就像中国清朝末年的衰败样。但普鲁士人从此痛定思痛，开始了新一轮的全国改革之路。改革的矛头，直指欧洲东部所有国家的顽疾——农奴制。

当时的首相施泰因宣布全部废止普鲁士的农奴制，允许土地自由买卖，鼓励人民参与政治，实施地方自治，改组中央政府机构。农奴变成自由民，就意味着出现了许多有人身自由、可以雇用的劳动力；允许土地自由买卖，会提高土地的利用效率；人民参政议政，国家政策就更符合民情。

施泰因的这些改革措施让普鲁士开始从屈辱中崛起，但却引起了拿破仑的警觉，拿破仑借口施泰因有反法言论，逼迫普鲁士将其免职。此时的普鲁士还没有力量与拿破仑叫板，施泰因只好逃亡他国。此后，施泰因致力于在欧洲各国斡旋，决心和气焰嚣张的拿破仑死磕到底。正是由于他的努力，沙皇俄国站在了法国敌对的一边。

几年之后，拿破仑终于被反法同盟彻底打倒，普鲁士拿回了所有割让出去的土地，终于扬眉吐气了。但是，拿破仑战争对普鲁士也并非全是坏事，经过战火的洗礼，许多昔日的小邦国不复存在，整个德意志地区从大量小国寡民的“春秋时期”逐渐向少数群雄割据的“战国时期”过渡，为最终的统一扫清了障碍。此外，在拿破仑侵占的那部分德意志领土内，推行了法国式的法律体系和经济制度，沉重地打击了德意志的贵族、领主阶层。如果说除了武装之外，拿破仑对于法国还有什么其他重要贡献的话，那就是他在位时期颁布的《法国民法典》，使法国迈向了法治化的国家。这些先进的法律制度和经济制度让普鲁士人开了眼界，也在无形之中给普鲁士的君主扫清了国内的敌对贵族势力。在德国统一的道路上，竭力打压德国的拿破仑竟然上演了“神助攻”，他若能知晓此后历史的演进，一定会哭笑不得。

但此时普鲁士连自己的国土都还没“统一”，因为它的国土并不都是相连的，大体上分成了东西两块，中间被一些小邦国隔开了，本国内部做生意的话，还要通过别国境内，这太滑稽了。于是，普鲁士开始和邻国商量，成立了关税同盟。这个同盟一开始只包括了普鲁士和周围几个小邦国，后来一度扩大到 38 个邦国。关税同盟有两大协议，一个是建立一个由普鲁士带头的统一的对外关税；另一个是取消同盟国间的通行费用和海关壁垒，建立一个共同的市场。

这个关税同盟的目的主要是方便德意志各国间的贸易，实行低关税的自由贸易。但普鲁士其实还有另一个目的：奉行贸易保护主义，孤立身边的大敌——奥地利，即另一个德意志圈子中的大国、神圣罗马帝国的残余势力。奥地利也不甘示弱，组建了自己的关税同盟，只是成员国相对较少。

统一关税之后就是统一货币。在关税同盟成立之前，这帮杂七杂八的小国总共使用了 70 多种货币，这对于从事贸易的商人来说太麻烦了，从数学上讲，70 种货币彼此之间的兑换关系有（69+68+67……+3+2+1）=2415 种，看来伟大的数学家高斯诞生在德意志绝对是有道理的，德意志贸易中的货币兑换只有高斯这样的人物才能玩得转。1837 年，关税联盟达成了协议，以普鲁士的货币为基础，创立了新的货币——马克，商人们终于可以轻松地交易商品而不必进行复杂到让头脑爆炸的计算了。

铁路左右欧陆争霸战

关税同盟对德国经济产生的另一重要影响是促进了铁路网的修建。

与现代运河建设类似，铁路最初也是在英国兴起的，目的是为了把开采的煤炭运输出来。早期的轨道上放置的是轮式马车，靠马匹来拉动。英国发明家乔治·史蒂芬孙自己设计的发动机，以蒸汽动力代替马匹动力。1830 年，世界上第一条民用铁路在利物浦与曼彻斯特之间开通，所用机车均由史蒂芬孙设计、制造。

铁路的发明，对于沿海港口、内陆水网不如英国、法国发达的德国来说，真是喜从天降。因为在没有水路运输的地方，铁路可以降低当时内陆运输80%的成本。在没有铁路的时代，内陆地区的大宗货物运输受到很大限制，几十千米的路程就会吞噬掉所有的贸易利润，人们只好倾向于本地区自给自足的方式。有了铁路，各地的产品就会便捷地运输到遥远的市场，促进了各地区的经济专业分工，提高生产率，增加了整个社会的财富。

英国人发明的铁路，成为德国统一和崛起的关键技术。

虽然当时德国还分成大大小小的邦国，但既然关税都可以统一，铁路建设也可以跨邦国修建。从1835年纽伦堡—富尔特铁路开始，关税同盟各邦国纷纷修建能够联通彼此的铁路。有的邦国依靠国家投资来修建，有的邦国则鼓励民间资本投资铁路建设。短短几年间，关税同盟境内铁路的总长度已经超过了老牌强国法国。

法国虽然在19世纪40年代前就已经做出了一个规划，要修建以巴黎为中心的铁路网，但是法国国内在铁路应该国有还是私有，铁路干线该经过什么区域上争来争去，阻碍了法国铁路网的建设步伐。同属德意志的奥地利在铁路建设上也与法国类似，但是进展更缓慢，原因是奥地利政府的财政更糟糕，没有足够的资金兴建铁路。到了19世纪中期，奥地利控制的区域中，只有大约1700千米的铁路投入了运营，而且几乎只局限在波希米亚地区。

铁路网建设的快慢，不仅影响了欧陆这几个强国的经济发展速度，还直接影响了他们之间的争霸结果。

在被拿破仑摧毁的神圣罗马帝国的废墟上，普鲁士注定要和奥地利来一次了断，以确定谁才是未来德意志的唯一领袖。1862年，准备就任普鲁士首席大臣的俾斯麦向人吐露了他的野心：“我首先关心的是重组军队，无论是否得到议会的支持，我都会这样做……一旦军队强大到令人生畏的地步，我就会找借口向奥地利宣战，同时解散德意志议会，征服小邦国，并将德意志的民族统一置于普鲁士的领导之下。”

1866年，俾斯麦担纲的普鲁士对奥地利发动进攻，虽然奥地利得到了周边几乎所有中小邦国的支持，然而战争却呈现出一边倒的局面。由于普鲁士有着发达的铁路网，只需要3周时间就可以完成军队调运，而运输落后的奥地利的军队调运需要8周时间。这一幕就如同俄土战争中快速集结的英法联军与跋山涉水的俄罗斯军队作战的翻版。

普鲁士迅速布置好军队，等待奥地利人自投罗网。两军在萨多瓦激战，奥地利大败。普鲁士终于确立了自己的大国地位，俾斯麦马上创立了“北德意志邦联”，强迫22个邦国加入。德意志南部的邦国仍然保持独立，但普鲁士强迫它们签署秘密军事协议，使得它们与普鲁士的联系更加紧密。

普鲁士离统一德意志只剩下一个障碍了，这个障碍不是别的，正是屡次欺凌自己的邻国——法国。拿破仑三世的法国在幕后操纵德意志南部的一些小国，对抗普鲁士，阻挠德意志统一。

你不让我舒服，我也不让你舒服。当时西班牙王位出现了空缺，西班牙国内推举普鲁士国王的亲戚、德意志的一位亲王来当国王。这里要说明一点，欧洲许多国家的王室由于长期政治联姻的缘故，大都沾亲带故，王室继承有一套严格的规定，谁是第一顺序继承人，谁是第N顺序继承人，在国王还健在的时候就已经安排妥当了。因此西班牙找一位德意志亲王来当新任国王，并不稀奇。

但是拿破仑三世显然不愿意看到这个结果，因为这样一来，普鲁士和西班牙就走得很近了，法国将面临腹背受敌的局面。拿破仑三世以为普鲁士还是个软柿子，要求普鲁士割让德意志南部的巴伐利亚等邦国。但此时的普鲁士已经不再是吴下阿蒙了，强悍的俾斯麦首相不仅拒绝了法国的无理要求，还故意把法国方面的要求泄露给巴伐利亚等邦国，引起了这些地方的极大恐慌。俾斯麦趁机和这些邦国达成攻守同盟，承诺只要他们被攻击，普鲁士就是他们的坚强后盾。拿破仑三世找到了出兵的“借口”，于是对普鲁士宣战，普法战争爆发。

普鲁士“诸葛亮”——俾斯麦预料到，法国的入侵，将迫使德意志所有邦国同仇敌忾，尤其是南德意志的那些邦国也会站在普鲁士的阵营中。事实果真如此，许多曾经对德意志统一表示反对，特别是反对普鲁士领导德意志的国内力量，现在全都开始反对法国的入侵。俾斯麦率领整个德意志各邦，共同对抗侵略者。甚至连刚刚被普鲁士打败的奥地利都宣布保持中立，不敢公开支持法国。

高效的铁路再次成为战争的决胜因素。行动迟缓的法军被快速移动的普鲁士军队打得找不到北。战争的结果我们已经在前面介绍过了，拿破仑三世被擒，法兰西第二帝国被推翻。

普鲁士显然并不满足于把法军赶出德意志，而是继续进兵，包围了巴黎，直到法国同意割让阿尔萨斯和洛林，并同意三年内赔款 50 亿法郎才退兵。

当时 1 法郎规定含金 0.29 克，50 亿法郎就是 1450 吨黄金，当年普鲁士赔给拿破仑·波拿巴才 1.3 亿法郎，现在转身狮子大开口，几十倍的赔款往回捞。

令人惊讶的是，法国居然真的用了三年时间就如数赔偿了这 50 亿法郎，附带支付了一些利息。法国吃了大败仗，还能够在短时间内凑齐 50 亿法郎，也说明拿破仑三世的确是个建设经济的好手。

1871 年，在巨大的胜利喜悦中，包括普鲁士在内的 22 个邦国和 3 个自由城市宣布成立德意志帝国，由普鲁士国王威廉一世加冕帝国皇帝。

统一后的德意志帝国是一个欧洲巨人，其人口有 4100 万，在欧洲仅次于俄罗斯帝国的 7700 万。当时法国人口只有 3600 万，奥匈帝国（奥地利和匈牙利的联合体）也只有约 3600 万，英国只有 3100 万。相比 1850 年时，普鲁士人口还只有 1600 万。

德意志帝国的形成，真得感谢法国人，感谢拿破仑一世和拿破仑三世。

普鲁士人一时之间有点儿忘乎所以了。就拿德皇加冕这件事来说，在自己帝国首都加冕是普通加冕，找个山清水秀的地方加冕是文艺加冕，威廉一世却偏偏选择了在法国凡尔赛宫镜厅举行加冕典礼，正式宣布德意志帝国成立。这算是什么风格的加冕呢？

巨额赔款，加上威廉一世在法国凡尔赛宫加冕一事，深深地刺痛了高傲的法国人的心。普法战争后，法国国内掀起了复仇主义的高潮，大家都琢磨着如何报复德国人，而德国人也对此很担心。两国紧张的关系深刻地影响了此后的历史进程。

德意志大国崛起

法国的巨额赔款给了新兴的德意志帝国一针强心剂，德意志确立了金本位制。人口优势有利于德国迅速实现经济的工业化，原本就已经起步的工业革命现在更是一日千里。抢回来的阿尔萨斯和洛林是铁矿和煤矿的集中地，所以帝国的煤炭工业、钢铁工业产量可观。同时，德国拥有世界上最好的教育体系，以及首屈一指的军队。

但德国人也有自己的烦恼，那就是他们崛起得有点晚了，世界上有点价值的地方都已经被抢得差不多了。19 世纪后半叶到 20 世纪初，是欧洲列强瓜分世界的疯狂时期，到了 20 世纪，殖民国家及殖民地已占全世界 85% 的陆地面积。各国的殖民地分布是不均衡的，号称日不落帝国的英国抢占了大量的殖民地，从一个不大的岛国进行对外扩张，在北美大陆、南部非洲、亚洲、澳洲大陆、印度次大陆获得了很多殖民地；法国在北部非洲、阿拉伯半岛、东南亚也获得了大片的殖民地。昔日强国西班牙、葡萄牙虽然已经衰落，但瘦死的骆驼比马大，它们手里仍然掌握着大片的殖民地。

比较悲催的是新兴的美国、德国、日本和意大利这些国家，只占有了一些面积不大、资源贫乏的“犄角旮旯”。就拿德国来说，仅仅占领了非洲的几小块殖民地，而且被英法广阔的殖民地包围着。此外，德国还占据了中国山东的胶州湾和大洋洲的新几内亚的一部分。

这些殖民地即使有资源，也不够德国工厂塞牙缝的，更何况管理这些殖民地还要一大笔费用，对德国来说得不偿失。

抢不到太多的资源，德国人只能自力更生，他们发展了当时世界上最先进的化工工业和电气工业。比如 1856 年，英国科学家威廉·亨利·帕金发明了合成染料，但是英国的企业家对此没有太大的兴趣，因为当时的英国可以从殖民地获得一些天然染料。结果，帕金的老师霍夫曼把这项发明带到了德国，德国人如获至宝，将发明应用到生产中，形成了染料化工行业，到 1900 年，全世界 80% 的染料都是由德国的工厂生产的，英国人被远远地甩在了后面。至少从染料工业上看，有殖民地的英国败给了没有殖民地的德国。

继铁路之后，英国人又向德国人双手奉送了一份珍贵的前沿科技——合成染料。

19 世纪 70 年代，英国的煤炭年产量是 1 亿 7000 万吨，而德国仅 3700 万吨，美国仅 3300 万吨。但是在 30 年后的 1900 年，英国的煤炭产量虽然已经增加到 2 亿 4000 万吨，但德国的煤炭产量已增加到 1 亿 4000 万吨，美国则增加到 2 亿 4500 万吨，最终超过了英国。在蒸汽机利用方面，19 世纪 70 年代以后，英国已经不占有绝对优势。钢铁产量方面，英国在 1850 年占世界钢铁总产量的 60% 以上，但是到了 19 世纪末降到了 20%，被美国和德国赶超。

几十年中，英国在工业总产值上被德国赶上并超过。1870 年普法战争爆发时，英国的工业产量占世界工业总产量的 31.8%，而德国只占 13.2%。到 1914 年时，美国的产量从占世界总产量的 23.3%，猛增到 35.8%，成为新的世界经济霸主，英国工业产量所占的比例已快速下降到了14%。不过这段时间，德国的产量得到了快速增长，以致它占世界总产量的比例还略有上升，达到了14.3%，已经大于昔日霸主英国所占的比例。

德国工业产量能够迅速赶超英国，和德国工业奉行卡特尔垄断组织有关。在当时的世界经济中，英国、美国等国家基本上奉行自由竞争的市场经济，限制垄断企业，但是在德国，垄断组织不仅合法，而且势力十分强大。卡特尔就是名义上相互独立、生产类似产品的公司之间的联合，大家一起垄断市场，规定产品的价格、产量，反对其他公司的竞争。这种组织类似于今天世界上的石油输出国组织，这些国家通过限制产量来达到抬高油价的目的，以获得更大的利润，避免同行业的竞争。

德国卡特尔组织的数量在1875年只有4家，到了1890年就增加到100家，到了1914年的时候，已经接近1000家，达到了“三百六十行，行行卡特尔”的程度。按说有了卡特尔，这些组织就会限制产量，德国的工业产量应该不会快速增长。但这些卡特尔的产品不仅在国内卖，还大量出口国外，在国际市场上与别国商品一较高下。

和拿破仑三世时期法国奉行自由贸易不同，德国奉行保护性关税，限制其他国家产品在本国销售。这样一来，卡特尔就可以在国内市场上呼风唤雨，抬高价格，维持高利润。然后，卡特尔利用国内市场的利润作为补贴，在国际市场上低价倾销自己的产品，扩大市场占有率，与其他列强竞争。在国际市场上，卡特尔甚至可以采取比平均生产成本更低的价格销售产品，只要保证国内市场的高价足以弥补国际市场的亏损。例如，德国当时国有铁路当局对运往边境的外销货物收取较低的装运费，而对境内货物装运收取高价，这一例子便是卡特尔盈利模式的一个典型。

这种低价倾销的模式在现代社会司空见惯，但在19世纪末20世纪初还是很反常规的，具有很大的杀伤力，国际市场上德国产品的出口量迅速增长，名义上的世界老大英国终于坐不住了。

德国产品在地球上的各个市场上同英国展开了激烈的竞争。英国虽然能在自己的殖民地通过各种限制手段，保持本国产品的优势，但在拉丁美洲、中东和远东等非英国殖民地的市场上，却彻底输给了来势汹汹的德国商人。

想要扩张的列强太多，地球表面似乎有点不够分了。

第十八章｜争抢殖民地？那就是个“坑”

“天无二日，人不二主”，在古代中国，皇帝是至尊且唯一的存在。其实从中世纪到近代，欧洲的君主也基本一样。

962年，罗马教皇为德意志国王奥托一世加冕，称其为“罗马人的皇帝”，这样德意志王国就演变为神圣罗马帝国。在古代欧洲，得到教皇加冕，几乎是取得皇帝头衔的必由之路。到了15世纪，奥地利哈布斯堡家族垄断了神圣罗马皇帝的职位，延续到19世纪初期，拿破仑击败奥地利及其盟军，得到教皇加冕而称帝。此外，俄罗斯的君主由于有源自东罗马帝国末代公主的血统，也自称沙皇，但毕竟底气不足，只是自娱自乐罢了。

当英国逐渐成为世界霸主后，英国人也想把自己的国王变成皇帝、王国变成帝国，以符合自己已然独霸天下的江湖地位。

“教皇，您考虑一下我大英君主称帝如何？”

“绝不！”

罗马教皇坚决拒绝英国的称帝请求，原因是在16世纪中期，英王亨利八世因为自己的离婚问题与罗马教廷闹翻，并在宗教问题上与后者决裂，拉出英国的教会自成一派，不受罗马教廷遥控。闹到这般境地，罗马教皇自然不会给英国国王戴上皇冠。

最终，英国还是拐弯抹角地找到了“理论依据”，摇身一变，成了大英帝国，英国女王也可以自称皇帝了。这顶帝国和皇帝的帽子是从哪里“采购”来的？

说来好笑，大英帝国的皇冠居然是来自英国苦心经营的最大殖民地——印度。

一家公司成了印度的主人

在介绍荷兰的章节中我们谈到，当时羽翼未丰的英国在东南亚遭到了荷兰人“安汶岛惨案”的打击后，转而向南亚的印度大陆寻找贸易机会。从趋势上看，从沿海到内陆，英国在印度大陆是一步步地攻陷或降伏了当时印度莫卧儿王朝以及一些地区割据势力，似乎英国对印度的殖民是有一个长久的计划的。

其实不然，大航海时代前期的英国与荷兰在亚洲的思路是类似的，都是想依靠垄断东方某些贸易，来赚取利益，根本就没有把印度全盘变成自己殖民地的想法。英国人其实也是走一步、看一步、做一步的。我们来看看英国东印度公司的兴衰，就会理解到这一点。

英国人最早贩卖、经营印度的商品到欧洲，其实是通过自己的“黎凡特公司”来运作的。所谓黎凡特，是指地中海东岸、亚洲沿海那一带。英国国王准许这家公司垄断从黎凡特地区进口货物的贸易，而那些货物很多都来自遥远的东方。从货物运输线路上看，这些东方的货物要么直接通过陆地到达黎凡特，要么通过印度洋海路进入波斯湾，再上岸通过陆地运输到黎凡特。

英国黎凡特公司的生意做得不温不火，小日子还算过得去。然而，当荷兰人开辟出经过好望角的亚洲贸易线路后，黎凡特公司那些货物立刻遭遇了强大的竞争对手。由于全部走海路，且善于在亚洲本地经营，荷兰人销往欧洲的亚洲货物美价廉且数量巨大。英国黎凡特公司如果不迅速做出应对，很快就将血本无归。

既然荷兰人能绕过好望角做生意，那么航海技术高超的英国人同样也可以！有财力的英国资本家行动起来，向政府疏通关系，申请成立新的公司，直接开展东方贸易。1600 年 12 月 31 日，英国女王伊丽莎白一世颁发了特许状，就此诞生了一家对日后英国和亚洲乃至世界历史进程都产生巨大影响的公司——英国东印度公司。

有趣的是，当时英国还使用比较旧的儒略历，上面的日期是儒略历的时间。如果按照现在通用的格里高利历（公历纪年法）进行换算的话，那一天应该是 1601 年 1 月 10 日。

与荷兰人刚开始开展远洋贸易一样，英国东印度公司一开始也采用一次航海结算一次的商业模式。在东印度公司为第一次前往印度的远洋贸易提供资金的 215 名股东中的 1/3，以及 25 名公司董事中的一半，都是黎凡特公司的相关人士。第一次募集资金达到了 68000 多英镑，而当时，一个熟练的石匠、木匠每年的总收入大概是 10 英镑，因此，第一次的航海资金也算数额巨大了。

1601 年 3 月，英国东印度公司的四艘船扬帆起航。整个船队有 500 多名海员，装配了 110 门大炮，“挥舞着刀剑赚钱”的风格显露无遗。船队的目标是东南亚盛产香料的区域，特别是与老牌航海强国葡萄牙不和的东南亚国家。船队首先抵达了苏门答腊岛上的亚齐港，受到了当地土著君主的欢迎。有更多的人来做生意，对东南亚的那些君主来说，肯定是好事情。船队在东南亚的采购非常顺利。在经过马六甲海峡时，英国东印度公司船队与葡萄牙船只不期而遇，前者毫不客气地袭击了后者，并掠夺了葡萄牙船只上的香料。几个月后，四艘船平安返回祖国。英国东印度公司的第一次亚洲贸易获利巨大。

从此以后，亚洲的海洋上飘扬着越来越多的英国的旗帜，直到小小的英吉利成为大英帝国。而“日不落帝国”纵横四海的第一桶金，可以从英国东印度公司的第一次亚洲贸易算起。

有一个经济现象需要我们注意，那就是英国东印度公司在建立初期，并不是要征服亚洲、建立广阔的殖民地，而是专注于垄断本国的亚洲远洋贸易。垄断贸易才是东印度公司“经济学”的核心。

伊丽莎白一世颁发给该公司特许状，颁发的对象是“和东印度进行贸易的伦敦商人的代表和团体”，也就是说，这个公司并不是英国国王或政府的国有企业，而是民间商人的公司。而这个公司在成立初期，不论是英国国王还是公司股东，都没想要通过坚船利炮去获得东方的领土。通过垄断贸易来发财致富，才是公司股东的追求，他们从女王那里获得了长达15年的开展东印度贸易的垄断权，禁止其他英国人成立公司与自己竞争。

所以，当英国东印度公司与印度的莫卧儿王朝皇帝打交道的时候，他们的思路还是类似的，他们从莫卧儿皇帝那里获得了在大陆海岸线建立据点的许可证，然后，公司在据点设立仓库，用于购买和储存货物。当公司的商船从欧洲赶来后，就把这些亚洲货物装上船，运回欧洲卖掉。从货物的种类上看，在17世纪，英国东印度公司主要收购印度等地产的胡椒和棉花、东南亚的高级香料，以及中国产的丝绸、瓷器；到了18世纪，茶叶和咖啡成为重要的收购商品，因为当时的欧洲流行喝这些饮品。

手握英国的特许状和印度的许可证，英国东印度公司正在开开心心地做贸易发大财，没想到1707年，在位长达约半个世纪的莫卧儿帝国皇帝奥朗则布去世了，印度次大陆上立刻群雄并起，乱成一锅粥。在乱世之中，英国东印度公司也被卷入本地割据势力的争斗之中，增强据点的军事力量，并顺势与地方豪强合纵连横，扩大自己的贸易范围。

1756年，东印度公司在印度大陆上遭遇了一次严重的危机。在印度大陆上最大的粮仓以及优质棉布的产地孟加拉，当地统治者西拉杰·乌德·达乌拉对自己领地中那些做生意的欧洲公司很不满，突然要求荷兰、法国的东印度公司上缴巨额税款，并枪打出头鸟，挥兵攻克了英国东印度公司设立在加尔各答的要塞。

危急时刻，公司派出罗伯特·克莱武率领军队赶赴孟加拉。这位克莱武能征善战，曾经多次以弱胜强，击败法国东印度公司的武装，是英国在印度大陆上的中流砥柱。1757 年 6 月，普拉西平原上，克莱武率领 3000 名士兵，对阵达乌拉率领的 5 万大军。数量上的悬殊并不代表军事力量的悬殊，克莱武事先与敌军骑兵团的首领勾结，先斩断了达乌拉的“一只臂膀”，然后利用自身军队训练有素和装备优势特点，大败对方的乌合之众。

普拉西战役被视为英国征服印度大陆的第一场重要战役，这是军事和政治的转变。其实，从经济角度看，这场战役代表了英国东印度公司的巨大转变。当时克莱武的一个朋友评价东印度公司时说：“不能把他们看成单纯的贸易商人，他们已经成为印度的主人。”东印度公司已经不是一个单纯地靠垄断贸易来赚钱的商业公司，而是变成了印度大陆上的一个政权，要统治几千万人口。这样的变化，其实意味着东印度公司的经营模式也要发生变化，要像一个政府那样运作，管理好领土上的人民，通过税收来获得政府经费。

但是，东印度公司自己并没有意识到这一点，他们的头脑中仍然是原来做生意的思路——垄断贸易。从天而降的大量人民和大片土地，让东印度公司从股东到基层办事员都迷失了方向。

女王皇冠上最璀璨的明珠

略懂经济学原理的人都清楚，垄断往往意味着腐败丛生。

就拿克莱武来说，普拉西战役之后三年间，他一直驻守孟加拉，垄断着当地的硫黄和鸦片等生意。当他作为英雄回到英国时，带着至少 30 多万英镑的巨款回到了祖国。而当时英国孟加拉总督的年薪也只有 2300 英镑，普通办事员的年薪仅 34 英镑，就算是英国本土大银行家，每年年收入也不到 3000 英镑，干 100 年也赶不上克莱武的巨款。

毫无疑问，那笔巨款都是克莱武从印度敲诈劫掠贪污来的。虽然他给英国和东印度公司带来了巨大的胜利，但从本质上，他只是公司的雇员，根据与公司的契约，为公司创造财富，并获得自己的合理收入。那么大的一笔钱，其中的绝大多数都说不清楚账目。于是克莱武在英国人心目中的形象迅速地从英雄变成了贪污犯。

克莱武如此，东印度公司的其他很多职员也好不到哪里去，在山高皇帝远的印度大陆，手握大权却不被约束的职员们更热衷于把公司的利益转化为自己腰包里的钱。

比如一个叫伊利胡·耶鲁的职员，他在 17 世纪后半期就职于英国东印度公司，一路晋升，直到出任公司重要据点马德拉斯的总督。1671 年，他作为书记员被派驻印度的时候，年薪不过 10 英镑。1687 年 7 月，他被任命为总督，并在这个高管职位上干了五年。利用职位上的便利，耶鲁把公司的生意和自己的生意一起做，通过走私贸易积累起了高达 20 万英镑的财产。不可否认，耶鲁干私活的行为必然伤害了东印度公司的利益。从东印度公司退休后，他在英国本土购置豪宅，还收集艺术品。他还给自己出生的美国纽黑文市的教会捐资，建立了一所学院。教会为了感谢他的捐助，把那所学院命名为耶鲁学院，也就是未来培养出多位美国总统的耶鲁大学的前身。

贪污只是东印度公司内部的一个毒瘤，公司更大的问题仍然是经营模式没有跟上印度大陆的新局面。公司股东热衷于分红获利，并推高公司股价。如果东印度公司只是个商业贸易公司，这么做也无可厚非，但是当这家公司实际上已经成为印度大陆上的一个政权时，就不该如此急功近利了。结果，股东的分红比例过高，公司的盈利却无法留在当地用于长远经营，导致公司业务逐渐恶化，陷入了困境。

18 世纪后期，东印度公司经营的亚洲茶叶等货物被北美殖民地民众抵制，却仍然要负担支付给英国政府的进口税。虽然手握印度大陆的广袤土地和大量人口，东印度公司却没有把这些优势转化为税收，反而因为横征暴敛而与当地民众的矛盾日益激化。1769 ~ 1773 年，孟加拉发生了大饥荒，数以千万计的民众丧生，东印度公司却坐视不管。不论是在政治上还是经济上，东印度公司都已经濒临绝境。

那么，英国东印度公司在印度大陆上该如何做才是合理的呢？

经济学之父亚当・斯密给出了自己的设想。亚当・斯密在当时英国思想界的地位之崇高，相当于孔子在古代中国的地位。以至于国会议员在辩论的时候，只要说："我刚才讲的那句话出自亚当・斯密的《国富论》"，对方辩友立刻闭嘴了。就如同中国人说"子曾经曰过"，对方辩友立刻恭敬作揖一样。

亚当・斯密曾经措辞严厉地批评东印度公司说："就算商人的公司在统治他国，但他们好像并没有认为自己是掌权者……比起在普通业务中以掌权者的立场来获取永久性的巨大利益，他们却优先考虑以垄断商人的立场来得到一时的蝇头小利。"

他认为，既然东印度公司实际上已经成为印度很多地区的掌权者，那么经营的目标就应该是努力增加印度大陆自身的收入，比如在印度扩大本地产品的生产，增加当地居民的收入，给自己的产品创造出更大的内部市场，并促进内部的自由贸易（而不是垄断），提升本地产品在全世界的市场竞争力。这些事情才是一个掌权者应该做的事情，而不是涸泽而渔，靠垄断低买高卖，伤害自己领地和人民的经济利益。

英国政府终于对东印度公司忍无可忍了。1773 年，《印度规管法案》在英国议会通过，授权英国内阁管理东印度公司，并设立了印度总督来治理英国在印度大陆的控制地区。原本属于民间公司的东印度公司，受到了英国政府的严格监管，公司没有自行决策的权力。法案甚至规定，公司职员以礼品的名义接受金钱和有价物品，将全部被认为是业务上的不当所得，要受到相应的惩罚。也就是说，职员们再也不能像克莱武和耶鲁那样肆无忌惮、中饱私囊了。

东印度公司还逐渐失去了东方贸易的垄断权。1793年，英国准许部分印度贸易实行自由化；1813年，东印度公司的垄断权被彻底剥夺，它唯一保留的垄断权是对清朝的贸易。又过了20年，对中国贸易的垄断权也失去了，这一事件实际上对中国历史产生了重大的影响，在一定程度上导致了鸦片战争的爆发。至此，东印度公司彻底变成了英国政府派驻印度的管理机构，而非商业公司。

英国政府接管了印度大陆的统治权，印度变成了“英属印度”，可以按照亚当·斯密所说的掌权者的思路来治理了。英国在印度建立起铁路网络和电报网络，把印度本地经济与全球经济联系起来；鼓励民间企业种植茶叶、咖啡乃至鸦片等经济作物；运河、港口和水利设施也逐步被建立起来，促进了农业和贸易的进一步发展。不论是英国本土还是印度大陆，都从这些治理方式中获得了大量的收入。

英国还从印度获得了一个有趣的“礼物”——皇帝的头衔。在欧洲历史上，英国和法国缠斗争霸了数百年，都想压对方一头。结果，拿破仑·波拿巴成了皇帝，连他的侄子拿破仑三世都当了皇帝，英国的君主却还是个国王，这口气真的是咽不下去！

英国人灵机一动，莫卧儿帝国的君主也是皇帝啊，现在英国统治了印度大陆，也算是继承了莫卧儿帝国的衣钵，因此，英国国王有资格继承印度的皇帝称号。而且，莫卧儿帝国的君主能够称帝，也并不是自封的，而是有着严格的一脉相承，这个皇帝称号的源头要追溯到蒙古帝国的黄金家族。成吉思汗建立的蒙古帝国体系曾经横跨欧亚，几次西征威震欧陆，在欧洲人心中，蒙古帝国堪称与昔日罗马帝国比肩的强大帝国。

莫卧儿帝国的创建者巴布尔有黄金家族的血统，在征服了印度大陆的大片领土后称帝。现在，英国国王兼任“印度皇帝”，英国则号称大英帝国，终于可以与法国皇帝、法兰西帝国在称号上平起平坐了。而大英帝国的帝号追根溯源，竟然是来自东方的蒙古帝国，显得十分有趣。

就这样，“英属印度”成为大英帝国经济体中一个十分重要的组成部分，成了“女王皇冠上最璀璨的明珠”。

列强瓜分全世界

世界再也不是大航海时代早期的样子，而是从私人商船（包括劫掠船）海洋贸易的模式，过渡到国家与国家间抢占殖民地的模式。各国的东印度公司纷纷退场，各国政府支持的殖民地征服活动风起云涌。谁也没想到，在非洲刚果河附近一次不大的殖民冲突，竟然成为列强瓜分全世界的导火线。

一支由比利时国王支持的探险队进入刚果河流域，为在当地建立殖民地做准备，结果与一支法国探险队不期而遇，双方互不相让，都宣称刚果地区是自己先“发现”的，属于本国的殖民地。这时候，葡萄牙也跳了出来，宣称自己在探索非洲海岸线的时候，就已经发现了刚果，因此那里应该归属自己。英国、德国、美国等列强纷纷“站队”，闹得不可开交。最终，大家同意坐下来谈判。

1884 年 11 月，德国宰相俾斯麦主持召开了柏林会议，15 个列强出席，名义上是为了解决刚果殖民地归属问题，实际上是要讨论出一个规则，来避免列强为了抢占殖民地而爆发冲突甚至战争。这次会议承认了比利时国王对“刚果自由邦”的拥有权，把刚果地区推向了被残酷剥削和奴役的深渊。

会议还确定了一条重要的殖民地规则：一国占领的殖民地只有被别国

承认之后，才是合法有效的。

这条所谓的规则，看上去似乎是在限制列强的殖民扩张，实际上却起到了刺激列强加速扩张的目的。站在每一个列强的角度，都希望“先下手为强”，这个规则可以理解为：谁先抢到就算谁的。1884 年的柏林会议打开了殖民扩张的潘多拉盒子，非洲成为首当其冲的殖民侵略重灾区。

在西非，一群法国水兵军官组建了一个军事团体，称为“苏丹军官”，他们采取先斩后奏的方式，不经法国政府的批准，先强行占领非洲土地，然后请求法国承认他们的行动是合法的，他们还借助新闻媒体，报道他们在西非的“丰功伟绩”，给法国议会施加压力。与“苏丹军官”在西非竞争的是一位强悍的英国商人乔治·戈尔迪，他从英国政府那里获得了在南尼日利亚从事贸易的皇家特许权，这种垄断贸易权的经营模式，正是过去东印度公司所采用的方式。戈尔迪成立了“皇家尼日利亚公司”，实际上这个公司与东印度公司一样，拥有强大的军队，俨然变成了西非的一个地方政权，他垄断了当地的棕榈油贸易，并借助武力向在当地做生意的贸易对手们征税，其实就是在收保护费。

在东非，当地的桑给巴尔政权正在逐渐衰落，英国人和德国人在此展开了殖民竞争。与在西非类似，英国的一位商人建立了一家英国政府授权的特许权公司，而德国人则通过建立“保护区”来试图分一杯羹。最终，英国凭借实力在东非胜出，把桑给巴尔、肯尼亚、乌干达等地收入囊中。

中非的争端是柏林会议的起因，在会议上比利时国王成功地把刚果变成了自己的私人领地。他在刚果横征暴敛，强迫当地民众为自己收集象牙和橡胶资源。这位国王对当地民众还进行了残酷的屠杀，引起了国际社会的公愤，最后国际社会剥夺了该国王对刚果的私人拥有权，把刚果改为由比利时政府管理的殖民地。

在南非，荷兰人捷足先登，抢夺土地，建立了两个共和国——德兰士瓦共和国和奥兰治自由邦。然后英国人进入这个地区，在打败了津巴布韦的当地政权后，与荷兰人激烈地争夺南非。

至于北非，前面的篇章我们已经介绍过了，埃及和苏伊士运河最终被控制在英国手中。北非的其他地区，则是法国大肆扩张的领地，阿尔及利亚、突尼斯、摩洛哥等地区相继被纳入法国的殖民统治下。

这波瓜分非洲的狂潮十分迅猛，从数据上看，1876 年，欧洲列强仅占有非洲土地的 10.8%，1885 年柏林会议刚结束时，只增加到 25%。但是到 1900 年，列强占据的非洲土地猛增到 90.4%。到 1912 年，非洲大陆已全部被瓜分完毕，只剩下埃塞俄比亚和利比里亚两国保持着名义上的独立。

让我们将目光转向亚洲。在争夺印度的过程中，法国被英国击败，于是转战东南亚的中南半岛一带，法国军队一次征服了柬埔寨、越南、老挝等地。而在东南亚的海洋上，早就盘踞在那里的荷兰统治的爪哇岛、苏门答腊岛和加里曼丹岛，在相当于今天的印度尼西亚的区域里建立了自己的殖民统治。欧洲列强中，俄罗斯的扩张显得很另类，由于向西和向南都被其他列强阻挡住了，因此俄罗斯向东方的亚洲挺进，蚕食了中亚的大片地区，与英国在伊朗对峙，甚至还把触角深入东亚，从虚弱的清朝政府掠走了大片的领土，直到被新兴豪强日本挡住了去路。

至于太平洋和印度洋中的那些岛屿，只要面积稍大且具有航海战略价值，也纷纷被列强瓜分掉了。

充满谬误的殖民地理论

在这股列强瓜分世界的狂潮中，有一个列强似乎明显落于人后，这个列强就是欧陆新贵——德国。除了在东非与英国争抢了一番外，德国所占的殖民地都是一些边边角角，根本不值得一提。这并不是因为德国没有实力争抢殖民地，而是因为德国的宰相俾斯麦对殖民地不感兴趣。

俾斯麦是德国崛起的第一功臣，实际上，俾斯麦真正的才华体现在他举世无双的外交才能上。比如，他曾经支持法国与英国争霸，争夺殖民地，他的目的是想转移法国的注意力，不要整天想着报复德国人。俾斯麦虽然名号为“铁血宰相”，但在完成德意志统一大业后，一直主张韬光养晦，“高筑墙、广积粮、缓称王”，积累家底，不战而屈人之兵。

与在全球疯狂争抢殖民地的英国、法国、俄罗斯等列强不同，俾斯麦对海外殖民扩张并不感兴趣。有人曾经回忆俾斯麦的谈话，说：“宰相拒绝以任何方式讨论殖民扩张。”俾斯麦不想带领德国去抢夺殖民地，一方面是考虑到，当时德国没有保护殖民地的强力手段，说白了就是海军不太行；另一方面是因为，俾斯麦关注的是德国在欧洲的安全，对海外领土不感兴趣。德国地处欧洲中部，被几大强国包围的地缘政治环境，决定了其必须先要立足欧陆，而不是花心思去海外。

俾斯麦的低调发展策略，缔造了德国一段时期经济发展的黄金时代。德国的国民生产总值在 1873 ~ 1913 年增长了 2 倍，在新兴的化学和电气产品领域，德国货风靡全球；全国铁路网日益完善；在欧洲，德国人口仅次于俄国，位居第二。拥有发达的交通、强大的工业和众多的人口，德国很自然地征召和装备了欧陆最强悍的军队。

1890 年，功成名就的俾斯麦退隐江湖，于 1898 年病逝，德国失去了一位有头脑的政治家、精明的掌舵人。此后，年轻气盛的皇帝威廉二世亲自掌舵德国这艘崭新的战舰，完全推翻了俾斯麦对于殖民地的政策，要求重新划分世界殖民地，渐渐走向癫狂的争霸之路。

威廉二世并不是一意孤行，而是有许多拥趸支持他，甚至有很多专家也拿出理论来支持他。

比如说，虽然在国际市场上所向披靡，但是德国商人还是发现，地球表面的陆地好像不够大，他们工厂强大的生产能力超出了国际市场对其产品的需求，生产过剩的麻烦缠上了德国人。德国人把自己遇到的困难归咎于英国，因为英国占有世界上最辽阔的殖民地，并想方设法阻挠德国货进入这些地方。假如英国殖民地能够向德国货敞开大门，德国人就不会生产过剩了。

德国的专家们此时也跳了出来，把这种论调上升到了理论的高度。1897 年，德国地理学家弗里德里希·拉采尔把自己对地理的研究扩展到德国工业生产过剩的问题上，并结合当时流行的社会达尔文主义，提出了“国家有机体”的学说，后来又提出“生存空间”的概念。

他用生物来类比国家——就像生物需要生存空间一样，国家也需要生存空间。由于世界在向前发展，大国将逐渐拓展自己的空间，小国将变得无足轻重。世界历史总的趋势是，国家生存对空间的要求越来越大。

这个趋势可以从历史上重要商业国家的演变过程得到证明：威尼斯公国、荷兰共和国、大英帝国都曾经是十分强盛的国家，但从生存空间看，威尼斯只是一个城市，荷兰是一个三角洲国家，英国是一个岛国，而当时越来越强盛的美国则是一块大陆。各强国必须遵从这个趋势，努力用殖民、合并及征服的手段来拓展生存空间，否则就得败亡。

这种理论并非德国专家独有，当时英国的一位专家也提出，国家要生存，必须抢占殖民地，控制原料产地，并将这些地方变成产品的输出市场。

理论有可能是歪理，专家也可能是“砖家”。其实当时流行的那些关于殖民地的理论，从经济角度分析一下，都是站不住脚的。比如——

殖民地专家说，有了殖民地，才会有原材料的来源。

错！获得原材料不一定非要政治上控制、军事上占领那些地区，通过购买就可以实现。当然，一些人会反驳说，购买太花钱了，占领殖民地可以直接掠夺。但是，军事占领同样有成本，而且要掠夺殖民地，就得长期控制该地区，维持足够的驻军和行政人员，让殖民地经济运转下去，也需要投入资金和物资。此外，还要时刻提防着被其他国家抢了去。实际上，从成本和收益角度看，绝大多数殖民地都是亏本的买卖。

而且，近代欧洲工业最大的原材料来源地是美国（棉花、烟草、矿产）、南美洲（蔗糖、咖啡、木材）和大洋洲的英国自治领土，这些地方在 19 世纪末的时候，都已经先后独立或自治了。那些真正的殖民地出产的原材料反而不多。

专家又说，有了殖民地，才有销售产品的市场。

错！卖东西不必非要有自己的殖民地，许多殖民地在建立的时候，也不是为了卖东西，殖民地能消费的欧洲产品其实很有限。比如 1914 年之前，法国的出口商品中，只有 10% 是运往法国殖民地的，因为法国的许多殖民地要么人口太少，要么人口虽多，但都是生活困难、需要救助的人群，根本没有消费能力。

比较特殊的殖民地是英属印度，那里人很多，而且也的确有一部分人对欧洲商品有消费能力，比如英国殖民者和印度上层社会人士。印度确实购买了一定数量的欧洲产品，但不仅仅是从宗主国英国进口的。当时，印度消费者购买的德国货竟然比英国货还多，这是让英国人非常气恼的一件事。法国卖给印度的商品也比卖给自己殖民地阿尔及利亚的商品更多。这些事例都说明，就算殖民地是你家的，也不一定就消费你家的产品。

专家还说，有了殖民地，资本家们积累的剩余资金才有投资的地方，才有赚取新利润的机会。

又错！英国是当时最大的对外投资国，但是它大部分对外投资都撒向了独立国家和自治领土。1914 年前，法国对外投资中，只有不到 10% 投入法国殖民地的项目中，它的主要投资都是针对其他欧洲国家的。比如法国对外投资的 1/4 以上都投入了当时欧洲列强之一的俄罗斯。像俄罗斯、意大利、西班牙、葡萄牙甚至美国这样的国家，从投资的角度看，属于“净债务人”，他们接收的投资额比对外投资额要多。而德国在自己殖民地上的投资额基本上可以忽略不计。

但是德国完全被当时殖民地理论的谬误给蒙蔽了，从上到下叫嚣要获得“太阳下的位置”，也就是要求获得更多的殖民地。其实从经济学的角度来看，殖民地未必真的能给德国带来更多的利益。

“一战”爆发与钱无关

殖民地少的列强要求重新划分世界，殖民地多的列强则拼命保住自己的殖民地，这更多是民族主义心理在作怪。

英国觉得自己是世界霸主，不容他国挑衅；法国觉得受了德国侮辱，一门心思想要报复；德国觉得抢的地盘太少，和自己现在的身份不相称；奥匈帝国觉得自己才是欧洲名门正派，没有殖民地说不过去……那年头，不抢几块殖民地，你都不好意思说你在欧洲大陆上算个强国。

有这样一个欧洲国家，曾经不远万里绕过半个地球，跑到中国的山东半岛，抢了一小块叫作胶州湾的地方，花费巨资，在当地修建了大量独栋别墅。后来，这块地方被日本人抢去了；再后来，这块地方又回到了中国人民的手中，那些独栋别墅成为当地著名的旅游景点，每年吸引大批游客来参观，甚至还有来自这个欧洲国家的游客。

这个国家，就是德国。那年头，所有的列强都头脑发热，在殖民地问题上算错了经济账。

“一战”前的德国处处与英国和法国叫板，争抢殖民地。其实如果德国能够静下心来，看看同时期大英帝国对于殖民地的政策，也许就不会钻牛角尖，弄得个国破家亡的下场了。

鼎盛时期的大英帝国，如果把殖民地的土地也算在内的话，已经超过了古往今来任何一个帝国的疆域。但就在趾高气扬的英国人为帝国的辉煌弹冠相庆的时候，殖民地这种经济模式却仿佛在一瞬间从巅峰跌入了谷底。

首先是北美殖民地独立，本书前面有专门介绍，此处不再赘述。大英帝国刚刚打遍天下无敌手就后院起火，损失了最重要的一块殖民地，一时之间，被英国打败的欧洲列强都在看英国的笑话，当时许多人都煞有其事地预言，英国马上也会步西班牙、荷兰的后尘，就此衰落。没有了殖民地，英国人还怎么玩？

英国人玩得好着呢！北美的战事平息后不久，英国与美国的跨洋贸易就重新开展起来，仅仅几年的工夫，英国对美国的贸易量就超过了以往的最高水平，而且英国还甩掉了对殖民地行政管理、军事开支的费用。不听话的“殖民地”竟然比听话的殖民地还赚钱！当年支持对北美殖民地征税的英国议员们猛地惊醒了，原来对于国家的经济来说，殖民地并不是必需的，自由贸易才是最核心的。而这个观点，正是经济学家亚当·斯密一直强调的。

鸦片战争时在任的英国首相巴麦尊也是个不喜欢掠夺殖民地的人，他曾经拒绝在非洲的阿比西尼亚建立英国的殖民地，并公开地表示，英国人需要的是贸易，土地对于贸易并不是必需的。当法国的拿破仑三世和英国商量共同瓜分埃及的时候，这位首相也明确表示：“我们并不想要埃及，就像一个脑子正常的人，并不希望拥有沿途的客栈一样。他所要的只不过是这些客栈对他开放，当他来到时，客栈会向他提供羊排晚餐和驿马，如此而已。”

思想界和政界都持这样的态度，英国也从最初的狂热中逐渐冷静下来，从上到下对占领更多殖民地没了兴趣。中国的史书上总是把第一次鸦片战争作为本国近代屈辱史的开端，割地和赔款最让清朝人愤慨。但看到亚当·斯密和巴麦尊的言论，我们就不难理解英国对清朝发动战争的本意，是试图实现他们所希望的自由贸易。从侵占殖民地的角度看，英国对中国辽阔的土地还真没有太大的兴趣，仅仅根据条约割走了面积不大的香港地区，作为贸易的中转站而已。

但在弱肉强食的 19 世纪，许多国家并不像英国人那么“脑子正常”，不仅头脑发热的德国念念不忘地抢夺殖民地，俄罗斯、日本在面对当时的清朝政府等弱国的时候，都把掠夺土地作为第一目标。但结果呢？俄罗斯、日本这两个国家只是外表强悍，军事上的节节胜利无法掩饰本国经济的孱弱不堪，最终在军事上也折戟沉沙。反观丢掉北美殖民地，对全世界其他地方的殖民地也不再“感冒”的大英帝国，却能把日不落帝国的荣耀一直延续到 20 世纪初。

早在 1879 年，俾斯麦就促成了德国和奥匈帝国之间的同盟，这是个防御性的盟约，俾斯麦的目的是应对法国潜在的报复，所以拉奥匈帝国入伙壮胆。1882 年，意大利也加入该同盟，目的还是防御，保护意大利抵御法国的潜在威胁。

三国同盟两侧的法国和俄罗斯也感受到了威胁，两国在 1894 年缔结了同盟，到了 1907 年，两国成功地拉英国入伙，组成了三国协约。三国协约的目的本来也不是要进攻别国，而是对彼此的殖民地达成协议，英国和法国各自承认对方在非洲的殖民地，英国和俄国各自承认对方在波斯的势力范围。

可是如此一来，所有的欧洲强国都“站队”了，分成了两大敌对的阵营。每当欧洲发生重大争端时，两个阵营中的成员即使不情愿，也不得不支持和争端有关的盟友，否则阵营就将解体，本国将被孤立。于是欧洲上空的阴云越来越重，预示着一场史无前例的大风暴将要到来。

1914 年 6 月 28 日，一道闪电划破了欧洲上空，奥匈帝国皇储在塞尔维亚被暗杀，一个月后，奥匈帝国对塞尔维亚宣战。根据同盟关系，塞尔维亚背后是俄罗斯在支持，俄罗斯背后还有英国和法国做后盾，而站在奥匈帝国身后的是德国和意大利（后来反水倒戈）。8 月 1 日，德国下令进行军事总动员，对俄宣战；很快，法国也宣布开启军事动员，德国被迫向法国进攻。8 月 2 日，德国要求其军队能够自由通行比利时；8 月 3 日，德国对法国宣战。欧洲各国的火药库相继点燃，文明之灯依次熄灭，第一次世界大战爆发了。

就为了几块没什么赚头的殖民地“骨头”，欧洲最凶恶的几条“大狗”咬了起来，这一咬就是四年。大战过后，各国经济一片狼藉，它们在世界各地的殖民地的独立浪潮也风起云涌。

第十九章｜凯恩斯的“学生”

“我们唯一该恐惧的，是恐惧本身。”

1932 年，踌躇满志的美国新当选的总统富兰克林·罗斯福坐在广大选民的面前，发表他的第一任就职演说。因为患脊髓灰质炎导致下身瘫痪，罗斯福没办法站立着庆祝自己的第一次当选。

口号不过是口号，它能让大家一个小时内像打了鸡血似的不知道饿，但不可能真的当饭吃，让大家一个星期都不饿。既然当时罗斯福面临的是美国历史上最严重的经济大萧条局面，他就不能“坐着说话不腰疼”，总得就经济问题来点儿实在的东西。

“我向你们，也向我自己起誓，要为美国民众实施新政。”

新政神话

1929 年爆发的全球经济危机被认为是有史以来最严重的经济危机。经济危机的爆发是突然的，但是经济危机的孕育却是长期的。

20 世纪 20 年代，美国政府对私营企业大力支持，尤其是在发行股票方面大开绿灯，缺乏监督，于是股票市场上涌来了巨额的流通股票。当时的总统约翰·卡尔文·柯立芝仰慕富人，认为经济的繁荣取决于资本家们按自己的意愿组建和管理公司，当然也包括按照自己的意愿进行金融活动，比如发行股票。

华尔街涌动着巨额的股票，柯立芝总统内心确实有一丝不安，但是并没有采取任何措施。而他的财政部长安德鲁·梅隆本身就是当时美国第三大富豪，更是鼓励股票的发行和投资，认为政府对经济的最佳做法就是放任自流。而且，这位财政部长力主减税，1924 年和 1926 年，他两次提议减少税收，两次都获得议会通过。结果，高收入所得税和财产税减少了一半。那些富有的美国人突然有了更多的钱用于消费，大部分人把这笔横财投入强劲上升的股票市场中。

20 世纪 20 年代，美国股票市场一路攀升，股票好像成为稳赚不赔的生意。这股热浪如此强劲，几百万平民也加入富人的战团，在股市追逐财富。1923 ~ 1929 年，纽约股票交易所的交易量翻了 4 倍。一些企业也开始把资金投入股票市场而不是用于研发产品、扩大生产，因为他们从股票流通中获得的回报比投入生产要大得多。

这个世界上没有永远生长的大树，也没有永远上涨的股市。1929 年 10 月 24 日注定是载入史册的一天，纽约股票市场价格在一天之内下跌了 12.8%，经济危机真的来了。包括洛克菲勒和摩根在内的美国富豪为了力挽狂澜，大量出资收购股票，然而收效甚微。之后的几个月内，银行纷纷倒闭，个人破产成为家常便饭，人们的消费能力大幅度降低了，这又使更多的企业濒临破产。恶性循环持续了几年时间。股票市场直到 1932 年 7 月 8 日才触底，道琼斯指数以 41.22 点收市，比 1929 年 9 月 3 日的 381.17 点高点下降了 89%。

危机中的美国联邦政府似乎犯了严重的错误。一直到 1931 年，胡佛总统仍然反对由联邦政府直接出资帮助贫民，认为这会破坏传统的美国个人主义价值观，使公众过于依赖政府，丧失“自我造血”的能力。胡佛把资金提供给各州和地方政府，让他们自己加强公共事业的建设，希望在帮助私人企业恢复运作的同时，创造一些暂时的就业机会，从而达到救助民众的目的。

胡佛坚持认为，联邦政府的权力只限于救助那些大的金融机构，至于企业和个人，那是各州政府的事情，联邦政府如果插手，一方面，有越权干涉州政的嫌疑；另一方面，在大萧条下，联邦政府也拿不出来钱搞大规模的救济活动。

对大部分美国人来说，胡佛总统似乎永远只对拯救商业企业感兴趣，而并不关心如何帮助个人和家庭渡过眼前的难关。从经济规律上讲，胡佛的思路也有几分道理，企业发展起来了，就业也就来了，民众的收入增加了，经济危机也就解决了。可问题在于，这个过程要持续多久？希望还在远处，但民众现在就要麦片粥，明天的希望能换成今天的晚餐吗？

1932 年的美国大选，任何候选人站出来，都能够打败胡佛，民主党人选择了富兰克林·罗斯福来挑战胡佛。选举日，民主党大获全胜。罗斯福赢得 2300 万票，占投票总数的 57.4%，胡佛获得 1600 万票，占 39.6%。

新官上任三把火，罗斯福可不像胡佛那样缩手缩脚，他就职后第 5 天，国会就通过了提案，授予他权力，可以直接印刷美元纸币，送往各个银行，由美联储回购黄金，维持美元币值稳定。有了这个权力，罗斯福新政的第一招出手了——疯狂印钞票。

当天晚上，联邦政府的印钞机就开动了，连夜印刷了 20 亿美元，并在第二天用飞机运往全国各地的银行。然后，联邦政府连哄带骗，要求美国民众把手中的黄金拿出来，再用这些黄金作为准备金，发行了更多的纸币。

手里有了钱，哪怕仅仅是纸币，罗斯福也可以大展宏图了。

1933 年 3 月 31 日，他开始实施一项重大的举措，议会通过了《民间护林保土队救济法》，成立民间护林保土队。这项备受欢迎的法案批准开展造林、灌溉和洪水控制工程，立即为年轻人创造了 25 万个工作机会。工人们住在军队式的营地里，政府把他们收入的一部分寄到家里，帮助这些家庭渡过困境。

4月，罗斯福决定解除黄金标准。由于没有政府的黄金储备做支撑，美元在国际市场大幅贬值。这使得美国在对外贸易中处于不利地位。然而，货币贬值却刺激了国内生产的复苏。

5月12日，议会通过了《联邦紧急救济法案》，总统则签署了已经通过的《农业调整法》，前一项法案提议建立联邦紧急救济署，向私人提供5亿美元的直接救济。根据这个法案，联邦政府要刺激工业的复苏，帮助大萧条中陷入困境的个人，设置最低生活标准，努力避免危机的再次发生。后来，议会批准了更多的资金，钞票撒向即将破产的银行、铁路和其他各大机构，给它们提供贷款，甚至直接向工业投资，刺激工业生产。然后，钞票又撒向了农民，经营陷入困境的农民可以获得贷款，即使是破产的农民也可以先贷款，他们赎回农场后先继续经营，再考虑偿还贷款。

罗斯福新政取得了立竿见影的效果。1934年，也就是新政开始的第二年，不考虑通货膨胀等因素，美国GDP为660亿美元，是连续四年下滑后的首次增长。美国GDP较上一年增长了17%，个人可支配收入增长了15%。

罗斯福也没辙了

罗斯福新政树立了政府直接干预和插手经济，甚至直接投资于各行各业的范例。在政府自我宣传和某些数据的支持下，新政的神话诞生了，从那以后，许多人把“市场失灵”挂在嘴边，宣称单靠市场这只“看不见的手”无法有效解决经济危机，必须要依靠政府这只“看得见的手”。

新政到底管不管用，罗斯福用数据说话，我们也用数据说话。

先让我们来看看失业问题。罗斯福上台之初，就大肆进行政府投资和启动各种大项目，希望以此来吸纳失业人员。1933 年，他在任的第一年，美国失业率是 25%；两年之后，失业率依然在 20% 以上。此后虽然一度下降到 15%，但到了 1938 年失业率又上升到 19%。尽管新政年年有新举措，但直到 1939 年，美国仍然有 950 万人没有工作，失业率在 17% 以上。而在 20 世纪 20 年代，美国的失业率基本上在 3% 左右。

新政并没有真正地解决失业问题。6 年的新政，失业率仅仅从 25% 下降到 17%。但这个“成绩”的取得，付出了多大的代价呢？1933 ~ 1940 年，美国联邦政府的财政支出近 600 亿，其中有 250 多亿是财政赤字，也就是用印钞票解决的。

就算是联邦政府手中的“真金白银”，很大程度上也是靠高税收积累起来的。1929 年，美国的最高个人所得税税率是 24%，到 1935 年则提高到令人瞠目结舌的 79%！也就是说，如果你是一个高收入人士，你每赚 1 万美元，政府就要从中拿走近 8000 美元，只给你留下 2000 美元。

更严重的问题是，高收入、高资产的群体正是社会上个人办企业、搞投资的中坚力量，当他们的收入都被政府抽税抽走了的时候，他们就没有钱去办企业吸收失业者，搞投资发展经济了。虽然罗斯福政府提供了大量的政府就业，号称创造了 500 万个就业岗位，可是高税收打击了个人投资的积极性，减少了个人企业的雇员和潜在雇员，此消彼长之下，美国失业率依然居高不下。

为了让大家都有口饭吃，新政制定了最低工资标准，明确要求企业雇员的工资不能低于该标准。这个标准让工人们很开心，似乎是好事情。可是在税收沉重、经济低迷的现状下，许多企业主根本无力按照最低工资标准支付薪水，于是他们通过减少工作岗位甚至关门歇业来避免损失。罗斯福政府的“好政策”带来了坏结果，最低工资看上去很“美”，可是对于大量下岗者来说，只是井中月、水中花。整个社会不仅失业率没有下降，经济还越来越萧条了。

话说回来，怎么解释1934年新政制造的漂亮数据呢?

在大萧条时期，英国经济学家凯恩斯提出，为了振兴世界经济，政府必须行动起来，甚至亲自牵头和出钱，开展修公路、修水坝等大型项目。根据经济学的粗略估算，每1美元投入社会上，就会带来5美元左右的产值，在经济处于低谷的时候，政府如果能适时地用资金和项目提供更多的就业机会，经济状况将逐渐好转。

凯恩斯甚至还开玩笑说：“政府可以今天雇一批人，发钱让他们挖一些大坑；第二天，政府再雇一批人，发钱让他们把大坑填上。”这样，就业机会有了，人们手头上也有了钱，经济的连锁反应将让各行各业都获得收益。

正是凯恩斯这句流传甚广的玩笑话误导了人们，使人们以为只要发票子、上项目就能促进经济的发展。这种思路和认为股市上涨就是经济发展的想法有什么不同吗？没有。

凯恩斯本人是不会如此简单地理解经济的，他当年开出经济“药方”也是针对国家经济危局使用的非常手段。当时各国政府对经济危机十分恐惧，不敢花钱上项目，胡佛在危机发生之初的表现就是其中的代表。而凯恩斯的建议是让政府把“死钱”变成“活钱”，振兴濒临崩溃的经济。

罗斯福的新政其实是把凯恩斯对付危机的强心剂当成了灵丹妙药来吃。印钞票、上项目的确可以促进GDP的数据上升。比如某个城市去年总投资额是500亿美元，今年突然猛增到3000亿美元，到年底一算账，今年的GDP自然会比去年大幅度提高。罗斯福靠着印钞票、高税收得来的大量真钱和假钱搞政府投资，当然能在一时之间让GDP的数据变得很“性感”，感性的民众们也会一时之间对他感恩戴德。

但钞票印多了，就该恶性通货膨胀了；收税过重，就民不聊生了。更不必说政府工作人员拿老百姓的钱直接投资经济，所谓“儿花爷钱不心疼”，各种项目的收益率难敌个人投资，甚至还会赔本。此外，政府直接投资还容易滋生腐败问题。就拿罗斯福来说，他在扩大政府支出时绝对算得上是“偏心眼”，出于政治的需要，只把政府的钱投入能让自己的民主党获利的州里，而对其他的州不管不问。但同时，他还有“抠门”的一面，把美国“一战”伤残军人的补助金从每月40美元降到20美元，并对各州施加压力，以大幅度削减教师的工资，因为他觉得教师工资“太高了”。

所以新政风光了两三年后就陷入低谷，这是经济规律决定的，是不以人的意志为转移的，哪怕是身残志坚的总统也不能逆天。

1937 ~ 1938年，美国再次出现经济萧条，新政失灵了，罗斯福没辙了。

那么面对经济危机，人们该怎么办呢？古训告诉我们“救急不救穷”，危机来临，社会剧烈震荡，确实需要一些非常规手段来救助陷入困境的民众，但是这些手段不能长期使用，否则就违背了经济规律。所以，胡佛总统犯了错误，罗斯福总统也犯了错误，只是两人所犯的错误性质不一样。

从本质上讲，经济危机并不是近代或者资本主义社会才出现的现象。自古以来，工场也好，农田也罢，大量归属于私人，同样也会出现产品滞销、失业的现象。机器会出故障，经济也会出故障，经济出现危机是正常的，经济永远不发生危机是不可能的。

所以，人们应该承认经济会有波动、会出现危机的事实。近代以来，很多人试图建立一个没有经济危机的理想社会，这些努力的动机很好，但目前来看都因为违背经济发展的基本规律，造成了更大的经济问题。

近代以来的经济危机与古代的不同之处在于，银行体系是近代才大规模建立起来的，特别是股票市场也是近代才发展起来的，在经济发生波动的时候，股票市场具有放大效应，会火上浇油，让危机愈演愈烈。从所谓的1825年近代第一次经济危机以来，历次大的经济危机实际上都是由金融危机触发的。所以，政府对金融市场的投机行为进行一定程度的监督和管理，是避免危机放大的重要手段。

后世谈到罗斯福新政时，经常说那是凯恩斯主义的成功案例。成功不成功，前面我们已经有定论了，至于新政和凯恩斯的经济学到底有多大关联，则是仁者见仁、智者见智。不过，罗斯福和凯恩斯彼此并不"感冒"。1934年，由于新政而名声大噪的政治家罗斯福和经济学家凯恩斯见了一次面。结果，罗斯福评价凯恩斯"更像一位数学家而不是经济学家"；凯恩斯对罗斯福的评价则是"本以为总统在经济学方面会懂得更多一些"。凯恩斯的话外音是，总统先生的经济学水平，和路边摆摊卖茶叶蛋的大妈可能在一个档次。

说罗斯福在经济学上是凯恩斯的学生，罗斯福不干，凯恩斯更不干。

希特勒高举凯恩斯大旗

令凯恩斯意想不到的是，欧洲大陆竟然有个人对他的理论非常感兴趣，这个人就是后来震惊世界的希特勒。

早在1932年，希特勒的经济顾问就把凯恩斯的那本《就业、利息与货币通论》拿给他，两人对这部著作进行了热烈的讨论，并且认定在理论上，凯恩斯和他们是一路人，德国应该采取政府干涉经济的方式来洗刷耻辱，重振经济。

"一战"结束的时候，德国的经济已经崩溃了。1918年，因为要偿还战争借款，德国经济更加陷入绝境。1920年，赔偿委员会确定德国赔款总额为1320亿马克，即330亿美元。法国在战争中付出了巨大的代价，130万人葬身战场；300万人受伤，许多人终身残疾；超过100万的法国妇女和儿童沦为寡妇或孤儿，只能完全依赖于政府的救济。因此，以法国为首的一批战胜国打算"让德国赔偿一切"，强烈要求惩罚德国，让德国赔偿自己的巨大损失。

问题是，一片废墟的德国拿什么来赔偿呢？战后，德国的总统弗里德里希·埃伯特感叹说："《凡尔赛和约》的内容在政治上和经济上都是无法实现的。”曾经短暂当过德国总理的施特雷泽曼也说：“当一个人欠下很多债务的时候，债权人会发现，一旦债务人垮掉了，债权人的生存也会面临危险。”

经济学家凯恩斯也不同意向德国索要巨额赔偿，当然，他是从经济学角度来思考的。凯恩斯曾经是出席巴黎和会的英国代表团成员，他指出，让“一战”的战败国比如德国的经济复苏，对世界经济特别是英国经济的发展是有利的。迫使德国人以出口产品的方式支付赔款，反而会影响到英国产品的出口，削弱英国产品的市场地位。

1919年年底，凯恩斯发表了《凡尔赛和约的经济后果》一书。在书中他认为，第一次世界大战毁灭了欧洲人民在1914年之前赖以生存的脆弱的经济机制，而《凡尔赛和约》非但没有修复这些损害，反而将过去好的经济机制送进了坟墓。其他的统治方法都已经行不通了，只有依靠经济学家的智慧，加上专业技术的普及和进步，才能筑起一道防止全世界动乱、制止疯狂和避免衰退的最后防线。他还特意强调，德国是欧洲大陆经济体的引擎，“欧洲经济体是以德国为核心而建立起来的，大陆的经济繁荣主要依赖的是德国的企业精神和繁荣”。

但不论是战败国德国，还是经济学家凯恩斯，都对赔款没有决定权。1921年8月，德国不得不开始启动赔款，但在巨大的经济压力下，实在无力再赔，只能于1923年1月宣布先不赔了。这下子法国不干了，出兵10万占领了德国的鲁尔地区，一个煤炭和钢铁产量占德国80%的工业重地。

士可杀不可辱，法国的蛮横举动激起了德国人的同仇敌忾，被占领区的官员拒绝执行法国的一切命令，所有企业都加入罢工的行列，所有民众都拒绝纳税，而德国政府则开动印钞机，给占领区的居民发钞票，补贴度日，并且宣布，只要对德国的暴力侵犯没有消除，德国就不会赔一个子儿给入侵国。到9月底，德国政府已经筋疲力尽，被迫取消“消极抵抗”，并且承认斗争失败。德国民众认为国家蒙受屈辱，国内经济出现严重困难。

11 月 8 日，在慕尼黑的一个啤酒馆里，一个小个子带领一帮武装分子扣押了正在啤酒馆里聚会的当地政界要人。这个小个子还向天花板开了一枪，宣布“全国革命已经开始了”，他就是——希特勒。但德国政府轻松镇压了这场暴动，希特勒被捕入狱。

当时的希特勒只是德国政府的小麻烦，大麻烦是法国和赔款。最终，在英国和美国的调停下，法国只能悻悻地退兵了。法国这次出兵不仅什么都没捞到，还浪费了大量的军费。这一事件让列强意识到，要让德国赔点钱，首先得让德国经济复苏。于是接下来就发生了古怪的一幕，各国纷纷给德国提供贷款，1924 ~ 1929 年，德国总计从英国和美国获得了 326 亿金马克的贷款，其中 108 亿属于长期贷款。而同一时期，德国给战胜国的赔款只有 110 亿金马克。一进一出，德国境内的资金还增加了。

在大量贷款的刺激下，原本工业底蕴就很强的德国经济开始狂飙猛进，1925 年，德国的工业产值再度超过英国，至于法国，则只有德国工业产值的一半。照这个趋势进展下去，德国要付清赔款并不困难。一旦德国付清了赔款，大家井水不犯河水，过各自的小日子，天下也就太平无事了。

天有不测风云，1929 年，从美国开始的经济大萧条迅速席卷全球。大萧条对德国经济的一个冲击，就是不仅来自美国的贷款没有了，而且美国投资者还从德国抽走大量的资金去救后院的火。资金是经济的血液，血流断了，经济还怎么活？资金突然断流令德国陷入困境，1933 年，德国失业者达到了 600 万，占总劳动力的 1/4，许多中产阶级也步入了贫困的队伍中。

谁能在政治上对外废除不平等条约，对内给大家一口饭吃，不论他说的是大话、空话、假话、疯话还是实话，德国民众都愿意赌一次，把选票投给他。于是，希特勒的机会来了。这个小个子强人上台了，把他推上元首地位的不仅是他煽动性的演讲和血腥的阴谋，还有德国崩溃的经济状况。

上台后的希特勒毫不犹豫地高举起凯恩斯的大旗，当时的德国放弃了金本位制，大量印刷钞票，着手兴建像高速公路这样的大型公共工程，扩军备战，扩张军需工厂的生产能力，让德国经济在政府直接投资和军需生产的道路上暴走。

希特勒的德国愿意把凯恩斯的理论“发扬光大”，这与凯恩斯对当时德国不幸遭遇的同情有关。在20世纪20年代，欧洲战胜国要让德国赔偿一切的大环境下，凯恩斯却站出来说：“使德国在整整一个世代内处于受奴役地位，剥夺整个国家民族的幸福，是非常惹厌的。”凯恩斯还如同先知一般预言，让德国承担超出其经济能力的战争赔款，将会给下一次大战埋下种子。

这些雪中送炭的言论令处于悲愤中的德国人非常感激凯恩斯，他的著作被翻译成德文，德国大学邀请他去讲学，他的演讲在德国引起了极大的轰动。在当时的德国，学者们言必称凯恩斯。

罗斯福的新政和凯恩斯的理论貌合神离，那么希特勒是否理解对了呢？也没有，希特勒和罗斯福的经济刺激计划如出一辙，只是狂人希特勒更进一步，用规模庞大的军需生产来消化国内的失业人口，并为打大战做准备。如果单看失业率，希特勒统治的德国简直是当时世界的楷模，到1938年年底，全德国的失业人口几近为零！

而到了下一年，德国的工作岗位比劳动力还要多，但那绝对不是大众的福音。1939年9月1日，德国军队闪击波兰，第二次世界大战爆发了。

罗斯福的纵容

战争狂人希特勒固然是“二战”爆发的第一罪魁祸首，但罗斯福就没有责任吗？

前面已经谈到，早在20世纪20年代，美国投资者就把大量的贷款投入了德国，在帮助德国经济复苏的同时，这些投资者也获取了投资的收益。

在 1929 年经济危机爆发后，美资一度撤出了德国，让德国经济走向了崩溃的边缘。

但资本永远是逐利的，只要有利可图，资本还会再回来。在德国经济走向深渊的时刻，一部分美国资本又再次回流，抄底德国的实业界。美国资本集中投资在德国当年颇具优势的电力、钢铁、化工等大工业上，结果使德国工业迅速地卡特尔化，形成了行业垄断组织。相反，德国的中小企业则无力抵抗被美国资本武装起来的卡特尔的冲击，纷纷破产，大批劳动者成为失业一族，而他们成为狂人希特勒选票的重要来源。

希特勒上台后，把卡特尔这种经济组织继续“发扬光大”，用巨额的政府订单和军队订单来喂养这些垄断企业，使得这些企业既能帮政府办事，又能听政府的话。面对希特勒的反犹太人主张和扩军备战的猖狂意图，世界上的有识之士看得明白，也反对得很坚决。现在，就看美国的态度了。如果此时美国反对甚至制裁纳粹德国，就算希特勒有再大的野心，也掀不起多大的浪花。

1933 年，希特勒的经济智囊亚尔马·沙赫特访问美国，希望美国同意德国推迟支付欠美国的银行贷款。此时罗斯福刚上台，美国经济也不景气，美国政府怎么会冒天下之大不韪，答应德国的要求，舍己救人？

但令人大跌眼镜的是，美国竟一口答应了德国的请求。罗斯福主要是从美国经济的角度考虑的，许多美国资本已经投入了德国，此时与德国翻脸，这些投资也许会打水漂；另外，德国显然要大量采购军需品，美国质量上乘的军火令德国垂涎。如果能够卖些军火给德国，美国的日子也能好过一些。至于德国人怎么使用这些军火，罗斯福不太在意，只要不是用来对付美国就行。

就这样，德国不仅获得了美国的贷款，还用这些贷款采购美国的军火。从 1933 年希特勒上台到 1939 年战争爆发前的六年中，德国抛给了美国大量的战略原料和军工产品订单，让被经济搞得焦头烂额的罗斯福喘了口气。

然而这么做的后果有多严重呢？

让我们来看看纳粹德国从美国得到了些什么技术：氯丁橡胶和飞机防爆剂的技术从杜邦公司购得；坦克润滑油的技术是从美孚石油公司得到的；美孚在德国设立的一家飞机专用汽油厂给了德国空军巨大的帮助；德国新型飞机的研制获得了美国电话电报公司的支持……

在美国“金雨”的浇灌下，纳粹的恶根开始破土而出。1935 年 3 月，希特勒宣布实行普遍的义务兵役制，建立新的纳粹国防军，将编制从 10 万人扩充到至少 50 万人。德国完全实现了重新武装。

1936 年 3 月底，希特勒撕毁《凡尔赛和约》，夺回了被侵占的莱茵地区。那一刻，希特勒万分紧张，“接下来的 48 小时，是我人生中最紧张的时刻，如果法军进入莱茵地区，那我们就不得不夹着尾巴撤退了，因为我们的军事资源，完全不足以支撑我们进行任何一次抵抗”。然而令希特勒惊喜万分的是，英法两国竟然没有对德国采取任何行动，他的冒险得逞了。

为什么列强对希特勒的肆无忌惮毫无应对？还不是因为大家都泥菩萨过江，自身难保。全球经济危机让各国都麻烦重重，财政上难以承受一场战争。而且希特勒拿回的本来就是德国的领土，列强都不愿意花费巨资为夺取这块地而打仗。

纵容之下，希特勒的胆子越来越大，德军攻入了捷克斯洛伐克和奥地利。全世界的列强都在谴责德国，但谁都不愿动手惩罚德国，因为世界的老大、罗斯福的美国也只是“君子动口不动手”，一边谴责德国的穷兵黩武，一边接下德国的军火订单。

而德国的经济此时也正在走上不归路，庞大的政府投资和军事订单都要花钱，希特勒要弄到钱，只有几条路可走，要么多收税，要么压低卡特尔组织工人的工资，要么印钞票，这些招数希特勒一样不少地都采用了。从长期看，让广大民众忍受低工资，勒紧腰带发展生产，本来就违背了凯恩斯的经济主张。凯恩斯强调从需求的角度解决经济问题，适度的政府项目是为了让人们有工作，更是为了让人们有钱花，满足他们的需求，让钱流动起来，缓解大萧条带来的市场资金匮乏问题。

虽然希特勒高举凯恩斯的大旗，但只是“拉大旗作虎皮”，标榜一下自己德国特色的纳粹主义是有理论依据的，凯恩斯也不会承认希特勒是自己的好学生。

1936 年 8 月，希特勒构想出了一个“四年计划”，这个用词暗示他的速度将比苏联斯大林提出的“五年计划”更快，以此为他在 1940 年或 1941 年发动战争做准备，该计划由赫尔曼·戈林负责。他们制定的口号是“实现经济与原材料的自给自足”，尽管他们清楚，重整军备将会扭曲德国的经济，但他们还是要求民众背负这一沉重的负担。

德国的战斗机数量已经超过了英法两国的总和。德国的大规模军备计划要想盈利，只有对外作战抢劫别国财富这一条路，这其实就是本书前面谈到的拿破仑·波拿巴的盈利模式。希特勒的经济智囊沙赫特曾经警告希特勒，德国经济要想避免崩溃，就必须放慢军备计划。但希特勒要走的就是战争这条路，他根本听不进去，并用纳粹党羽赫尔曼·戈林替换了这位经济智囊的职位。

戈林唯希特勒马首是瞻，他曾经说：“我们将面临与他国的冲突，这要求我们拥有强大的力量，因此我们将永远扩充装备，增加武器。现在唯一关键的，就是胜利还是失败。如果我们胜利了，我们就能得到充分的赔偿。如果我们总是计较各种利益得失，我们就不可能取得胜利，因此我们必须考虑政治上的需求。”

“这不是和平，这是 20 年的休战期。”在“一战”的最后阶段，法国福煦元帅指挥协约国联军取得了最后的胜利。当和平来临时，元帅的随口一说，不料却一语成谶，历史走到了 1939 年 9 月 1 日，第二次世界大战正式爆发。

全球经济的乱局

把一次破坏力巨大的战争的爆发仅仅归结于罗斯福的纵容、希特勒的疯狂，我们就很容易忽略引起战争的深层次经济问题——“二战”前的世界经济格局和“一战”前的世界经济格局完全不同。

首先从国际贸易上看，“一战”前虽然也时常有关税战爆发，但总的来看各国之间的贸易在不断增长，关税税率也是较低的，我们在上一篇谈到，“一战”爆发与钱无关，列强为了殖民地打了一场非理性的赔本战争。但是“二战”爆发，就的的确确与钱有关了。

首先，在两次世界大战的间歇期，全球的自由贸易受到了关税战的严重打压。美国其实早在“一战”之前，就回到了较高的关税水平，“一战”之后，更是把关税壁垒抬上了天。当时的美国总统哈定在1921年颁布了《紧急关税法》，于1922年又颁布了《福德尼－麦坎伯关税法》，一举把美国的平均关税税率提高到38%。但是哈定总统比起后来的胡佛总统不过是小巫见大巫。1930年，胡佛不顾1000多名经济学家的联名反对，签署了《斯穆特－霍利关税法》，把进口商品的整体关税推高到空前绝后的60%左右！

关税战从来都是一把双刃剑。针对美国高筑壁垒的行为，全球几十个国家群起反击，也对美国货提高了关税。美国关税法的直接后果之一就是国际上不买美国农民的小麦了，使得美国国内的小麦生产严重过剩，价格从1929年的每蒲式耳1.05美元下降到1932年的39美分，美国农民损失惨重。

在“一战”之前的20年中，世界贸易总额翻了一倍还多，然而在此后的20年内，世界贸易再也没能恢复“一战”之前的水平。只有1929年的贸易总额还算过得去，达到了近700亿美元。然而，激烈的关税战彻底摧毁了“一战”之前世界贸易大繁荣的美好时代。

然而，美国并不是关税战的唯一罪人。在20世纪30年代的印度，英国殖民地政府为保护本地小麦种植者、棉花制造商和食糖生产厂家，向澳大利亚、日本和爪哇的廉价进口商品征收高额关税，也引发了一连串的关税战。结果，1929年之后的5年里，日本丝绸出口量从占总产量的36%下降到了13%。当时日本人口迅速增长，商品出口和移民机会却急剧萎缩，日本国内军国主义的抬头，英国的关税战也必须负不可推卸的责任。

“二战”爆发的经济原因之二，是金本位趋于解体，却没有一个新的稳定的货币体系来代替。

在“一战”前，英国是当时世界上的经济中心，虽然美国的经济总量已经超越了英国，但是在金融等方面，还是英镑说了算的时代，至少30%的国际贸易都用英镑结算，而英镑是与黄金挂钩的，实行金本位制。有了坚实的英镑币值为基础，世界经济才能顺利地运转着。就算经济总量已经不是老大，英国依然是当时世界的“带头大哥”。

可是“一战”结束后的1919年，英国经济因为战争消耗而不堪重负，连带着英镑汇率暴跌78%，英国正式宣布退出金本位制。维持世界经济的擎天柱猛然被撤掉了，法国、意大利等国立刻跟随，也宣布退出金本位制。

在此危急时刻，如果世界经济新贵的美国能够挥舞着星条旗和绿票子，登高一呼“二师弟、三师弟，随我去救师父”，全球经济的乱局还是有可能斩妖除魔，重回西天取经的正轨的。以当时美国的经济实力，用稳定的美元币值为基础，建立一个新的世界经济体系，是可以做到的。

偏偏美国当时虽然有了引领全球的实力，却没有引领全球的气魄，“一战”后美国总统哈罗德·威尔逊一直鼓吹建立一个公平、持久、和平的世界新秩序，他提出成立国际联盟，解决国际纠纷。然而，美国民众早就厌烦了把本国卷入各大洲争端的政策，觉得太劳民伤财了，不仅国会不答应威尔逊成立国际联盟的提议，美国老百姓也用选票在1920年的大选中把威尔逊总统拉下马。从此之后很多年，美国人倾向于关起门来过日子，不搭理其他各大洲的兄弟们，也不愿意担当世界带头大哥的角色，任由国际经济乱作一团，自己袖手旁观。

更糟糕的是，罗斯福新政开始时大印钞票，造成美元迅速贬值，冲击了世界金融市场，把本来就处于乱局的全球经济搅得更乱了。

金本位在解体，昔日的世界货币英镑衰落，而美元没有取而代之，各国贸易壁垒高筑，各家自扫门前雪，世界经济不仅没有增长，反而停滞不前甚至倒退。各国贫富差距悬殊，底层人挣扎在生存线，中产阶级也沦落到为衣食住行担忧的境地。在这样的经济大背景下，当时许多国家走向极端封闭和穷兵黩武的境地，并不仅仅是少数狂人煽动的结果。

既然战事已起，世界经济未来如何发展，就等打完了再说吧。

第二十章 | 在布雷顿森林里纸醉金迷

1944 年 6 月，盟军大举登陆诺曼底，与欧洲战场东线的苏联两线夹击纳粹德国，战局终于开始明朗，希特勒的末日已经近了。

正如我们上一篇结尾所说，战争真正的起因不能仅仅归结于希特勒，如果不能从世界经济体系上做深刻的变革，下一个希特勒还会横空出世，所谓的战后和平将依然只是未来大战之前的“休战期”。

残酷的大战打醒了全世界。诺曼底登陆一个月后，在美国的倡议下，来自 44 个盟国的 730 多名代表聚集在美国新罕布什尔州布雷顿森林镇，共商未来世界的经济新格局。之所以选择这个环境优美的小镇，据说是因为美国当时的财长小亨利·摩根索拥有召开会议的酒店 50% 的股份。

美元成了硬通货

从经济上讲，这场已经打了 5 年的战争没有赢家。德国、日本和意大利即将成为战败国，法国曾经沦陷，英国被轰炸成废墟，苏联焦土作战，中国的战争其实从 1937 年的“七七事变”甚至更早的“九·一八事变”就已经开始了。相对而言，世界各大国中只有美国日子过得还算不错，在 1941 年 12 月 7 日日本偷袭珍珠港之前，美国保持中立，通过供给各参战国物资和军火大发战争财，罗斯福新政后期低迷的经济一举翻了过去。

美国参战的 4 年中，美国本土变成了一个巨大的工厂。起初，人们根本不相信美国能够生产出罗斯福总统要求的每年 6 万架飞机、4.5 万辆坦克和 800 万吨总载重的轮船。1944 年，美国工厂日夜不停地赶工，生产出 9.6 万架飞机，其他各项物资的生产也达到了同等水平。各工厂迫切需要工人，于是联邦政府开始鼓励妇女从事全职的重工业生产工作，之前类似的工作只考虑雇用男人。美国民众的个人收入从 1940 年的 780 亿美元上升到 1945 年的 1710 亿美元，失业率下跌至 1.2%，成为美国历史的新低点。

实话实说，美国的经济大萧条并不是被罗斯福终结的，而是被“二战”爆发终结的。

于是到了 1944 年的时候，本来就是世界经济头名的美国地位更加巩固，成为实至名归的经济霸主。因此在布雷顿森林镇召开的这次会议，基本上是一次美国人说了算的国际会议。

代表英国出席会议的经济学家凯恩斯曾提出设立世界银行，各国货币恢复多边结算的方案，货币的标价参考“二战”前 3 年世界进出口贸易的情况设定。至于过去金本位体制下的黄金，凯恩斯认为那是“野蛮的残余”，没有必要再用黄金做货币，应该弄个新的世界货币“班科”替代它，各国所有的货币包括黄金白银都可以和这个世界货币兑换。

凯恩斯之心，路人皆知！解读一下他的心思，“二战”前英国在世界进出口贸易中状况还不错，因此根据战前的情况来给英镑定价；战争打完后，英国黄金储备基本花光，所以应该取消黄金的货币资格。

凯恩斯计划拿到美国人那里，立刻被一口否决。这场战争打下来，英国已经没有家底了，经济实力严重受损，很难恢复到战前的金融地位。

美国人针锋相对地提出了“怀特计划”，在这个以财长助理怀特命名的计划中，首先，各国货币不要那么麻烦地互相结算了，大家统一与美元结算好了（只有美国“出产”美元）；其次，世界金融体系要恢复金本位（美国的黄金储备最多）；最后，美元与黄金挂钩，35 美元等价于 1 盎司黄金（诸位可以把美元看作黄金）。

实力决定一切。凯恩斯的名气再大，谈论经济问题再巧舌如簧，英国的衰落已经是不争的事实。最终，与会各国只能接受怀特计划，毕竟最后打赢战争和未来的战后重建，都要靠财大气粗的美国。

影响此后世界经济几十年的布雷顿森林体系诞生了，在这个变相的金本位体系下，美元是国际上唯一的通行货币，各国的货币都成了美元的附庸，各自与美元结算，虽然名义上各国货币也可以用黄金兑换，但只能在一定条件下从美国兑换。

布雷顿森林体系虽然在美国以外的国家看来属于"霸王条款"，但它总算结束了"二战"前各国自扫门前雪，不顾他国死活的金融混乱状态。美国也终于承担起了"带头大哥"的责任，通过贷款、援助等方式，把美元撒向全球，增加了世界范围内的货币流通量，而且由于美元是西方国家和许多发展中国家单一的国际结算货币，促进了"二战"后世界贸易的快速增长，世界经济很快就出现了比"一战"前还要繁荣的新景象。

世界经济终于有了愿意承担责任的"带头大哥"。1950 年的时候，美国的经济产值是欧洲三强英、法、德三国总和的 2 倍。随着美国对欧洲马歇尔援助计划的启动，国际贸易也从"一战"以来的萧条中走了出来。在 1953 ~ 1963 年，世界出口商品在价值上翻了一番，在总量上也翻了一番。

最大的受益国当然是美国。布雷顿森林体系规定 35 美元兑换 1 盎司黄金，但同时规定美国可以用 1 美元价值的黄金作为准备金，发行 4 美元的纸币。只要世界各国承认美元的价值，美国就等于拥有了炼金术，在不动用黄金储备的情况下，通过发行美元来购买其他国家的资产，大发横财。"二战"后美国也一直是这么干的。

所以从互联网时代的角度来看，布雷顿森林体系中的黄金就类似于实际的钱，而美元相当于网络游戏中的虚拟货币，比如 Q 币，各国通过兑换美元Q币，来参与到国际贸易的大游戏中，购买自己所需要的“道具”和“装备”。

黄金总库暴走江湖

我们该冷静一些了，Q币只是虚拟货币，美元也只是纸钞，都不是货真价实的东西，世界经济体系还是建立在各国黄金储备的基础上的。

因此，如果说布雷顿森林体系有什么弱点的话，那就是黄金储备。“二战”结束后，美国黄金储备以美元计算，达到了200亿美元，约占全世界官方黄金储备总量的60%。到1957年，美国黄金储备已经占到了全世界储备总量的75%。有了坚实的黄金垫脚，美元像巨人一样稳稳地屹立在外汇市场上。

然而，随着世界各国逐渐恢复元气，大家隐隐觉得，手里只拿着一沓沓的美元Q币，心里总不踏实，还是黄金沉甸甸的能给人以安全感。发行美元Q币的人说1个Q币值1块钱，它就真的值1块钱吗?

未必。实际上，35美元兑换1盎司黄金，这是1934年的事情了，到“二战”后，美元相对于黄金已经贬值了，但布雷顿森林体系中的“霸王条款”还是以这个兑换率来规定，明显高估了美元币值。

古老的套利游戏又出现了，正如牛顿当年面对英国白银外流时一样。

既然美元相对于黄金被高估了，各国开始不约而同地、有计划地建立自己的黄金储备，拿手中被高估的美元从美国那里购买黄金。美国的黄金储备开始流失，这令美国很生气，因为名义上，黄金减少，意味着美国可以印刷的纸币也就减少了。因此，那些拿着美元不兑换黄金的国家，是美国的朋友，而那些兑换黄金的国家，就不是美国的朋友了。

除了各国央行利用官方的黄金市场吸收黄金外，民间也出现了黄金市场。美国和英国作为布雷顿森林体系的打造国，两国政府禁止民众买卖黄金，目的是稳定黄金储备。

经济领域有一个颇为讽刺意味的现象是，凡是官方禁止的生意，一定是有利可图的生意，其中的差价和利润之高，必然会吸引人冒险一试。美国曾经颁布禁酒令，禁止民众制造、贩售、饮用酒类饮料，结果和酒有关的生意变得有利可图，美国许多黑帮就是在禁酒令期间崛起并积累了自己的资本。黄金也一样，禁止民间买卖黄金，就等于宣布“此地无银三百两”，告诉民众这里面有赚头。当民众发现美国可能难以像它承诺的那样自由兑换黄金时，民众就开始想方设法地从民间黄金市场上购买黄金，抛出美元，结果民间黄金市场异常活跃。

整个20世纪50年代，由于美国对外援助项目导致贸易赤字，加上政治上与苏联搞冷战，美元购买力持续下降，人们对美元的信心一步步走低，美国的黄金储备量出现逆转，紧跟着开始下滑。到1960年年底前，美国黄金储备从最高峰价值约250亿美元降到不足180亿美元。

奔腾流走的黄金和汹涌回流的美元，让美国总统肯尼迪如坐针毡。1961年2月，他突然高调宣布，美国将承诺维持官方的黄金价格不变。总统的承诺给市场上注入了一针强心剂，黄金市场上美元走高，金价重回35美元1盎司。

“狼来了”只能喊一次两次，喊多了就没人信了。总统的承诺不是真金白银，要避免布雷顿森林体系崩溃，还是需要拿出真金白银的。

1961年年初，由美国牵头，联合英国、德国、法国、意大利、瑞士、荷兰、比利时欧洲七国，拿出总计2.7亿美元的黄金储备，建立了一个“黄金总库”。这个总库的任务只有一个——稳定市场上的黄金价格。

只要市场上黄金需求量增加，黄金价格相对于美元开始上涨时，黄金总库就抛出一部分黄金，打压黄金价格；反之，当黄金价格走低时，黄金总库也可以吃进黄金，补充和扩充库存。黄金总库等于是给布雷顿森林体系安上了保险丝，一旦黄金价格不稳，保险丝“烧断”，就立刻投放黄金到市场上，保护整个体系的安全。

真正给布雷顿森林体系造成麻烦的是，美元实际上已经贬值了，所以从经济学上来说，正确的做法应该是调整美元兑换黄金的比率，让美元贬值。但是美国不愿意让自己的“财富”贬值，于是决定霸王硬上弓，用巨大的黄金库存压向市场，与趋势顶着干。

1961 年 11 月是黄金总库杀入市场的第一个月，总计售出了 1740 万美元的黄金，基本上遏制住了黄金价格的上涨。但是，售出了一部分黄金，黄金总库里就少了一部分，它的威力就减少一些。它能和市场抗衡多久呢?

苏联黄金救援美国

说时迟，那时快，一个巨大的身影携带着大量黄金冲入了世界黄金市场，给了黄金总库强有力的支援。西方国家手搭凉棚定睛一看，来者不是旁人，竟是与美国不共戴天的另一超级大国——苏联。

1962 年的春天，苏联大量出售黄金，国际市场上金价大跌，黄金总库得此良机，赶紧补仓，到了年中的时候，黄金总库居然有了 8000 万美元的盈余！可惜好景不长，美国股市遭遇暴跌，激发了人们购买黄金的欲望，黄金价格上窜，黄金总库全力打压，盈余又全都吐了出来。偏偏这时候又爆发了著名的古巴导弹危机，苏联和美国在古巴剑拔弩张，国际局势的动荡再次冲击了黄金市场。

搞笑的是，在危机那几天，苏联竟然一直在销售黄金。而且古巴导弹危机结束后，苏联的黄金仍然源源不断地流入市场。黄金总库原本有 8000 万美元的亏空，很快由于苏联黄金涌入市场而得到了补充。

第二年，苏联农业大规模减产，为了应对粮食不足，苏联很快从加拿大等粮食出口国收购大量的小麦，用于支付货款的是黄灿灿的金子。仅当年第四季度，苏联就有 4.7 亿美元的黄金几经周转，流入了黄金总库。到了 1964 年，黄金总库里的黄金储备竟然高达 13 亿美元。

当时正值“冷战”时期，以美国为首的北约和以苏联为首的华约每天都琢磨着整垮对方。如果能让黄金总库倒闭，布雷顿森林体系崩溃，苏联的总书记肯定会高兴地打开伏特加酒，一醉方休。匪夷所思的是，每每在黄金总库危难之际，苏联却屡屡抛售黄金，救援了“万恶的资本主义社会”的金融体系。

苏联人的脑子进水了吗？

其实，苏联也是情非得已，它不抛售黄金的话，还没等到“万恶的资本主义”下地狱，伟大的苏维埃就先去天堂了。

苏联长期执行的是极端的计划经济，不仅经济效率低下，而且除了军工、航天和重工业外，其他许多商品都无法自己生产，需要从西方国家进口。进出口贸易是要等价交换的，苏联能拿得出手的交换物其实十分有限，除了黄金以外，就只有自己也经常缺乏的粮食。就拿古巴导弹危机时期为例，苏联担心会与美国开启全球大战，打算未雨绸缪地进口一些西方国家的商品储备，因此抛出大量黄金购买商品，客观上拯救了黄金总库。

说得直白一点，苏联能够在几十年的“冷战”中大旗不倒，全靠卖黄金、石油等资源来维持生计。

黄金总库打压黄金上涨的行为，还造成了另一个后果，就是让黄金开采者的利益受到了损害，因为开采黄金变得相对来说无利可图了。在普通人眼中，黄金是很值钱的东西，拥有了金矿，似乎就等于是拥有了印钞机。其实采金业和其他的行业一样，也是有成本的，得有大型开采设备，雇用技术工人，还得有一支忠心耿耿、能打硬仗的保安队伍。行情好的时候，金矿主会赚大钱；行情不好的时候，他们真的有可能会赔钱。

美国黄金开采企业在那个时期全部破产了，而邻国加拿大的黄金企业也是在靠政府补助苟延残喘。南非是当时重要的黄金出产国，企业主被迫大幅度压低了工人的工资，否则企业就得亏损甚至倒闭。人为压低黄金价格的做法当然也影响了苏联，该国通过卖黄金获得的收入也被压低了。然而这些账都得算到黄金总库的头上，算到以美国为首的八国政府头上。

乞丐都不收美元了

黄金总库出马的最初几年顺风顺水，连苏联都“鼎力相助”，在打压黄金价格上取得了令美国满意的效果。美国政府被这短暂的胜利冲昏了头脑，以为黄金永远不会被击败，35 美元兑换 1 盎司黄金会永垂不朽。

没有什么能永垂不朽，连宇宙都不例外，更何况绿色的票子——美元。

美国对外贸易连年赤字，靠印钞票填补亏空，美元实际的价值已经越来越偏离 35 美元兑换 1 盎司黄金。令美国经济雪上加霜的是，整个 20 世纪 60 年代，美国越来越深地陷入了越南战争，1965 年，美国更是直接派出军队参战。战争耗费了大量的资源和财富。正所谓“盛世收藏，乱世黄金”，既然已经是乱世，人们对黄金的需求量自然不断上升，黄金总库用来“镇压”价格上涨的黄金也越来越多，亏空再度被放大了。1967 年，中东又爆发了战争，英镑大幅度贬值，人们纷纷抢购黄金，以规避风险。

布雷顿森林体系开始摇摇欲坠，精明的法国人先知先觉，开始有计划地利用体系的“漏洞”，把手中丧失了购买力的美元以体系的价格兑换成黄金，放在自己的金库里。1962 ~ 1966 年，法国从美联储手中兑换了近 30亿美元的黄金并运回巴黎储存。1967年6月，法国明智地退出了黄金总库。

面对危局，美国财政部继续执迷不悟，坚持打压黄金上涨的政策，于是美国的黄金储备迅速减少，到 1968 年年初，黄金储备已经下降到 3 亿盎司，或者说是 105 亿美元。继续维持布雷顿森林体系，美国的黄金储备有可能会被彻底清零。

在现实面前，美国不得不低头认错。一方面，黄金总库的成员国商定，政府间的美元和黄金的兑换率还维持在 35 美元 1 盎司，而民间的兑换率政府不干涉，美国政府也不再向民间承诺美元和黄金可以自由兑换。另一方面，美国国会决定，以后印刷美元不需要再有一定量的黄金储备作为准备金。

没有了准备金，美元算什么？不能和黄金自由兑换，拿着美元还有什么安全可言？

一些经济学家为美国此举摇旗呐喊，认为以美国政府的信用，足以维持美元的江湖地位。但更多的人已经明白，美元面对黄金的彻底贬值，已经是不可避免的了。民间市场上，黄金受到了热烈的追捧。黄金总库的其他成员国纷纷学习法国人的经验，用贬值的美元向美国购买黄金。

美国已经到了孤家寡人的地步，看上去就算整个美国是用金砖铺就的，也不够民间和其他国家兑换。1971 年，美国总统尼克松终于忍无可忍，宣布美国不再按照 35 美元 1 盎司黄金的比率来和其他国家兑换，然后又调整兑换率到 38 美元 1 盎司黄金，试图保持布雷顿森林体系在名义上不倒塌。

即使 38 美元兑换 1 盎司黄金，美元也是被高估的。

欧洲各国看到布雷顿森林体系已经无利可图，感到没必要再和美国在一口锅里吃饭了。1973 年，德国、法国等国宣布本国货币不再与美元实行固定汇率，而是根据市场情况实行浮动汇率。说白了，就是让美元相对于本国货币贬值。

其他国家也纷纷跟进，布雷顿森林体系彻底崩塌了。

在 20 世纪 70 年代，美元在欧洲就像是病菌一样，让人唯恐避之不及。在英国伦敦，一位美国游客拿出美元付账时频频遭拒；法国巴黎的出租车上贴着“不再接受美元”的标识，甚至乞丐也在自己的破烂帽子上写着“不要美元”。“二战”后受欢迎程度曾经堪比黄金的“美金”，竟然沦落到如此地步，不禁令人唏嘘。

美国政府把布雷顿森林体系的崩溃，说成是“苏黎世侏儒”和货币投机者的罪行，他们大肆地炒作黄金，击垮了黄金总库。所谓“苏黎世侏儒”，指的是瑞士的那些银行家。其实真正的原因是，美国自己制造了美元的通货膨胀，还竭力想维持美元不贬值，以此来吸取别国的财富。黄金总库虽然一时可以让美国的伎俩得逞，但终究还是被市场击败了。

由此我们也可以看出，当错误的政策和市场对抗时，即使以包括美国在内的几个强大国家的财力为武器，也无法战胜市场的力量。强大如美国这样的国家，它力量的源泉也正是来自实体经济，来自尊重市场和利用市场，它也无力长期逆市场而动。

因此坊间流传的各种关于神秘家族、神秘组织在掌控世界，控制全世界财富流向的传言，以及那些所谓共济会、罗斯柴尔德家族暗杀了几任美国总统、控制了美联储的故事纯属虚构，切莫当真。

国家信用的破产

布雷顿森林体系崩溃，最高兴的莫过于凯恩斯学派的门徒们。

回顾本篇开头凯恩斯的计划，他的重要建议之一就是取消金本位制，让黄金变成一种普通商品。布雷顿森林体系是一种变形的金本位制。随着20世纪全球人口越来越多，世界贸易额的不断增大，以黄金作为货币或者作为准备金，的确已经越来越显示出它的弊端。

比如，当经济增长，人们需要更多的货币来做交易的时候，由于黄金的产量难以和这种增长同步，市场上就会出现通货紧缩，影响到经济的进一步发展。此外，从古到今人类开采和冶炼出了15万吨左右的黄金，扣掉损耗和那些历史上随海船沉入海底的黄金，这个量对于20世纪市场中的交易总量来说，显得规模太小了，难以担当货币的重任。

回顾人类文明的历史，曾经长期处于贵金属货币的短缺状态，抑制古代世界经济发展的主要因素，除了马尔萨斯总结的人口陷阱外，就要算通货紧缩了。直到葡萄牙人和西班牙人从美洲掠夺了大量的黄金白银，以及后来美国发现了储量巨大的金矿、银矿，世界经济才在近代的几百年中一度货币充裕。但是“二战”之后，随着世界经济体量的日益增大，数量有限的黄金已经越来越难以充当货币的功能了。

也许黄金逐渐丧失其货币地位的一个本质原因是，黄金在社会经济中的使用价值越来越弱化了。在古代，黄金以其炫目的色泽、优秀的延展性而备受青睐，人们把珍贵的黄金加工成象征权力的王冠、面具，或者象征神圣的宗教物品，当时的黄金太有用了。进入现代，黄金的确还有了其他的一些用途，但工业革命以来，更多的资源、能源进入了社会经济体系中，更多的商品被制造出来，黄金虽然还携其远古的威名，在很长一段时间里继续充当货币，但论起使用价值，黄金已经不像在古代那么举足轻重了，黄金正走在经济边缘化的路上。

因此，凯恩斯把金本位制称为“野蛮的残余”，的确体现出了大经济学家的敏锐洞察力。但是话分两头说，如果当年执行他的那个计划，把黄金作为货币的江湖地位废掉，各国在印刷纸币的时候不以黄金或其他实物作为准备金，那我们该如何给这些纸币定价呢？我们如何保证这些纸币在大众的心中是有价值的呢？

一些经济学家说，那就用国家的信用好了，国家有信用，纸币的币值就稳定；国家没有信用，纸币的币值就下滑。

那么，国家的信用多少钱一斤？如果信用是纸币币值的来源，那么我们就必须要对信用进行量化，美国的信用值多少钱，中国的信用又值多少钱。可根据定义，信用这东西是人们看不见、摸不着的感觉而已，很难量化。用信用来解释纸币的币值，基本上是“以其昏昏，使人昭昭”，听上去很好，却没什么用。

而且，近代历史上，从大国到小国，从东方到西方，我们屡屡看到一个个国家不讲信用的事例，甲国对乙国背信弃义，君王对民众言而无信。用国家信用当作纸币的币值参考，纯属无稽之谈。

所以就算是布雷顿森林体系倒掉了，也不代表凯恩斯的计划就更为正确。不论各国政府如何鼓吹自己的信用，民众依然习惯从生活的柴米油盐的贵贱中来衡量币值的高低。当黄金已经无法作为一个统一的标尺来给各国的纸币定价时，人们迫切需要寻找一种或几种新的实物来替代黄金，衡量纸币的价值高低。

这新的实物，会是什么呢？

轮回君士坦丁堡

“世界石油价格当然会上涨，毫无疑问！你们把卖给我们的小麦的价格提高了300%，糖和水泥的价格也提高了这么多；你们购买我们的原油，利用化学方法加工后再卖给我们，其价格是你们支付我们原油价格的100倍。从现在起，唯一公平的做法是，你们得为原油支付更多，10倍价格或者更高。”

1973年年底，伊朗国王对《纽约时报》如是说。当年，阿拉伯国家与以色列的第四次中东战争，让中东产油国与美国的矛盾彻底激化，石油危机爆发。

1973年，美国经济还在高增长，但到了1974年，美国工业生产就下降了14%，而严重依赖石油进口的日本，工业生产下降了20%。第二次世界大战结束后最严重的一次经济危机爆发了。这次危机的特点是，一方面，通货膨胀率高高在上；另一方面，经济依旧不景气，失业率维持高位，这就是所谓的“滞涨”——经济停滞、通货膨胀。

通货膨胀的部分原因可以归结为当时布雷顿森林体系的解体，黄金的缰绳被甩开后，印钞机就停不住了，美元大量涌向市场，必然导致通货膨胀；当阿拉伯国家对美国等国实行石油禁运后，市场上这种基础性的产品突然减少，相对来说，货币或者说美元就多了，这也造成了通货膨胀。石油价格突然大涨，对于许多以石油为原材料的工厂、企业来说都是致命的打击，许多工厂的利润被蚕食，甚至出现亏损，整个国家的经济出现停滞也就顺理成章了。

其实在石油危机之前的很多年，石油就早已超越了一种普通产品的身份，它还有另一个重要身份——所有货币的价值标尺。在金本位解体、布雷顿森林体系崩溃后，人们需要一种方便的实物来替代昔日的黄金，作为价值的标尺。而石油刚好满足了人们的这种需要。

首先，石油比美元“实在”。石油是用美元计价的，类似于布雷顿森林体系中黄金用美元计价一样。在目前的世界金融体系中，各国货币自由兑换，可以自如地与美元或石油进行比价。结果就造成了从宏观上，美元与油价是反向波动的，当美元升值的时候，油价是下跌的；当美元贬值的时候，油价是上涨的。

石油与美元平起平坐，作为货币价值的标尺它甚至比美元更好，因为美元的印刷全凭美国人说了算，美国人手头紧张的时候，就会印钞票，引发美元的贬值，从而伤害世界上手握美元的其他国家。因此，石油生产得多了，并不会伤害到用油国，反而会因为供应量大了，价格相对便宜，让用油国受益。这就是纸币和实物作为本位货币的根本区别。

其次，石油供应充足，完胜黄金。从每年的产量来看，目前世界年产黄金约2600多吨，而年产石油约40亿桶，如果都用美元计价，石油的总价远大于黄金的总价。

而且，开采出来的黄金大部分都储存起来，没有再加工以提高其价值；而石油则转化成了各种商品和能源，有了更多的附加值。因此，当黄金退出世界货币舞台的时候，石油在实际效果上已经走马上任，具有了某些货币属性。

最后，石油产量和世界经济“一荣俱荣，一损俱损”。黄金作为货币，一个弊病就是黄金产量和世界经济的增长不合拍，世界经济突飞猛进的时候，黄金产量却不温不火地拖了后腿；或者世界经济不温不火的时候，一个大金矿突然被发现，立马引发通货膨胀。石油就不存在这个问题，因为石油已经渗透到了经济的各个领域，世界经济突飞猛进的时候，对石油的需求就加大，产油国可以迅速地做出加大石油供给量的反应；反之，世界经济陷入低迷时，对石油的需求就降低，产油国可以通过让几个油田停产的方式，减少石油的供应量。

我们不妨把布雷顿森林体系解体后这几十年的世界经济，看成是石油本位的经济。大家不论自觉不自觉，都会以石油或其产品为价值标尺，衡量本国货币与他国货币的币值高低。

这几十年中，世界总算还正常地运转着，没有因为各国乱开印钞机而变得不可收拾，可能也是拜石油这种世界“通货”所赐。

有趣的是，当今世界石油的主要产区位于中东地区，那里正是昔日奥斯曼土耳其的疆土。500多年前，奥斯曼土耳其从亚洲剑指欧洲，君士坦丁堡的陷落决定性地改变了历史的进程，史诗一样的大航海时代、殖民时代、工业时代依次开启，欧美各大国导演了一幕幕改变世界的经济大戏。500多年后，由于石油、人口、宗教、战争、文化和其他搅在一起的原因，中东地区再次成为世界的焦点，欧洲再次成为首当其冲的动荡地区。

这一次，世界历史又将如何展开？全球经济又将飘向何方？

尾声｜潮涌潮落五百年

中世纪的欧洲，是教权的天下。

公元476年西罗马帝国覆灭后，欧洲陷入邦国林立的漫长的中世纪。罗马教廷凌驾于各个邦国之上，罗马教皇是欧洲大部分地区的“天下共主”，虽然曾经出现过教会分裂，欧洲东部诞生了东正教分支，但也算是基督教旗下的分店。如果和东方古国中国的历史类比的话，中世纪的欧洲类似于春秋时期，当时周天子是分封各国的天下共主，借助于一套宗法与礼仪制度，构建了当时的中国社会格局。抛开时代的差异不谈，东西对比，教皇对应周天子的地位，欧洲大大小小的国家对应春秋的大量封国，基督教的教义对应宗法与礼仪制度。

一种常见的观点认为，1453年君士坦丁堡的陷落，标志着中世纪的结束。其实在此之前，罗马教廷对于欧洲的控制力已经在慢慢滑落，肆虐欧洲的黑死病削减了人口的数量，也削减了人们对于上帝的虔诚信仰，人们无法理解，上帝怎么能用这样可怕的疾病对待虔诚的信徒，而教会似乎也束手无策。新教的萌芽开始出现，挑战罗马教廷的权威性。奥斯曼土耳其的崛起和西进，严重打击了罗马教廷的势力。随着君士坦丁堡标志性地陷落，罗马教廷的权威一落千丈。有趣的是，君士坦丁堡的陷落，也可以对应西周末年镐京被攻破，周王室不得不东迁的情况。

曾经臣服于教廷的欧洲各国发现，教廷根本无力保护欧洲的安全。要想生存下去，教廷不可靠，甚至连上帝也许都不可靠，唯一能够依靠的，只有自己手中的财力和武力。

中世纪至高无上的教权体系崩塌了，就好比中国由春秋时期过渡到战国时代那样，周室倾颓，大家都把周天子视作无物，天下大乱，彼此征伐。欧洲陷入了诸强争霸的新时代，不严格地类比，当时的欧洲进入了战国时代。

在外部巨大的竞争压力下，各国都殚精竭虑地发展国力，以求在竞争中获胜，至少也要能够自保。财力是国力的经济保障，国家该如何发展经济和贸易，如何建立有效且高效的税收，如何发动国民为国工作和战斗，成为增强国力、战胜外敌的关键问题。

欧陆争霸是近代欧洲乃至全球的主旋律。大航海时代固然千帆竞渡、波澜壮阔，但如果从贸易量上来看，欧洲内部的海洋贸易量远远大于洲际间的远洋贸易。欧洲列强确实对洲际海外贸易很感兴趣，但海外贸易其实也是为欧陆争霸服务的，不论是赚到的钱，还是占领的地，都是列强在欧陆争霸中的筹码，用以增强自身国力，参与欧陆竞争。在这个过程中，欧洲列强在彼此厮杀的同时，也进行了瓜分，把全球进行了重新整合，目的当然是为欧陆争霸提供更多的经济支持和人力支持。

类比中国的战国时代，战国七雄在陆地上比拼国力，近代的欧洲列强则不仅在陆地上厮杀，还在全球的海洋与陆地上展开竞争。

影响争霸的最重要因素还是在列强的国内。教权旁落之后，从中世纪延续下来的封建制度尚在，王室—大小贵族—农民和手工业者是欧洲国家的一般社会结构，工商业和贸易的逐渐繁荣，让资产阶级、工人也嵌入这个结构体之中，使之大体上可以修订为王室—大小贵族、资产阶级—农民、手工业者（含工人）的三级结构。

一个国家能够妥善地处理好三个阶层的关系，增加财政收入的同时又不造成社会动荡，这个国家就能在欧陆争霸中占据优势；反之，一个国家如果难以处理好三个阶层的关系，财政收入在低位徘徊甚至寅吃卯粮，这个国家就会在欧陆争霸中节节败退。

近代五百年的风云际会，欧美各国在经济领域到底做对了哪些，又做错了哪些呢？

葡萄牙、西班牙国王通过契约的形式，鼓励自己的臣民去探险和征服，打下了美洲广阔的殖民地，比本土大几十倍的陆地。他们因此一夜暴富，这是他们做得对的事情。然而，西班牙王室的穷兵黩武和奢侈挥霍，耗尽了本应用于经济发展的资金；横征暴敛的税收政策和荒唐透顶的贸易限制，一度使得在美洲开采金矿都变得无利可图，从东亚向欧洲贩卖瓷器都没什么赚头。这些都是西班牙犯下的经济错误。

荷兰与英国建立了一个为商人和资本所有者提供服务的政府，这些人恰恰是社会上投资实业和创造财富最活跃的阶层。工业革命发端于英格兰，这当然有大量的机缘巧合，但英格兰自身处理好了三个阶层之间的关系，国王与贵族、资产阶级代表的议会达成了妥协，形成了合力，而普通民众的权利也得到了保障，丰衣足食，夯实了英格兰以及后来英国的经济基础，为工业革命做好了准备。此外，中央银行和金本位制的创立，以及通过圈地运动建立的产权制度，加上对知识产权的保护，所有这些经济和政治创新，都促进了国内和国际的自由贸易，也推动了科技的进步，这些都是英国做得对的事情，让英国经济赶超欧洲诸强，建立起世界范围内的日不落帝国。

但是殖民地摊子铺得太大，对英国本身来讲是一种拖累；英国的“南海股票泡沫”导致股市崩盘后，英国对证券市场变得排斥起来，没能充分发挥这种高效金融机构的威力，最终，伦敦把世界金融中心的宝座拱手让给了纽约。这些都是英国犯下的错误。

俄罗斯与德国的历史发展，都曾受到农奴制的严重制约，底层民众生计艰难，无法构成国家可以依靠的经济基础，王室与贵族之间矛盾重重，相互掣肘，因此两国长期落后于西欧诸强。法国的情况虽然比俄罗斯、德国稍好，但同样没有处理好三个阶层之间的关系，因此虽然人口、土地明显强于英国，财政上却落入下风，从而在军事上屡战屡败。

美国继承了英国的政治体制，以及几乎所有的经济和政治创新，华盛顿等开国元勋还取消了国王这个职业。美国充分地利用了证券市场——华尔街，把华尔街的巨额资本化作了运河、铁路、矿山、油田，给美国经济带来了腾飞。但美国也并非没有犯过错误，南北战争前为了所谓的保护脆弱的民族工业而设立的高关税，伤害了自由贸易，也伤害了美国人自己，险些令美国分崩离析；镀金时代对于金融市场的放任自流，吹起了巨大的经济泡沫；经济大萧条时期，罗斯福新政树立了政府直接干预经济的糟糕先例，流毒后世。

纳粹德国和希特勒的经济政策比起罗斯福新政有过之而无不及，走到绝路上的纳粹德国试图用战争和掠夺来挽救毫无希望的经济，但法国的拿破仑其实就是前车之鉴，两个战争狂人最终都失败了。靠掠夺维系的经济模式永远不是正确的财富之路，因为战争消耗了世界的财富，而不是让世界的财富增加。本书没有提及的日本在 19 世纪末到 20 世纪上半叶从崛起到失败的过程，与同时期的德国十分相似。

承接俄罗斯帝国的苏联也是政府直接干预经济的典型案例。苏联坐拥富饶的土地、能源、矿产资源，但是政府对经济的强力干预却让经济领域毫无活力、效率低下，苏联除了军工和航天之外，其他产品在国际上毫无竞争力。

集体农庄制度调动不起苏联农民的热情，他们把热情都投放到了一小块自家的私有土地上，因为这块土地上出产的东西可以拿到市场上出售。结果在只占全国总耕地面积 3% 的私有土地上，生产了全国 1/5 的牛奶量和

1/3 的生肉量，以及大量的水果和蔬菜。历史上，俄罗斯曾经是欧洲的粮食出口国，苏联却因为错误的农业政策，经常面对粮食不足引发的饥荒，被迫出售黄金换取外界的食物。在其用资源支撑了几十年后，外强中干的苏联终于走到了尽头，各加盟共和国纷纷独立。

近现代日本的经济崛起最令人着迷，一个古老的封闭的东方岛国却能够在短时间内“脱亚入欧”。其实，从社会结构和经济模式看，幕府时代的日本是完全不能与东方其他国家比如中国、朝鲜、越南等归为一类的，日本在经济爆发之前，自身的“经脉”与欧陆国家更近似。而在明治维新开始后，日本惊心动魄地克服了数次危机，借鉴了欧美列强的经济发展经验，终成大器。可惜的是，日本没能避免军国主义毒瘤的发作，走上了侵略扩张的不归路。可看看近现代的各路列强，谁又没马失前蹄过呢?

本书把五百年来全球群雄争霸过程中各国在经济方面的对错得失，挂一漏万地呈现给了读者。这段历史与经济之间鲜活的互动过程，有助于我们反驳过去一些关于近代列强的武断观点，正本清源。

比如观点一：近代列强是靠掠夺获得了第一桶金，才逐渐称霸全球的。

欧洲列强的确曾奉行“挥舞着刀剑赚钱”，但同欧洲自身的农业、工商业创造出来的价值相比，掠夺到的财富比例相当小。而且从经济学角度来讲，掠夺的财富都是存量财富，粮食如果不能短时间内吃掉，就会腐烂，存储成本也很高，胡椒也一样。如果金银不能用于市场流通，那也是毫无价值。这些掠夺的存量财富只能满足一时之快，即便强如战神拿破仑，靠掠夺也最终难以为继。真正决定国家财富多寡的是每年创造出来的增量财富，欧洲列强本质上是练好了本国的“经济内功”才实现富国强兵的。

另一种用掠夺来解释国家贫富的说法也很荒谬——非洲落后是因为被白人用武力打败了，黑人受到了奴役和剥削；西班牙衰落是因为“无敌舰队”覆灭了；法国衰落是因为拿破仑吃了败仗。毫无疑问，侵略者应该受到谴责，但这种唯战争论掩盖了决定国家贫富的经济力量。

再如观点二：近代欧洲是靠偶然获得了美洲大陆、澳洲大陆而突破马尔萨斯人口陷阱，源源不断的美洲、澳洲资源给了欧洲称霸全球的资本。

对于这个观点，我们也许可以这样设问：如果哥伦布还没等到发现美洲，就被愤怒的水手们扔进了大海，五百年来人类历史和经济的进程是否会完全改观？

美洲就在那里，横亘在大西洋和太平洋间，即使没有哥伦布，欧洲人也会发现美洲，而且基本可以肯定的是，欧洲人会比亚洲人更早地发现并开发美洲大陆。因为就在哥伦布第一次航行归来后，西班牙和葡萄牙就划分了海洋界线，1493 年，葡萄牙国王说服西班牙国王把分界线向西挪了 210 海里。然后在 1500 年，也就是达·伽马远航印度之后，葡萄牙驶往印度的第二支船队基本上沿着直线冲向了南美洲的海岸，然后才前往印度。很多学者猜测，也许葡萄牙在与西班牙划定分界线的时候，就已经知道了南美洲的存在。

所以，发现并利用美洲、澳洲，几乎必然由欧洲人来完成。这不仅仅是取决于他们先进的航海技术，更和他们的经济发展模式相关。即使是紧邻古代中国的东南亚地区，也首先是被漂洋过海而来的欧洲人纳入了殖民体系之中，大量生产香料等奢侈品，而不是被明清王朝纳入自己的经济体系里。明清所谓的朝贡制度在经济上完全是得不偿失的，也因此只具有面子价值，在经济收益上与欧洲人的做法相去甚远，在经济模式上与欧洲也是南辕北辙。

就算是拥有了美洲大陆矿产最丰富的黄金地段，西班牙人依然挥霍掉了所有从印第安人那里抢劫的财富，以及自己从美洲开采来的财富。而北美贫瘠土地上的英国殖民者却是励精图治，硬生生从弗吉尼亚的碎石岗起步，最终缔造了一个伟大的国度。

所以，美洲带来的“物”的增加——广阔的土地、丰富的矿产——仅仅是让欧洲人有了发财的机会而已，只有结合了“人”的因素——契约精神、自由贸易、科技进步、议会制度——才得知他们没浪费上天赐予的这块富饶大陆。

哥伦布远航之前，英格兰人的圈地运动就已经展开，即使没有美洲大陆，他们也会慢慢地发现自己土地下的煤炭大有用途。他们也会开始工业革命，只是可能会比真实的历史晚一些，但工业革命仍将首先起源于欧洲，这是比较合情合理的预测。

正是工业革命，依次让英格兰、欧洲、全世界突破了马尔萨斯人口陷阱，而不是多发现的一两块大陆的功劳。如果没有工业革命，当美洲、澳洲的人口增长到其耕地也养活不了的时候，马尔萨斯人口陷阱依然会来临，再多的大陆都只能延缓而不能逆转这个趋势的到来。

五百年轰轰烈烈而过，工业革命也进行了第一次、第二次……全球经济整体上已经不必担心马尔萨斯人口陷阱这个幽灵。那么，接下来的五百年，世界将会怎样？更好还是更糟？

地球上已经没有另一个美洲大陆等待着人们去发现和利用，所以很多人担心，地球的资源比如石油总有一天会用完，然后人类再度跌入马尔萨斯人口陷阱，万劫不复。可是让我们回忆一下历史，石器时代的终结是因为石头用光了吗？青铜时代的终结是因为铜矿用光了吗？风帆时代的终结是因为季风和帆布用光了吗？

当然不是。既然如此，我们需要担心未来没有足够的土地和石油吗？如果此时此刻全世界的石油突然之间全部人间蒸发，那的确有点麻烦。可这种场景不会发生，即使石油储量有限，它的枯竭仍然是一个长期的过程，由于物以稀为贵，经济规律会促使人们努力寻找和创造那些稀有之物的替代品。

即使没有下一个美洲大陆，没有下一块大油田，科技的进步仍将用有限的资源创造出无限的财富，自由贸易将让世界经济更高效地生产财富和节约成本。摆脱了马尔萨斯人口陷阱的威胁，接下来的五百年，人们可以期待拥有更多的财富，拥抱更好的生活。此前五百年中世界各国经济上的得失成败、经验教训，都已经载入史册，写入了教科书，五百年中积累起来的经济智慧必将指引和照亮人们未来的财富之路。

向天再借五百年，世界依然会变得更好，事在人为。